東京廣域圖

日本

北海道

輕井澤

富士山▲ 東京

鎌倉

大阪

鹿兒島

18
17

東京23區

埼玉縣

板橋區　北區　足立區

練馬區　　荒川區　葛飾區

中野區　豐島區　池袋 ④

文京區　台東區 ⑤ 淺草

吉祥寺 ⑯　　東京巨蛋城 ⑧ ⑥ 上野　墨田區　江戸川區

JR中央線　　新宿區　⑦ 秋葉原

杉並區　新宿 ③　千代田區　東京車站

渋谷區　　⑨

原宿 ②　六本木　中央區 ⑩ 銀座　江東區

JR小田急線　渋谷 ①　⑪　港區　　千葉縣

⑫　青山 JR山手線

代官山 ⑬　中目黒

世田谷區　⑭　目黒區

自由之丘 ⑮　　品川區

東急東橫線　　大田區

神奈川縣

橫濱/川崎

INDEX ▶

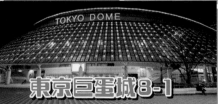

東京車站 9-1

銀座 10-0

六本木 11-1

青山 12-0

代官山 13-1

中目黑 14-0

自由が丘
15-0

吉祥寺 16-1

鎌倉 17-0

旅行須知及郵寄教學
info-0

輕井澤 18-0

［東　京　交　通］
成田機場 - 市區

1) 機場鐵路 JR Narita Express（N'EX）

JR Narita Express（N'EX）是JR旗下的機場鐵路，班次可直達東京駅和新宿駅，部分班次會停池袋及渋谷，而且更可直達橫濱，班次為30分鐘一班，到新宿駅車程約為1小時13分鐘，車費是￥3,250；東京駅車程1小時，車費￥3,070。

遊客優惠 ！

JR東日本有提供給外國遊客的優惠車票，從成田空港來回東京市內的JR站，可以獲得4折至半價的優惠，車票一律為來回￥4,070，比原價來回慳至少￥4,000，但必須在購票後14天內使用。遊客可於JR網站預先訂購，或於成田機場內的JR售票處和JR東日本旅行服務中心購買，購買時必須出示護照。

網頁：www.jreast.co.jp/tc/pass/nex_round.html

一出禁區，便會見到N'EX的櫃檯，大家可以先在這裡買票。

2a) 京成電鐵　Skyliner

Skyliner是最快從成田出市區的機場火車，可以直達上野，只需41分鐘。不過，如果你是要換乘JR山手線前往其他地方，便要在日暮里駅下車，因為京成上野駅是跟JR上野駅分開的，而日暮里駅則是連結在一起，轉車較為方便。車費￥2,570，每10至20分鐘一班。同樣外國遊客於網上預訂車票，便可優惠價￥2,300買到，在車站票務處出示護照取票便可，只買單程同樣得享優惠。

2b) 京成本線

京成本線是普通車，因為中途站多，不及Skyliner直達市區，所以所花時間也較多，但勝在車費便宜，如果坐凌晨機又來太早又不用趕行程乘車的人又不多，京成本線是很划算的。不過列車沒有行李架，大型行李就比較阻礙乘客。從成田到上野要70分鐘車程，但車費只需要￥1,270。

網頁：www.keisei.co.jp

3. 機場巴士

　　成田機場巴士由3間公司分別營運，一間是旅客常用，專門行走東京機場至市區的Airport Limousine（利木津巴士），第二間是Tokyo Shuttle（京成巴士），還有一間是The Access Narita。3間巴士公司以Airport Limousine的班次和所覆蓋的站點最多，很多市區大型酒店都有站點，其餘兩間車費較為便宜，但最方便遊客的就只有東京駅的落客點，而The Access Narita則還有有樂町駅，方便住在銀座或秋葉原一帶的人。

網頁：

Airport Limousine：www.limousinebus.co.jp
Tokyo Shuttle: www.keiseibus.co.jp/kousoku/day/nrt16.htm
The Access Narita：http://accessnarita.jp

成田機場設施

成田機場網頁：www.narita-airport.jp

成田 T2

　　T2是香港到成田的航班用得最多的航廈。

　　過關手續完成後，一出來大堂，大家可以馬上找到京成Skyliner和JR Nex的櫃檯，還有機場巴士同樣在櫃檯可以處理。此外，大堂可以買到Sim卡，也有櫃員機提款和行李宅配便服務。

機場巴士櫃檯。

Skyliner和JR的櫃檯是連在一起的，排隊前要看清楚。

如果你要換JR Pass，可以到鐵道的一層，去JR旅行服務中心處理。

行李宅配便服務。如果你坐凌晨機，想一下飛機就去玩，可以先把大型行李送到酒店，有些宅配便公司可以做到中午12點前寄行李，當晚8點送到酒店。

成田 T3

T3大部分都是廉航的航廈（HKExpress在T2升降），特別如果你要乘香草航空或Jetstar，一般都要去T3了。這裡有一個不錯的Food Court，也有不少遊客喜歡的土產店和藥妝店，假如你有充裕時間，也可以在T2辦好Check in手續後，乘穿梭巴士過來。

這裡有個大Food court，想吃得經濟一點可以到T3來。

T3的出境大堂比較簡單，但一般車票都可以在這裡買到。

成田 T1

成田T1基本上是ANA專用，還有國內線航班都是用T1的。這裡就比較精彩了，因為大型購物區仿如個小Shopping mall般，有許多大家喜歡的潮流品牌，就算不是從T1上機，都可以預留充裕的時間來這裡Shopping。

ABC-Mart，上機前最後機會。

B印 Yoshida 在T1都有分店。

羽田機場 - 市區

1. 東京モノレール（Tokyo Monorail）

　　東京モノレール從羽田機場直達濱松町駅，大家可在濱松町駅內直接換乘山手線，相對飛成田來説，羽田機場較近市區，機場交通所需時間也較短。

　　單軌列車約4至12分鐘一班，雖然列車全部都可直達市區，但以「空港快速」最快，中途不停站直達濱松町，約13分鐘便到。如遇不到空港快速，則盡量選乘「區間快速」，從機場出濱松町約15分鐘，如果是站站停的普通車則要用上18分鐘。

網頁：www.tokyo-monorail.co.jp

羽田機場單軌列車往主要車站車資及時間

羽田機場T3		
目的地	所要時間	成人車資
東京站	20分鐘	¥460
澀谷站	23分鐘	¥460
新宿站	30分鐘	¥490
池袋站	38分鐘	¥556
成田機場站	92分鐘	¥1,668

東京モノレール自助售票機就在入閘口附近，有中英文介面，可以連同山手線車票購買，上方有路線圖，在路線圖上找出目的地車費即可。

2. 京濱急行空港線（京急空港線）

　　京急空港線由羽田前往品川，大家可以從品川直接換乘山手線。因為同時也與都營地下鐵直通運行，所以能夠不用換車直接到新橋（銀座）及淺草，也可以在京急蒲田站換車前往橫濱。前往品川乘「快特」約13分鐘便到，如果住在新宿、池袋和涉谷方面是相當方便。

網頁：www.haneda-access.com

©Linearcity

3. 機場巴士

　　羽田機場有兩間公司營運的機場巴士，一間是專門行走東京機場至市區的Airport Limousine（利木津巴士），另一間是京濱巴士。兩者以Airport Limousine的班次和所覆蓋的站點最多，很多市區大型酒店都有站；而京濱巴士可直達東京站、涉谷、吉祥寺、台場和橫濱，票價亦相對較平。

網頁：
京濱急行巴士：www.keikyu-bus.co.jp
Airport Limousine：www.limousinebus.co.jp

羽田機場內設施

羽田機場網頁：www.tokyo-airport-bldg.co.jp

羽田機場在翻新後，國際線航廈的設施也相對的完善了，特別是坐凌晨機或者坐清晨機的朋友，這裡相對的設施比較多，例如有充電區、淋浴室和大量的儲物櫃，相當方便需要在機場打發時間的朋友。

有收費的淋浴間，每半小時¥1030，在國際線2樓入境大廳。

國際線航廈有不少充電位，而且還有座椅。

在國際航廈有JR東日本的旅客中心，可以在此處辦理JR Pass的手續。

Hot Zone 和 Cool Zone 都是一個讓大家在上機前shopping的地方，羽田的國際航廈比成田好遊得多。

抵達羽田機場後，同樣都可以往櫃檯辦理購買巴士車票的手續。

羽田連京都有名的面油紙品牌都有分店。

東京電車知識

東京鐵路主要分成四大類：JR東日本（Japan Railway）、東京メトロ（Tokyo Metro）、公營（都營）及私營（如京王電鐵、小田急電鐵等），各自獨立的地鐵系統、路線，亦提供不同的優惠。

JR東日本（Japan Railway）

東京メトロ（Tokyo Metro）

公營（都營）

女性專用車廂和優先席

全日本的地鐵和JR，甚至私鐵，在一些繁忙的路線上，都會設有女性專用車廂。不過不同鐵路有不同的時段，例如JR山手線會設定某節車廂在平日全日都是女性專用，但地鐵可能只在繁忙時間，建議男士盡量都不要踏足此車廂，以免引起尷尬。

至於優先席並不代表一般人不可使用，日本人會基於不浪費資源為首要，任何人都可以坐優先座，但只要你看到有需要使用優先席的人士，你便必須讓座。

東京地鐵會在繁忙時間才會有女性專用車廂。

日本的優先席任何人都可以坐，但看到有需要人士就要馬上讓座。

甚麼是精算機？

在每個車站都會有精算機，精算機即是「補票機」，一般在出閘口附近都會有，例如你本來打算從池袋到新宿（￥160），但忽然想去上野的話（￥170），因兩地的車費差￥10，所以便要在出閘時先補票。此外，如果你的IC Card不夠餘額的話，也先要去精算機增值或補差價，你才可以出閘。

補票很簡單，先入你手上的車票，然後再投入差價，機器便會重新發出一張新的車票給你，用那張車票出閘便可。

綠色窗口 みどりの窓口

所謂「綠色窗口（みどりの窓口）」就是Ticketing Office售票處，因主要顏色用上綠色，才稱為「綠色（みどり）」窗口。假如你需要換領火車證、購買特急/新幹線車票或劃位，便要到那裡辦理。一般大型車站，如新宿、東京、上野等，職員都會略懂一點英語。

購買車票教學

現在在東京都內的JR售票機都會有英文及中文介面，方便遊客使用。特別在JR山手線、總武線、中央線等多條旅客常用的路線中，售票機都是新款式，操作比舊款容易。車資一般在售票機上方都會找到，選好了車資後，如果是購買兩張或者有小朋友同行，便要在左手邊的人數選項按適合的按鈕，然後入錢，車票和找續可在下方取得。

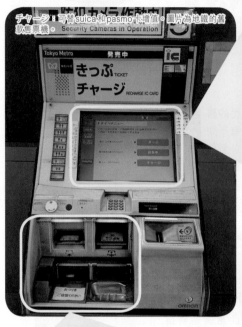

きっぷ是車票的意思，如果購買單程車票則按此，增值側按チャージ。

如果增值，先把IC Card放入左上方。

這是新幹線售票機，可以在這裡自助購票並一同劃位，東京的新幹線售票機都會有中英文介面，相當方便。

關於西瓜卡 SUICA Card

現時所有 IC Card 都是全日本通用，即是説如果你拿著大阪的 ICOCA Card 一樣可以在東京搭乘 JR 和地鐵。東京有兩款 IC Card，一張叫 Suica Card 又名為西瓜卡，另一張叫 Pasmo，在 JR 和地鐵的售票機有售。

近年 Suica Card 已可以加入 Iphone 8 以上版本的 Apple Wallet 中或者是 Apple Watch Series 3，利用手機代替卡片十分方便。但增值暫時只限 JR 車站的部分售票機，或者利用 Apps 用信用卡增值，而且可能有匯率的差價，怕麻煩的還是直接去便利店增值。

Suica Card Apps: https://itunes.apple.com/us/app/suica/id1156875272?mt=8

下載好程式後，可以買一張記名的 Suica Card。記名 Suica Card 能用信用卡增值，而且你可以先在香港購買後再加到 Apple Wallet 中，到日本後馬上使用。

當 Suica 卡加入到 Apple Wallet 之後，通過閘口時直接把手機放到感應器上，不用再開機，十分方便。如果用來購物，則仍然要開機認證。記名的 Suica Card 可以購買新幹線車票。

好用全日票

Tokyo Subway Ticket
24 / 48 / 72 -hour Ticket

這張車票是外國人專用，由開始使用起的24小時、48小時、72小時內，於東京Metro地鐵全線以及都營地鐵線全線使用。地鐵在東京都內相當發達，JR山手線的車站基本上地鐵都可取代。另外六本木、淺草和押上（Sky Tree）或東京下町等地，都是用地鐵比較方便。

使用範圍：東京Metro地鐵以及都營全線

票價：24 小時￥800、48小時￥1,200、72小時￥1,500

網頁：www.tokyometro.jp/tcn/ticket/value/travel/index.html

售票地點：

- **羽田機場（國際線觀光情報中心）**
- **成田機場 京成巴士售票櫃檯**
- 東京Metro地鐵旅客服務中心（9:00am-5:00pm）
上野駅、銀座駅、新宿駅、表參道站駅及東京駅
- **東京Metro月票售票處（7:40am-8:00pm）**
上野駅、池袋駅（丸之內線及有樂町線）、銀座駅、新橋駅、新宿駅、明治神宮前駅、東京駅、惠比壽駅、飯田橋駅、高田馬場駅、日本橋駅、赤坂見附駅、新御茶之水駅及大手町駅
- **HIS東京旅遊咨詢服務中心**
原宿、品川、池袋、六本木
- **外國人旅遊服務中心**
東京City i、JNTO旅客服務中心內（日本文化體驗場）、京王新宿的中部地區旅遊諮詢處、淺草文化觀光中心、中央區觀光資訊中心、TIC TOKYO、池袋西武遊客資訊中心東京城市航空總站1樓、上野御徒町旅客服務中心、上野旅遊服務中心及JTB遊客服務中心（成田機場第一航廈內）
- **BIC CAMERA及Sofmap**
BIC CAMERA有樂町店、BIQCLO BIC CAMERA新宿東口店、BIC CAMERA赤坂見附站店、BIC CAMERA池袋總店、BIC CAMERA池袋西口店、BIC CAMERA涉谷東口店、BIC CAMERA涉谷八公口店、BIC CAMERA新宿東口站前店、BIC CAMERA新宿西口店、Bic Drug Shidax新宿CentralRoad店、池袋東口相機店及Sofmap秋葉原店
- **LAOX**
秋葉原本店、新宿本店、新宿東口店、銀座本店、銀座EXITMELSA、台場維納斯城堡店、成田機場第一航廈店及羽田機場店

東京Metro・都營共通一日乘車券

　　2018年最新推出地鐵、都營共通一日乘車券，用法基本上與Tokyo Subway Ticket一樣，於使用開始後的連續24小時內使用。唯一分別就是可在各大車站購買，不用出示護照。

使用範圍：東京Metro地鐵以及都營全線　**票價**：成人￥900、兒童￥450
售票地點：東京地鐵線各站的售票機　**網頁**：www.tokyometro.jp/tcn/ticket/1day/index.htm

東京Metro地鐵一日乘車券

　　用法同上，但只限於東京Metro地鐵全線，並非使用開始後計算，而只是售票當日有效。

使用範圍：東京Metro地鐵全線
票價：成人￥600、兒童￥300　**售票地點**：東京地鐵線各站的售票機

東京都市地區通票Tokunai Pass

　　可一日任搭東京都內的JR列車，包括旅客最常用的山手線，不能用於地鐵、私鐵，限購買當天有效，所以建議出發前擬定好當天行程才好購買。

使用範圍：東京23區內的所有JR普通列車
　　　　　　　（含普快，僅限普通車廂自由座席）
票價：成人￥760、兒童￥380
售票地點：東京區內JR東日本車站內指定座席發券機、
　　　　　　　JR售票處、旅行服務中心（View Plaza）

JR東京廣域周遊券 JRTOKYOWidePass

　　可在3天內不限次數搭乘指定區域內的列車、新幹線，適合以下旅客：
- 想要以東京為據點，當日往返河口湖（富士山）、日光觀光的旅客。
- 想要前往輕井澤、草津、伊豆等熱門溫泉勝地或度假村住宿的旅客。
- 想要前往新宿、秋葉原、鎌倉等東京近郊觀光的旅客

使用範圍：JR東日本線、東京單軌電車線全線、伊豆急行線全線、富士急行全線、上信電鐵全線、埼玉新都市交通（大宮 ～ 鐵道博物館）、東京臨海高速鐵道全線、JR東日本與東武鐵道直通行駛之特快列車「日光號」、「鬼怒川號」、「SPACIA鬼怒川號」的普通車廂指定席、東武鐵道線下今市 ～ 東武日光、鬼怒川溫泉間的普通列車
票價：成人￥10,180、兒童￥5,090
售票方式：網上訂購，再於JR東日本旅行服務中心
　　　　　　　（成田機場、東京車站、新宿及澀谷等站領取）
網頁：https://www.jreast.co.jp/multi/zh-CHT/pass/tokyowidepass.html

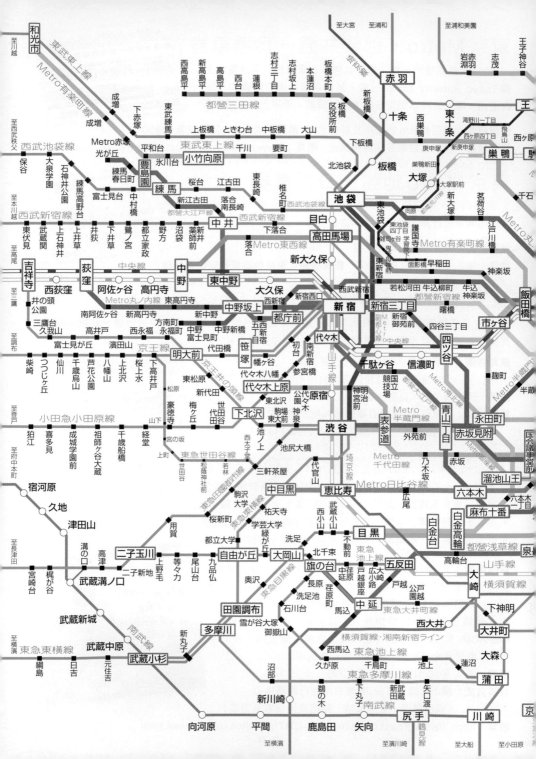

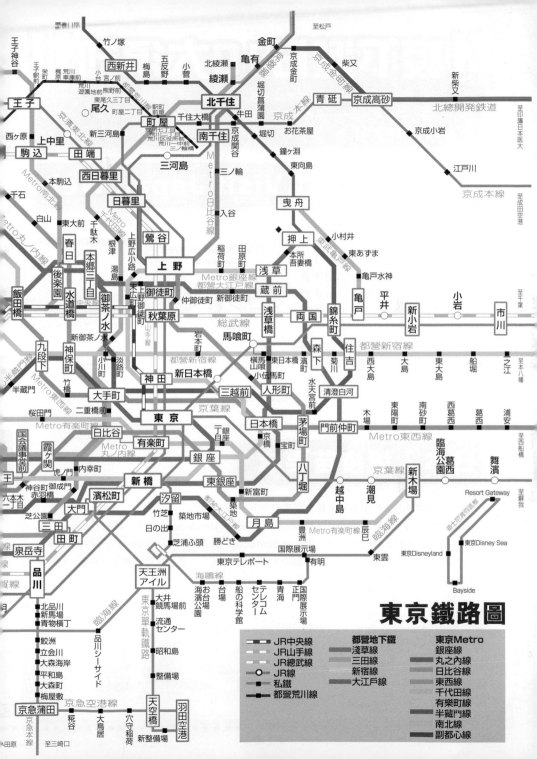

東京鐵路圖

‼疫下遊日10大須知‼

香港人望穿秋水，終於等到通關可以回鄉。不過今時今日遊日本，與幾年前已有一些變化，加上疫情還在，許多出入境的防疫措施更要嚴格遵守！

Visit Japan Web

由2022年11月14日起，所有入境日本的旅客，必須使用Visit Japan Web預先登記才可以入境。Visit Japan Web除了取代舊有入境卡和海關申報外，新增了「快速通關」的功能，旅客預先登記護照、針紙等資料。入境時，只要在檢查處出示相關的QR Code，就可以使用電子申報裝置入境。首次登記Visit Japan Web可能會有些複雜，但登記後個人資料會被記錄，以後使用便會方便得多。坊間亦有許多網站或視頻，教你一步一步在網上填寫資料。

網站：https://vjw-lp.digital.go.jp/zh-hant/

日本入境疫苗要求

日本政府在2022年10月初更新入境疫苗認可名單，包括：

輝瑞(Pfizer)、阿斯利康(AstraZeneca)、莫德納(Moderna)、強生 / 楊森(Johnson & Johnson / Jassen)、印度巴拉特(Bharat Biotech)、諾瓦瓦克斯(Novavax)、科興(Sinovac)、國藥中生(北京)、印度血清研究所COVOVAX、印度血清研究所Covishield及康希諾生物腺病毒載體(CanSinoBIO Convidecia)

已打齊3劑疫苗(接受混針)的旅客不需核酸檢測，否則要持有出發前72小時內的認可檢測證明，方可入境。但無論是否種疫苗，入境後都毋須隔離。

消費稅

當大家對日本消費稅仍停留在8%的時間,政府已在2019年10月把消費稅調至10%,只有「飲食類商品(酒類與外食除外)」與「報紙」仍保持8%。一般物品或消耗品(食品、煙酒、藥妝),只要當天同一店家內,未稅金額達¥5000以上至¥50萬以下,即可辦理退稅,方法與疫情之前相同。

膠袋

2020年7月1日開始,日本全國實施膠袋徵費,每個膠袋(包括紙袋)商店會徵收¥3-5的費用。其實BYOB(bring your own bag)無論在香港或外地都應遵守。

雖然¥5的膠袋費可算微不足道,但大家都應為環保出一分力,盡量自備購物袋。

日本許多便利店都不再提供24小時服務。

便利店不再便利

由於人手不足,2019年6月開始,全家便利商店(FamilyMart)率先調整部分分店的營業時間,把晚上11點至早上7點訂為門市休息時間,之後Lawson及7-Eleven也相繼宣佈逐步改變24小時營業的規定。以後三更半夜想搵地方醫肚,可能要靠自動販賣機了。

特大行李乘車限制

JR東海、JR西日本及JR九州自2020年5月20日起,規定所有旅客攜帶「特大行李」上車,必須購買「指定席」,並要預約放置行李,否則會被加收¥1,000車資。所謂「特大行李」,就是行李3邊合計超過160-250cm,簡單來說就是超過登機時「手提行李」的規定。現時部分JR列車已設置「特大行李放置處」,供預約旅客放置行李。

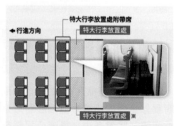

特大行李放置處。

行李的3邊合計(A+B+C)超過160cm、250cm以內便算是特大行李。

口罩戴不戴

　　日本政府沒有硬性規定要戴口罩，不過為己為人，在室內地方例如商場或公共交通工具內最好配帶。食肆方面，雖然沒有明文規定，不過進食前或離開座時戴上口罩，一般食客都會遵守。另外在酒店的公共範圍（房間以外），亦規定要配帶口罩。

旅遊期間中招怎麼辦？

如果旅遊期間不幸確診，一定要回復陰性才許可登機。

　　如果在旅遊期間懷疑中招，應該儘快作快速檢測，如果是陽性，不論有沒有症狀都應在房間休息，直至轉為陰性才繼續行程。如確診者身體非常不適，切勿直接往當地的醫療機構求醫，可聯絡當地的「就診‧諮詢中心」（東京都電話：03-5320-4592，有日‧英‧中‧韓等語言支援），等待進一步安排。

網址：https://www.c19.mhlw.go.jp/area-ct.htm

　　如果選擇在酒店休息，請留意回程日期，因確診者**絕不容許登機**，應預算康復時間（一般為三至五日），再考慮更改訂房及航班日期。

回程前記得上報健康申報表

　　香港政府規定，回港人士都要在起飛前24小時，把自行快測陰性結果申報衛生署，換取健康申報綠色二維碼，才可以登機。回港後也要記得遵守0+3檢役守則。

回港前24小時，須向衛生署申報陰性
結果，回港後亦要遵守0+3檢役守則。

保險包唔包？

　　一般的旅遊保險都會包旅遊期間意外受傷的賠償，但確診新冠是否理賠、賠償多少，每間公司都有不同處理方法，所以購買旅遊保險前，一定要查詢清楚。

了解清楚旅遊保險的內容，一家人玩得更安心。

東京已消失的地標

【2020年3月結業】

東急百貨東橫店

涉谷區

感謝

涉谷車站的東急百貨東橫店，屹立涉谷鬧市86年，由於車站四周已展開重建計劃，這間神級百貨也步入重建命運，於2020年3月31日光榮結業。幸好近年涉谷車站周圍已陸續有注目新商場落成，讓各位行街精不會感到失落。

秋葉原

【2020年8月結業】

SEGA 2號館

【2021年5月結業】

秋葉原HOBBY天國

主打動漫的秋葉原，在這幾年疫情的打擊下最大的衝擊首選是SEGA 2號館關門大吉，與及模型界名店秋葉原HOBBY天國（ボークス秋葉原ホビー天国）結業。不過秋葉原還有三間SEGA遊戲館健在，而秋葉原HOBBY天國2，亦於原館結業後兩個月火速開業，令秋葉原仍不負動漫天堂的美譽。

新宿區

【2020年11月結業】

新宿Playland

【2022年10月結業】

新宿小田急百貨

在新宿有35年歷史的新宿Playland，是區內大型的遊戲中心，可惜不敵疫情在2020年11月結業。同區有50年歷史的小田急百貨，亦因要配合新宿西口再開發計畫而面臨拆卸，於2022年10月結業。

東京已消失的地標

自由之丘的Sweet Forest在2003年開業後，即成為東京的甜品勝地，但因敵不過疫情而在2021年9月結業。幸好經營者借助韓流，把Sweet Forest重新包裝，並於2022年7月重生。

自由之丘 Sweet Forest

【2021年9月結業】
大江戶溫泉物語

台場可算是這次疫情的重災區，當中重量級景點Palette Town已結業，連帶該區地標Palette Town摩天輪及享譽盛名的teamLab數位藝術美術館都要停業。而同區超大的大江戶溫泉物語也同告結業。至於旁邊的Diver City Tokyo Plaza雖然健在，當門外的獨角獸高達卻要進行維修直至另行通告，令高達迷大失所望。

台場
獨角獸高達

Palette Town

【2022年8月結業】

Palette Town摩天輪及teamLab留守至2022年8月才結業。

Tokyo One Piece Tower

【2020年7月結業】

位於東京鐵塔內的Tokyo One Piece Tower在2015年3月開幕，佔據四層樓面，是全球唯一的One Piece主題樂園。可惜樂園僅維持了5年，便於2020年7月31日結業。

東京鐵塔

豐島園 【2020年8月結業】

練馬區

座落於東京都練馬區的豐島園遊樂場，在1926年開業，曾號稱日本「第一」的遊樂場，園內有110年歷史的木製旋轉木馬，更是鎮園之寶。可惜樂園敵不過時代洪流，在2020年8月31日閉園。不過原址將建造全球第二座哈利波特影城，令人非常期待。

涉谷新地標SHIBUYA SCRAMBLE SQUARE由3座大樓構成，第1座已於2019年11月啟用。大廈共有匯集200多家店舖，頂層的觀景台「SHIBUYA SKY」，更是俯瞰東京鬧市的新據點。【詳情請閱1-1】

涉谷區

【2019年11月開業】

SHIBUYA SCRAMBLE SQUARE

宮下公園 MIYASHITA PARK

宮下公園由擁有50多年歷史的舊公園，搖身一變成為富現代感的大商場，並在2020年7月重新啟用。除了食買玩，難得頂層仍用作市民的休憩空間，而商場內的「涉谷橫町」，匯聚全國的知名料理，一開幕便成為涉谷飲食新焦點。【詳情請閱1-4】

【2020年7月開業】

想親歷其境，重溫2020東京奧運各運動員的風采，最直接當然是參觀東奧主場「新國立競技場」。在這裡不但能近距離欣賞日本建築大師隈研吾的心血，還可以冠軍上身登上頒獎台，滿足大家的虛榮。【詳情請閱2-6】

原宿區

【2019年11月開幕】
新國立競技場

東京矚目新生景點

新宿區

【2022年4月開業】
Alpen TOKYO樓高8層，由旗下的SPORTS DEPO、Alpen Outdoors及GOLF5三個品牌的旗艦店組合而成，無論各項運動及戶外活動的裝備通通可以在這裡找到。在GOLF5甚至設有擊球區，讓高爾夫迷隨時大顯身手。【詳情請閱3-7】

新宿 Alpen TOKYO

東京矚目新生景點

池袋區

Q-plaza 【2022年4月開業】

剛於2019年開業的Q-plaza，主攻年輕人路線。當中的「4DX with ScreenX」影院，加入不同感官特效，再配備270度大螢幕及動感座椅，為觀眾帶來身歷其境的震撼。而大玩VR遊戲的Plaza CAPCOM，更把玩家帶入栩栩如生的虛擬實境。【詳情請閱4-4】

【2022年7月開業】

2022年7月開業的淺草橫町，主題是365日開心過祭，場內滿布各類祭典元素，周末更會上演阿波舞及盆舞等傳統舞蹈炒熱氣氛，仲可以租和服打卡留念，讓遊客又得食又有得玩。【詳情請閱5-1】

淺草區

淺草橫町

東京鐵塔

東京鐵塔內的One Piece主題樂園雖然已退場，2022年4月開始由全日本最大的電競公園RED° TOKYO TOWER取代。RED° TOKYO TOWER佔地三層，有20多款VR虛擬遊戲，有動又有靜，以後唔好再話去東京鐵塔老土了。【詳情請閱11-18】

【2022年4月開業】

RED° TOKYO TOWER

Global壽司是著名連鎖集團藏壽司的新品牌，2022年3月在押上開了第四間分店，地點就在晴空塔附近。新店佔地兩層共834平方米，有227個座位，號稱是世界最大的迴轉壽司店。除了開餐，這裡更設有數碼遊樂區，分別有大型射擊遊戲及彈珠機供食客耍樂。以後去晴空塔，除了塔內的食肆，又多了一個美食新選擇。

Global壽司行藏壽司的定位，以平價取勝。

押上

【2022年4月開業】

Global 壽司押上店

🚃 東京 Metro、都營及東武伊勢崎線押上駅 A1 出口
🏠 墨田區押上 1-8-23 1-2F | ⏰ 11:00 am-11:00pm
🌐 www.kurasushi.co.jp/oshiage/

數碼遊樂區啱晒坐唔定的小朋友。

東京迪士尼樂園

🚗 JR 京葉線舞浜駅南口步行約 5 分鐘即達迪士尼樂園正門 / 從新宿新南口乘迪士尼高速巴士前往，車程約需 40 分鐘，前往迪士尼海洋，需轉乘迪士尼專屬輕軌到海洋站

東京迪士尼樂園第一個海外的迪士尼樂園，同時是亞洲第一個迪士尼主題公園。樂園主要分為「東京迪士尼樂園」與「東京迪士尼海洋」。兩個樂園內都分成 7 大景區，因為園區佔地廣、玩遊戲及欣賞節目都要排大隊，所以要玩晒兩大樂園，起碼要兩天的時間。

INFO

🏠 東京都千葉縣浦安市舞濱 1-1 | 🕐 通常為 8:00am-10:00pm，有時於 9:00am 或 8:30am 開園，由於時間不定，因此建議出發前先到官網查閱 | 🔍 www.tokyodisneyresort.jp/tc

迪士尼輕軌火車連接舞浜 ，「東京迪士尼樂園」與「東京迪士尼海洋」，收費￥260（全日任坐），可以「SUGOCA」等交通 IC 卡搭乘。

門票

※ 截稿前，兩天及其他日數的護照皆已停售
※ 樂園平日、星期六、星期日及假日票價皆有不同

Passport	內容	成人（18歲以上）	學生（12-17歲）	兒童（4-11歲）
一日護照	可指定入園日期、園區，且可由開園起暢遊園區1天	￥8,400-9,400	￥7,000-7,800	￥5,000-5,600
指定入園時間護照	可選擇 1 座園區由10:30 起暢遊	￥7,900-8,900	￥6,600-7,400	￥4,700-5,300
午後護照	可選擇 1 座園區由星期六、星期日、日本國定假日的15:00起入園	￥6,800-7,400	￥5,600-6,200	￥4,000-4,400
平日傍晚護照	可由平日（日本國定假日除外）17:00起入園	￥4,800-5,400	￥4,800-5,400	￥4,800-5,400

購票程序：

於東京迪士尼網站直接購票，再把門票印於A4的白紙上，入園時讓入閘機掃瞄門票上的 QR code 即成。除了東京迪士尼網站，也可往其他代理如Klook或KKday訂票，但價錢相差不遠，主要視乎網站有沒有優惠。

樂園開放時間、煙花、巡遊及節目時間查詢

顯示該天的節目內容、時間及表演地點，方便規劃行程。

www.tokyodisneyresort.jp/tc/tdl/daily/calendar.html

入場人次及天氣預測

http://www.15.plala.or.jp/gcap/disney/

該網頁會展示未來數月樂園訂票人數，以8級及不同顏色顯示該天人數的多寡，暫停運作的設施，又會預測當天的天氣及溫度，是訂票前必看的參考。

東京迪士尼樂園七大園區

世界市集 / World Bazaar

這裡有二十多間店，分別售賣迪士尼不同的產品，首飾、文具、服裝或者藝術擺設都有，可以在放煙花後把握最後半小時在此瘋狂掃貨。

迪士尼樂園七大園區分布

Critter Country
Fantasyland
Toontown
Westernland
Tomorrowland
Adventureland
World Bazaar

【遊園超實用工具】東京迪士尼度假區官方App

此APP方便遊客了解園內各項設施的位置及狀態，更重要是附預約功能，大大減輕排隊之苦！主要的三大功能如下：

預約等候卡（Standby Pass）：

可免費預約遊樂設施、商店、或與迪士尼明星影相等。

園內部分遊樂設施甚至商店，都要預約才可進場。

迪士尼尊享卡（Disney Premier Access）：

以前遊園唔想排隊，可以抽FASTPASS，不過園方已把此服務下架，換上Disney Premier Access（DPA），即是付費版FASTPASS，並只可以在此App使用。每項遊樂設施DPA一次收費￥2,000，而且用完一張才可再購另一張。

迪士尼尊享卡

優先入席（Entry Request）：

旅客可於一個月前，憑此APP預約迪士尼樂園或迪士尼海洋內之餐飲設施，省卻等位時間。

卡通城 / Toontown

有齊米奇、美妮和唐老鴨的家，除了可以入內參觀外，還有機會和他們合照呢！

探險樂園 / Adventureland

探險樂園中有魯賓遜家族大樹屋、Jungle Cruise、史迪奇呈獻等，以原始熱帶叢林為主題，還有西部沿河鐵路。

明日樂園 / Tomorrowland

明日樂園以未來世界為主題，要看Star Wars、史迪仔、巴斯光年和怪獸公司便要來這裡，幾個遊戲都大排長龍，還有長期人氣高企的太空山。

西部樂園 / Westernland

這部分有點像縮小版的Disney Sea，以巨山和河流作主題，比較多巨型遊戲，大家更可以乘坐模仿郵輪的豪華馬克吐溫號。

動物天地 / Critter Country

雖然叫作動物天地，但其實動物不算很多，以迪士尼電影《南部之歌》的森林作為主題。這裡的遊戲只有兩個，以飛濺山較為刺激，可以一玩。

夢幻樂園 / Fantasyland

在此可以找到童話故事裡的場景，有白雪公主、小飛俠、愛麗絲夢遊仙境、小木偶等，還有卡通人物不時跑出來與大家合照。

必玩大熱遊戲設施+表演

1. 美女與野獸園區

2020年全新園區，重現電影經典浪漫場面，遊客乘坐魔法茶杯，欣賞餐桌魔法團的特色表演，情侶必遊。

2. 小飛俠天空之旅

搭上飛天海盜船，由星空下的倫敦一路航向夢幻島，展開一段緊張刺激的冒險！

3. 怪獸電力公司

遊客搭上巡遊車、亮起手電筒，尋找躲在怪獸城市的各個角落千奇百怪的怪獸。

4. 日間巡遊「奇想飛騰」

每天定時的戶外表演，巡遊時間在下午1-2時，每程約40分鐘。若遇上萬聖節、聖誕節等日子，可能會有多一場特別巡遊。

5. 夜間巡遊「夢之光」

夜間巡遊全程約45分鐘，每晚6:15或7:30在園內和大家見面，時間會因應季節更改。

6. 炫彩夜空

每晚8:30或8:40，隨著歡欣雀躍的迪士尼樂曲響起，一朵朵繽紛閃耀的煙火將劃破夜空。煙火表演全長5分鐘，雨天會照常演出。

迪士尼海洋

Disney Sea 是一個以海洋作主題的樂園，佔地面積49公頃。樂園內主要分成七個「主題海港」區域，以及與主題相符的設施、表演節目和餐廳。就算用足一天都未必夠時間玩晒整個樂園。

海洋七大園區

美國海濱

迪士尼海洋以海洋為主題，當然少不了地中海的港灣風情。這裡是園內最大的區域，紀念品店也集中於此。

地中海港灣

迪士尼海洋以海洋為主題，當然少不了地中海的港灣風情。這裡是園內最大的區域，紀念品店也集中於此。

神秘島

神秘島位於樂園中心，看到火山的便是神秘島了。火山中會有過山車進出，而且又會突然爆發，就算不玩過山車的人也感到十分刺激。

失落河三角洲

除了近代的場景，還有回到古代遺跡的園區。這裡參考印加文明而設計，也有一系列以印第安冒險為主題的遊戲。

發現港

這處面積相比之下較小，但水上逗趣船卻非常好玩。此外，還有模仿20世紀初的高架電氣化電車，帶領遊客穿梭於發現港與美國海濱之間。

美人魚礁湖

這裡從水面走到水底，海底的珊瑚世界就呈現在你的眼前，這園區也是集中給小朋友的遊戲。

阿拉伯海岸

阿拉伯海岸參照阿拉伯的城堡而設計，充滿異國風情。此地比較多適合小朋友的遊戲，大人在這邊拍照也不錯，因為像真度很高，以為置身於阿拉伯國度。

迪士尼海洋必睇新節目

「堅信！夢想之海」
(Believe！Sea of Dreams！)

剛於2022年11月11日在迪士尼海洋登場的「堅信！夢想之海」，每晚7:30在地中海港灣上演，全長30分鐘。除了連場歌舞，更有鐳射秀、光雕投影及大型船隻航行表演，令人目不暇給。

東京及近郊 Outlet 掃貨攻略

血拼貼士

1. 每次購物時記得帶備護照！但留意並非所有店舖都提供免稅，只有門口貼有免稅告示才可退稅。

2. 一些商店可直接辦理免稅，有些於場內櫃面併單一次過退稅，購物前先確認好使用哪一種退稅方法，預留時間辦理。

3. 到達 Outlet 後可首先到資訊中心，獲取旅客專用的優惠券，在指定商戶結帳時可享額外 5-10% 折扣。

4. 大部分 Outlet 於年尾至 1 月都會舉行大減價，而 1 月 1 日起更開始發售福袋。另外 7 至 8 月亦開始夏季大減價，可於出發前留意官網消息。

羽田機場附近最大級別！
三井 Outlet Park 木更津 KISARAZU

　　木更津 Outlet Park 位於羽田機場附近，有直通巴士往來東京各區，車程約一小時。最矚目的是它剛於 2018 年 10 月完成擴建，成為日本最大的 Outlet，擁有 308 間店舖，73 個新品牌進駐，當中 17 個更是首次登陸日本，包括 Mulberry、N°21、Liberty London、美國高檔超市 Dean&Deluca 及日本唯一的 Mercedes-Benz Outlet 概念店。

約 308 家！

精選品牌

山系戶外品牌
The North Face、MAMMUT、ARC'TERYX、mont-bell、Columbia、patagonia、haglofs

煮婦血拼
Le Creuset、Cath Kidston、staub、THERMOS、Dean&Deluca

女士最愛
Dr.Ci:Labo、THE COSMETICS COMPANY STORE、松本清、john masters organics

男士之選
BOSE、Mercedes-Benz、UNDER ARMOUR、Bianchi、SEIKO

親子必到
Disney store、LEGO、ANNA SUI mini、mikiHOUSE

國際大牌
GUCCI、SAINT LAURENT、Valentino、LOEWE、Paul Smith、Mulberry、repetto

交通：JR 袖ケ浦駅北口乘巴士約 10 分鐘 / 東京駅八重洲口乘巴士直達，車程約 45 分鐘，成人單程￥1,250；羽田機場乘巴士至木更津金田巴士總站，轉乘免費巴士前往

地址：千葉縣木更津市金田東 3-1-1

營業時間：商店 10:00am-8:00pm，餐廳 11:00am-9:00pm，美食廣場 10:30am-9:00pm

電話：04-3838-6100　　　　**網頁：**https://mitsui-shopping-park.com/mop/kisarazu

如果於新宿或東京出發，不妨留意來回巴士購物券套票，新宿出發每套售價￥5,000，包括來回巴士券及價值￥2,500 的 Coupon。東京站出發套票售價￥3,050，包來回巴士及￥2,500 Coupon。Coupon 須於資訊中心換領，每張面額￥500，可一併使用。

離成田機場15分鐘
酒酒井 Shisui Premium Outlets

約213家！

　　酒酒井 Premium Outlets 同樣在2018年尾完成擴建，新開29間店舖至213間，相比三井 Outlet 較多歐美大牌進駐。由於距離成田機場15分鐘車程，當作東京旅遊的第一站或最後一站都很適合。

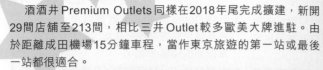

主打山系服飾的CHUMS在日本的唯一Outlet，店內男女裝齊備。

美食廣場設有成田機場航班消息顯示屏，方便遊人預校時間坐巴士。每天共有15-16班來往成田機場的高速巴士，班次頻密，成人單程收費350円。

精選品牌

親子必到

Sanrio、Disney store、Lego、Miki House

煮婦血拼

212 Kitchen Store、Le Creuset、Royal Copenhagen、iittala、Wedgwood、Franc franc

山系戶外品牌

Columbia Sportswear、Marmot、CHUMS、Coleman、Helly Hansen、Keen

女士最愛

mercibeaucoup、N ë -net、Samantha Thavasa、Earth Music&Ecology、Gelato Pique、Sly

男士之選

Bose、Barbour、Danner、United Arrows、American Eagle Outfitters

交通：JR 酒酒井駅乘巴士約 15 分鐘 / 東京駅八重洲口乘巴士直達，車程約 50 分鐘，成人單程￥1,100 / 成田機場第一航廈 30 號站牌，或第二航廈 28-B 號站牌乘巴士直達
地址：千葉縣印旛郡酒々井町飯積 2-4-1
營業時間：商店 10:00am-8:00pm，餐廳 11:00am-9:00pm
電話：04-3481-6160　　　　**網頁**：www.premiumoutlets.co.jp/shisui

入 Disneyland 必到
三井 Outlet Park 幕張

　　從東京出發搭電車 JR 京葉線只要30分鐘便可抵達三井 Outlet Park 幕張，這裡共137家商店，國際及日本品牌都有。如果去迪士尼的話，可以先花幾個小時在這裡逛逛，然後下午第一次巡遊時才入園，因為只是相隔幾個站，Outlet 附近還有 Aeon Mall，可以順便逛逛。

精選品牌

煮婦血拼
Le Creuset、Franc franc、staub

女士最愛
agnês b.、松本清、Celule、Triumph、CECIL McBEE

戶外品牌
The North Face/Helly Hansen、Mont-bell、MAMMUT

交通：JR 京葉線海濱幕張駅南口步行 1 分鐘
地址：千葉縣千葉市美濱區日比野 2-6-1
營業時間：商店 10:00am-8:00pm，餐廳 11:00am-9:30pm
電話：04-3212-8200　　**網頁**：https://mitsui-shopping-park.com/mop/makuhari

人流較少
三井 Outlet Park 多摩南大澤 TAMA MINAMI OSAWA

約110家！

相比起幕張，南大澤規模比較小，品牌選擇同樣少了很多，但如果去 Sanrio Puroland 的話，可以把它安排在行程前後，因為兩者都在京王電鐵的同一條路線上。這裡除了時裝品牌外，更包括了寵物和園藝等日常用品的店舖，亦有多項兒童玩樂設施，比較多元化。

精選品牌

山系戶外品牌

Mont-bell、Columbia、Under Armour、Nike、Adidas、Reebok

女士最愛

AS KNOWN AS、Lowrys Farm、Coach、Triumph

男士之選

POLO、EDWN、Theory Men

交通：京王南大澤駅步行 2 分鐘
地址：東京都八王子市南大澤 1-600
營業時間：商店 10:00am-8:00pm，餐廳 11:00am-10:00pm，超市 10:00am-9:00pm
電話：04-2670-5777　　　　**網頁**：https://mitsui-shopping-park.com/mop/tama

尋寶之地
三井 Outlet Park 入間 IRUMA

入間 Outlet 約有210間店舖，從年輕到成熟的男女士服飾，及生活居家用品都一應俱全。場內有餐廳及 Food court，假日更有小火車巡遊，就算帶著小朋友也不怕悶親！（小貼士：因所在地比較偏遠，遊客不多，所以有可能找到較新款式啊。）

約210家！

精選品牌

親子必到
Sanrio、LEGO、Combi mini、MIKI HOUSE

煮婦血拼
Le Creuset、DANSK、Ralph Lauren Home、
Afternoon Tea LIVING、Franc franc、ZWILLING GROUP

山系戶外品牌
Gregory、Birkenstock、Columbia、The North Face、
New Balance、Onitsuka Tiger、BILLABONG

潮人必到
A.P.C.、CABANE de ZUCCa、BEAMS、Dickies、Levi's

女士最愛
UGG、Tory Burch、Furla、Peach John、Moussy、松本清

男士之選
FRED PERRY、CITIZEN、Ray Ban

交通：西武池袋線至入間市駅下車轉乘巴士 15 分鐘　**地址**：埼玉縣入間市宮寺 3169-1
營業時間：商店 10:00am-8:00pm，餐廳 11:00am-9:00pm，美食廣場 10:30am-9:00pm
電話：04-2935-1616　**網頁**：https://mitsui-shopping-park.com/mop/iruma

本地人最愛
輕井澤王子購物廣場 Karuizawa Prince Shopping Plaza

　　輕井澤王子購物廣場是很多本地人都喜歡的 Outlet，於1995年落成，是全國最大的購物廣場，場內有240間店舖，總共劃分為十個不同的區域，很多國際大牌、戶外用品、運動服飾及家具用品都可在這裡找到。

約240家！

精選品牌

煮婦血拼
Le Creuset、staub、Iittala、Afternoon Tea Living、Royal Copenhagen、Ralph Lauren Home

山系戶外品牌
Columbia、ARC'TERYX、Aigle、Coleman、L.L.Bean、Burton、The North Face

潮人必到
A Bathing Ape、CA4LA、Stussy

必逛名牌
Gucci、SAINT LAURENT、Chloe、Prada、BALLY、BV

交通：北陸新幹線輕井澤駅南出口步行3分鐘　　地址：長野縣北佐久郡輕井澤町輕井澤
營業時間：10:00am-7:00pm　　　　　電話：02-6742-5211　　　　網頁：www.karuizawa-psp.jp

遠眺富士山靚景
御殿場 Gotemba Premium Outlets

約210家！

　　御殿場是日本唯一可以看到富士山的 Outlet，場內約210間商店，空間寬敞而且從名牌到休閒服裝都齊備，如果是前往河口湖、富士急樂園等地，來這裡逛就非常適合。

精選品牌

親子必到
Disney、Sanrio、LEGO、Bandai Asobi：、Pokemon Store、Mezzo Piano

煮婦血拼
Le Creuset、Dyson、DeLonghi

潮人必到
Issey Miyake、Maison Margiela、Alexander Wang、Balenciaga、CA4LA

歐美精選
Celine、Givenchy、Loewe、Moncler、Fendi、Abercrombie & Fitch、Saint Laurent

©MITSUBISHI ESTATE

交通：乘 JR 或小田急浪漫特快至御殿場駅轉乘免費巴士20分鐘／新宿、東京駅、池袋、品川等地每日有高速巴士直達，車程約1.5小時，成人來回車費 ¥2,880
地址：靜岡縣御殿場市深澤1312　　　營業時間：3月至11月 10:00am-8:00pm，12月至2月 10:00am-7:00pm
電話：05-5081-3122　　　網頁：www.premiumoutlets.co.jp/gotemba

日本便利店提款教室

東京的便利店每十步一間，現在於 7-11、Lawson、Family Mart，只要店內的提款機有 PLUS 或銀聯標誌，便可以利用提款機作境外提款，以後在日本shopping就不怕不夠錢用！

只要提款機上有銀聯或 PLUS 的標誌，便可以利用提款卡提款。但要留意，必須在香港開啟海外提款功能。

大部分提款機都有英語介面，基本上都可以順利操作。

提款機會先提示閣下銀行將收取手續費，大約為20至30港元左右，視乎每間銀行而有不同收費。

輸入 Pin Number，即提款卡密碼。

每天每次提款最多10萬日圓。

完成程序，便可提取現金，收據及提款卡，前後不用五分鐘。

記者比對同日信用卡簽帳匯率及提款，兩者相差不多。

東京人氣手信精選

雖然東京到處都可選購精美的手信，不過東京車站始終是公認「入貨」的勝地。而車站旁的大丸東京店1F，更是一站式搜羅全日本手信好地方。所以大丸東京店發放的人氣手信排行榜，絕對有參考價值。

大丸東京店手信街

地址： 千代田區丸の內 1-9-1 大丸東京店 1F
時間： 10:00am-8:00pm
網址： https://www.daimaru.co.jp/tokyo/

〈N.Y.C.SAND〉 N.Y.C. SAND

來自紐約的N.Y.C.SAND，在1960年代已由紐約傳至日本銀座並大受歡迎。焦糖朱古力夾心曲奇看似平平無奇，但焦糖獨有的芳香，配上餅乾香濃的牛油味，令人難以抗拒。

價格：¥1,296（8個入）

〈ベイクドマロウ〉 Baked Mallow

燒烤棉花糖夾心餅，趣緻的外表已令人垂涎欲滴，棉花糖內更藏著朱古力流心，食前在微波爐加熱數秒，更會有流心的效果。

價格：¥1,101（6個入）

〈マミーズ・アン・スリール〉 mammies an sourire

價格：¥1,500（1個入）

蘋果派著名品牌，餡料採用信州產蘋果，配上秘製吉士，被譽為「如同媽媽親手做的蘋果派的味道」。

〈駒込 中里〉 「揚最中」、「南蠻燒」

中里是東京和菓子百年名店，於1873年創業；「揚最中」像炸米餅夾心，「南蠻燒」像是銅鑼燒，內餡都是十勝紅豆泥。

**價格：¥1,340
（揚最中4個、南蠻燒2個）**

〈トップス〉 Tops

東京赤坂頂級朱古力蛋糕專門店，開業超過半世紀。著名的朱古力蛋糕（チョコレートケーキ）「樓高」三層，濃滑朱古力配上鬆軟蛋糕，深受女士喜愛。

價格：¥2,160
（R size, 180×65×52mm）

〈東京ひよ子〉 tokyo hiyoko

來自福岡百年老店吉野堂的小雞饅頭，是外型超可愛的甜品。除了傳統的黃豆蓉，近年已衍生出不同餡料，照顧不同客人的口味。

價格：¥1,080（8個入）

〈芝麻蛋ごまたまご〉 ginza tamaya

來自東京銀座的菓子專賣店，芝麻蛋外型似足雞蛋，餡料除了厚厚的芝麻，最外層還包裹著白朱古力，是傳統與現代的完美融合。

價格8¥1,404（12個入）

〈ノワ〉 Noix

來自法國的核桃曲奇，由核桃、焦糖、朱古力三層烤製而成，味道有多重層次又有口感。

價格：¥972（6個入）

〈銀座ウエスト〉 ginza west

銀座WEST的葉片曲奇絕對是家喻戶曉，每一塊都嚴選日本東北的鮮奶油及麵粉，揉成團經過256層折疊再灑上糖霜而成，酥脆口感只此一家。

價格：¥1,404（8個入）

〈東京ばな奈STUDIO〉 TOKYO BANANA STUDIO

TOKYO BANANA STUDIO出品的香蕉蛋糕，近年已成為訪日的必買手信。除了香蕉味，更會推出限定的口味，例如2022年冬季推出的「招財貓朱古力蛋糕」，外型萌爆，上架即成大熱商品。

價格8¥1,078（8個入）

〈ねんりん家〉 nenrinya

要選不敗的手信，年輪蛋糕肯定入三甲之列。Nenrinya的年輪蛋糕奶味濃厚，外層口感微硬，難得內層濕潤鬆軟，就如吃新鮮蛋糕一樣。

價格：¥1,188（1個入）

〈八 by PRESS BUTTER SAND〉 PRESS BUTTER SAND

PRESS BUTTER SAND 2022年最新產品，八取自日文「八百万」，有數量眾多的含義。八把傳統的黃豆粉、黑豆粉、紅豆及奶油融合，創造出全新的人氣商品。

價格：¥1,188（4個入）

涉谷
Shibuya

交通策略

新宿駅	原宿駅	池袋駅	
上野駅	東京駅	品川駅	JR 山手線
淺草駅	上野駅	銀座駅	新橋駅 · 銀座線
池袋駅	東新宿駅	新宿三丁目駅 · 副都心線
自由が丘駅	中目黑駅 · 東橫線

涉谷駅

涉谷新地標

SHIBUYA SCRAMBLE SQUARE

🚗 JR 涉谷駅 B2 出口

要數近年涉谷最矚目的新地標，一定是在2019年11月開幕的 SHIBUYA SCRAMBLE SQUARE。這座樓高約230米的超級商場，座落於 JR 涉谷站上蓋，交通超方便。商場匯集200家店舖，包括大家熟悉的蔦屋書店、Tokyu Hands 及中川政七等。而頂層的觀景台「SHIBUYA SKY」，不但能俯瞰著名的涉谷十字路口，甚至能遠眺富士山、晴空塔等知名景點。

2019年開幕

SHIBUYA SCRAMBLE SQUARE樓高230米，外型非常矚目。

360度觀景台一望無際，甚至能遠眺富士山。

位於11樓的蔦屋書店。

SHIBUYA SKY的紀念品設計都特別有型。

中川政七同樣位於11樓。

位於B1的紀伊國屋有百年歷史，以銷售新鮮蔬果食材而聞名。

INFO

🏠 涉谷區 2-24-12 | 📞 03-4221-4280 | 🕐 商店 10:00am-9:00pm，餐廳 11:00am-11:00pm

SHIBUYA SKY

🕐 10:00am-10:30pm | 💲 大人（18歲以上）￥2,000、中學生￥1,600、小學生￥1,000、孩童（3歲~5歲）￥600 網上預訂門票有折扣優惠 | 🌐 https://www.shibuya-scramble-square.com/

涉谷

原宿

新宿

池袋

淺草

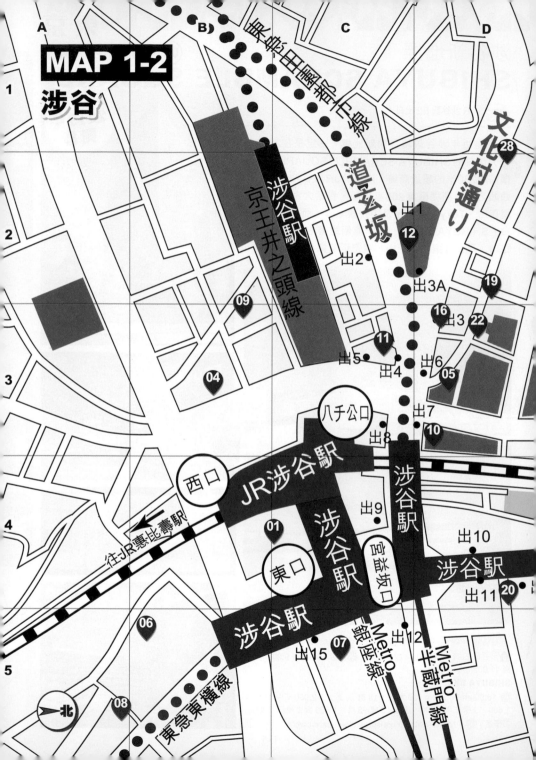

MAP 1-2
渋谷

A　B)　C　D

1

2

3

4

5

山手線内回り外回り

道玄坂

文化村通り

渋谷駅
京王井之頭線

28

出1
12
出2
出3A
19
16
出3 22
11
05
出5
出4
出6
07
10
出7
出8

八チ公口

西口
JR渋谷駅
渋谷駅
渋谷駅

01
東口
出9
宮益坂口

出10
渋谷駅
Metro
半蔵門線
出11 20

往JR惠比壽駅

06
渋谷駅
Metro
銀座線
出12
07
出15

北
08
東急東横線

09
04

往JR原宿駅 →

JR山手線、埼京線

公園通り

明治通り Metro副都心線

出13A

出13

E　　　F　　　G　　　H

1

2

3

4

5

商場位處黃金地段，卻把整個頂層用作綠化及健體空間。

商場全長330公尺，集食買玩於一身。

舊公園重生記
宮下公園 MIYASHITA PARK

Map 1-2/ **F4** ⑫

2022年開幕

🚕 JR 涉谷駅步行 3 分鐘

涉谷的宮下公園建於1966年，至今已有50多年歷史。由於結構老化，東京都政府便進行全面翻新，改建成為一個集運動、休閒、購物及旅遊於一身的大型商場，並在 2020 年7月重新啟用，以MI-YASHITA PARK命名。

全新的宮下公園佔地約 1 公頃，分為南北兩大街區，以頂層的公園及體育設施連接。三層樓的商場名為「RAYARD」，匯聚國際及日本原創品牌，而在北側更設有 sequence MIYASHITA PARK 酒店，旅客一落街就可享受涉谷的繁華。而商場內的涉谷橫町，結集北海道、四國、九州、沖繩等全國各地的主題料理食肆，琳瑯滿目的美食令人難以取捨。

公園區放置了《哆啦A夢》誕生50週年紀念雕像，成為打卡熱點。

涉谷橫町把全日本的特色美食匯聚，仲要24小時營業，絕對方得輸。

INFO

🏠 涉谷區神宮前 6-20-10 | 📞 03-6712-5630 | 🕐 商店 11:00am-9:00pm，餐廳 11:00am-11:00pm
| 🌐 https://www.miyashita-park.tokyo/ | 🌐 https://shibuya-yokocho.com/(涉谷橫町)

返老回春

涉谷PARCO ㉝

Map1-2/ **F2**

2019年開幕

🚕 JR 涉谷駅步行 10 分鐘

涉谷PARCO在1973年開幕，是涉谷一帶百貨公司群的老前輩。2016年，涉谷PARCO進行大翻新，閉關三年多，在2019年11月以全新面貌示人。全新的PARCO有180間商店，2樓的THE NORTH FACE LAB是THE NORTH FACE全球首間按個人喜好tailor-made訂製服飾的專門店。6樓的「JAPAN CULTURE」更雲集任天堂、Pokemon、刀劍亂舞及少年Jump等動漫及電玩專門店，是後生仔必去的朝聖之地。

Pokemon center。

涉谷PARCO以3年時間進行大翻新。

全國最大的草帽（Mugi-wara）商店在6樓。

地下的Tyffonium café，揉合AR技術，一次過滿足多種官能。

INFO

🏠 涉谷區宇田川町 15-1 | 📞 03-3464-5111 | 🕐 商店 10:0am-9:000pm，餐廳 11:00am-11:30pm | 🌐 https://www.parco.co.jp/

2019年開幕

Map1-2/ **B3** 涉谷鐵三角

㉞ 涉谷東急廣場

🚕 JR 涉谷駅南剪票口西出口徒步約 1 分鐘即達

近年涉谷的三大新商場，除了SHIBUYA SCRAMBLE SQUARE及PARCO，當然不能數漏剛於2019年12月開業的Tokyu Plaza。 與PARCO定位相反，Tokyu Plaza走的是較成熟的路線。除了大品牌的時裝，商場也不乏日本傳統工藝的精品店，例如菜刀專門店「日本橋木屋」、木製品專賣店「Hacoa」及皮革專賣店「Sot 革グッズ」等。行商場順便欣賞精緻工藝，你會更會讚歎日本人對傳統的傳承及尊重。

Tokyu Plaza Shibuya 約有70家商店，以成熟顧客定位。

2/F
除了百年老店，潮牌BEAMS亦開設「BEAMS JAPAN」，買時裝之餘也嚴選各地的工藝品發售。

17/F-18/F
居高臨下的CÉ LA VI TOKYO餐廳，可以無遮阻欣賞涉谷夜景。

INFO

🏠 涉谷區道玄坂 1-2-3 | 📞 03-3464-8109 | 🕐 11:00am-8:00pm | 🌐 https://shibuya.tokyu-plaza.com/

涉谷

原宿

新宿

池袋

淺草

Map1-2/ **D3**

05

蔦屋書店佔地極廣，更設有 WIRED TOKYO Cafe。

INFO

🏠 涉谷區涉谷宇田川町 21-6 |
📞 03-5428-2620 | 🕐 10:00am-2:00am，不同店舖各異

繁華標誌
QFRONT

🚕 JR 涉谷駅ハチ公口步行 1 分鐘

QFRONT 是涉谷的經典地標，尤其是它的大型電子 LED 屏幕，位處於繁華且知名的十字路上，就在大家熟知的ハチ公對面。場內進駐的店家包括蔦屋書店、Starbucks 及位於 8 樓的酒吧餐廳ぶん楽等，單是蔦屋書店便已佔了地下 2 層至 7 樓。

涉谷搵食新地標
Shibuya Stream

06

🚕 東京 Metro 涉谷駅 16b 出口直達

Shibuya Stream 是 2018 年 9 月開幕的新商場，這棟大樓和東京政府合作，將本來已封閉的涉谷川再次引入清流，涉谷川旁的稻荷橋廣場及金王橋廣場設置咖啡座，亦是舉辦活動如露天市集的地方，1 樓至 3 樓集結了三十多間餐廳、美食，Shibuya Stream Excel Hotel 位於 4、9-13 樓，其餘則是辦公室、演唱會活動場地等，是涉谷新地標之一！

INFO

🏠 涉谷區涉谷 3-21-3 | 🕐 7:00am-12:00mn，不同店舖各異 |
🌐 https://shibuyastream.jp

沿著小涉谷川走可以通往代官山和中目黑。有時間可以散步過去。

1/F

INFO

📞 03-6427-3588 | 🕐 11:30am-8:00pm
| 🌐 www.lemonade-by-lemonica.com

6a 打卡必到位
LEMONADE
by Lemonica

來自金澤的檸檬汁專賣店 LEMONADE by Lemonica，以檸檬作為基調，調製出不同口味的 Lemonade、梳打及沙冰，每款都用新鮮檸檬炮製，味道酸甜適中。店內同時是打卡拍照的好地方，檸檬裝飾背景，再加靴轆靚位，勁有 feel！

快靚正之選
Precce Shibuya Deli Market

有時看到超市美味又便宜的熟食但苦無地方用餐，現在不用失望了。這家Precce Shibuya就提供了多款美味的熟食，而且店內設置了座椅，更有小型café販賣飲品，環境又舒適。

INFO

☎ 03-6419-3109 | ⏰ 平日 8:00am-9:00pm；星期六日及假期 9:00am-9:00pm | 🌐 www.tokyu-store.co.jp

歐風咖喱飯最便宜¥648就有交易

飯糰專賣店
かつおとぼんた

2/F

這家飯糰專賣店，你可以堂食也可以買走。他們用的白米大有來頭，是每年向伊勢神宮奉獻的指定白米，因此品質得到認可。此外，店內堂食也可以吃到關東煮，中午時間是附近上班族的人氣之選。

INFO

☎ 050-5596-8961 | ⏰ 8:00am-11:00pm | 🌐 www.bontabonta.jp

巴塞隆拿菜式
Xiringuito Escriba

3/F

這家餐廳吃的是西班牙菜，而且是巴塞隆拿的菜式，也是人龍店之一，未夠中午12點就有人在門外等候，而且分為已訂位和Walk in，如果想試最好先打電話來訂位，因為Walk-in很多時都會迅速滿座，也閒閒地須等上2小時。

INFO

☎ 03-5468-6300| ⏰ 11:00am-11:00pm | 🌐 http://xiringuitoescriba.jp

東京

下雨天好去處

Hikarie

Map1-2/ **C5**
07

🚗 JR 涉谷駅東口 / 東京 Metro 涉谷駅 15 號出口直達

Hikarie 前身是「東急文化會館」，樓高34層，集辦公室及綜合娛樂於一身，是2012年落成的地標。這裡交通便利，除了可以從 JR 涉谷駅東口走過來，地下3層也連結了東急田園都市線、東京 Metro 副都心線及來往橫濱的東急東橫線。地下3樓 到5樓 稱 為「ShinQs」， 以25至40歲的女性為主，8樓名為「8/」，是一個讓藝術家及文化界發布作品的創作空間。

INFO

🏠 涉谷區涉谷 2-21-1 | 📞 03-5468-5892 | 🕐 10:00am-9:00pm （商店）、11:00am-11:30pm（餐廳）、 11:00am-8:00pm（8/F） | 🌐 www.hikarie.jp

推介商店 & 餐廳

B2/F

7a

鬆軟美味

nemo Bakery

nemo Bakery 的麵包師是根本孝幸，他本身就是一位充滿話題性的麵包師。店內的麵包由數十種麵包粉調配出來，再用上獨家的天然酵母，麵包鬆軟得來又有咬口，所以常有人龍在排隊付款。

INFO

📞 03-6434-1638 | 🕐 11:00am-9:00pm | 🌐 www.nemo-bakery.jp

米芝蓮三星麵包
LE PAIN Joël Robuchon ⑦b

LE PAIN是法國米芝蓮三星主廚Joël Robuchon所開設的全球第一間分店，因此吸引不少人慕名前來。Joël Robuchon的太太是日本人，因此他都會糅合日本與法國的技術，加上時令食材，變化出不同口味。除了限定麵包外，這裡的牛角包也大受歡迎。

INFO
📞 03-6434-1837 | 🕐 11:00am-9:00pm | 🌐 www.robuchon.jp

⑦c 辻口博啟x世界冠軍咖啡師
Le Chocolate de H & Paul Bassett

日本的甜品界名人辻口博啟的Le Chocolate de H和法國2003年世界Barista咖啡師大賽冠軍的Paul Bassett合作，將咖啡與朱古力發揮到最大。這裡有café，想吃到甜品便要選擇堂食，店內有他們crossover合作出品的朱古力。

INFO
📞 03-5468-3167 | 🕐 11:00am-9:00pm | 🌐 https://www.paulbassett.jp/

京都老字號
然花抄院 ⑦d

然花抄院是京都人氣甜品店，母公司是來自大阪的長崎堂。Hikarie分店是京都以外開的第一家分店，大家可以在5樓吃到本店的甜品及茶品，另外也可以在B2F買到只能存放兩天的人氣商品半熟雞蛋糕。

推薦點一份「茶庭ノ膳」，包括了3款人氣甜品，包括最右的半熟雞蛋糕，￥1,540。如果要抹茶另加￥110。

INFO
📞 B2/F 03-6434-1818 / 5/F 03-6434-1517 | 🕐 10:00am-9:00pm | 🌐 http://zen-kashoin.com/store/hikarie

涉谷 原宿 新宿 池袋 淺草

東京

品嘗日本各地食物
d47食堂 ⑦e

每份定食¥1,500起，價格視乎食材而不同，Menu也會經常更換。

d47食堂由設計師長岡賢明策劃，將日本全國47個都道府縣的食材及餐具都帶來東京，餐牌上面會標明材料產地，檯上有由d47出版的旅遊雜誌，旁邊的d47博物館亦展覽出日本各地的手工藝品、美食等，讓人認識每個道府縣的個性。

8/F

食材新鮮，也可以點一客酒和小菜和旅伴在這裡小休。

INFO

☎ 3-6427-2303 | 🕐 平日 11:30am-8:00pm；星期五至日及假期延至 9:00pm | 🌐 www.facebook.com/d47SHOKUDO

⑦f 東京炸豬排老店
とんかつ まい泉

「まい泉」是東京的人氣炸豬排老店，他們堅持使用鹿兒島的黑豚，然後在烹煮前將每條肉筋起出，再鋪滿自家製的金黃麵包粉炸成酥脆的豬排。店家選用100%純植物油，含豐富的維他命E，因此相對的健康。

6/F

INFO

☎ 050-5570-2825 | 🕐 11:00am-10:00pm | 🌐 http://mai-sen.com/restaurant

仙台牛舌名物
牛たん焼 利久 ⑦g

6/F

牛舌已成為遊覽仙台的必吃名物，在仙台的利久都會看到人龍，而現在東京也開了多家利久分店，包括晴空塔、新宿的NEWoMan及LUMINE等。利久所用的牛舌比一般厚身，每片約35克，加上採用傳統的炭燒方法，可保持肉質又嫩又多汁。

INFO

☎ 03-3486-2351 | 🕐 11:00am-11:00pm | 🌐 www.rikyu-gyutan.co.jp

人氣炸牛排之王
牛かつもと村

Map1-2/ **A5** ⑧

JR 涉谷駅東口步行 5 分鐘 / 東京 Metro 涉谷駅 16b 出口步行 3 分鐘

在眾多以炸牛排為招牌的餐廳之中，以這家「牛かつもと村」最為受歡迎，每到午飯時間便大排長龍。來到這裡當然要點份炸牛排定食，店內有提供一片130克與兩片260克的選擇，男生的話建議可選後者，前者份量對女生來說也十分飽肚。

INFO

🏠 涉谷區涉谷 3-18-10 大野ビル 2 號館 B1F| 📞 03-3797-3735 | 🕐 11:00am-10:00pm | www.gyukatsu-motomura.com

隨餐會有一個小爐可供食客自行煎炸牛排，熟度隨自己愛好而定。

可配搭經典醬油或特製芥末醬，味道不錯。

JR 涉谷駅西口步行 1 分鐘

美食總匯
SEDE

Map1-2/ **B3** ⑨

SEDE 是一幢飲食大樓，6層共有6間不同的餐廳，包括5樓的愛爾蘭酒吧、4樓的洋風創作料理餐廳、2樓的宮崎炭火燒、1樓開放式意大利菜等。這裡的部分餐廳在晚上6點後營業，宮崎炭火燒和1樓的 Taveme 意大利菜有午餐時段，最好在晚上前來，選擇會較多。

INFO

🏠 涉谷區道玄坂 1-5-2 涉谷 SEDE ビル | 🕐 不同店舖各異

SEDE位於JR涉谷西口的對面，Mark CityEast與Tokyu Plaza間的小巷，位置不顯眼，要細心點才可以找到。

各層餐廳

樓層	店名	種類	電話	營業時間
5F	Irish Pub & Restaurant failte	愛爾蘭酒吧	03-3476-7776	5:00pm-12:00mn，星期六日及假期 3:00am-11:00pm
4F	Igu&peaceイグアン	洋風創作料理	050-5890-4341	6:00pm-11:00pm，星期六日及假期 5:00am-11:00pm
3F	あくとり代官 鍋之進	Shabu Shabu	050-5890-1544	5:00pm-11:00pm，星期六日及假期 4:00pm-11:00pm
2F	宮崎地雞炭火燒	雞肉料理	03-3780-1157	11:30am-11:30pm，星期六日及假期午市暫停
1F	Taverne & Bar ITALIANO Tharros	意大利菜	050-5457-0333	12:00nn-3:00pm、6:00pm-11:00pm
B1F	Bee House	意大利菜	050-5570-0611	11:30am-3:00pm、5:00pm-11.00pm

男人天地
MAGNET by SHIBUYA109

Map1-2/ **D3**

⑩

涉谷

🚕 JR 涉谷駅ハチ公口步行 2 分鐘 / 東京 Metro 涉谷駅 7a 號出口直達

　　109MEN'S 於2018年4月重新裝潢後改名為 MAGNET by SHIBUYA109。百貨公司連地庫2樓共9層，1樓與5樓都是售賣服裝、鞋及飾物，6樓是最新開 JOYPOLIS VR，賣點是7樓的全新餐飲空間「MAG 7」，商店開放了天台位置，讓大家可以從最佳位置拍攝到涉谷十字路口的相片。登上頂層是完全免費，你想拍多少張相片都可以。但如果你想利用 MAGNET 提供的高空相機拍攝自己和十字路口，則要付 ￥1,000。

原宿

新宿

池袋

淺草

先登上7樓的「MAG 7」。

跟著指示走後會看到一道黑色門，推開後沿樓梯就可以通往頂層。

頂層有 QR Code 讓你拍攝相片。

想利用 MAGNET 提供的高空攝影機便要在這裡買券，￥1000拍一張相片。

INFO

🏠 涉谷區道神南 1-23-10 | 📞 03-3477-5111| 🕙 10:00am-9:00pm，（餐廳、MAG7 及 MAG's PARK） 11:00am-11:00pm |（Crossing View）￥1,000，6 歲 以 下 免 費；（JOYPOLIS VR） 由 ￥1,000 至 ￥2,500 不 等 | 🌐 www.shibuya109.jp/MAGNET

美國過江龍 (10a)
FATBURGER

Fatburger來自美國洛杉磯，其店名中的「Fat」字，並不帶肥胖意思，而是Fresh、Authentic和Tasty。店內的漢堡排都是使用瘦肉來製作，不會調味過火，能吃到牛肉的香味，加上與多種蔬菜的搭配，即使order比一般漢堡包size大兩倍的Double或Triple Fatburger，感覺上仍絕不油膩。

INFO

🏠 7F（MAG7）| 🕚 11:00am-10:00pm | 🌐 www.fatburger.tokyo

Map1-2/ **C3**

(11)

普羅旺斯風情
L'Occitane Cafe

🚕 JR渉谷駅ハチ公口步行2分鐘 / 東京Metro渉谷駅4號出口直達

L'Occitane是來自法國的天然護膚產品，以薰衣草系列最受女士歡迎。當年café開幕時已引起轟動，當中招牌甜品焦糖燉蛋，幾乎是每桌必點，焦糖香脆不過甜，蛋味濃郁，而飲品也有驚喜，冰紅茶中會喝到淡淡的薰衣草味道，充滿南法風味。

涉谷店就在JR站ハチ公口對面，非常容易找到。

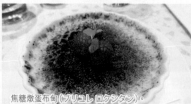

焦糖燉蛋布甸（ブリュレ ロクシタン）。

INFO

🏠 涉谷區道玄坂2-3-1　涉谷駅前ビル2-3階 | 📞 03-0477-511 | 🕙 10:00am-11:00pm | 🌐 www.loccitane.co.jp/cafe

東京

涉谷潮流指標

Shibuya 109

Map1-2/ **C2**

⑫

🚕 JR 涉谷駅八チ公口對面 / 東京 Metro 涉谷駅 3a 號出口直達

Shibuya 109是涉谷潮流的標誌，共有10層，主要對象是年輕少女。商場的店舖不停更換，有新晉的本土品牌加入，也有知名的潮流品牌，集合多間《CUTiE》、《non-no》等雜誌介紹的小店，吸引很多高中女生前來。順帶一提，商場的地庫2樓有置物櫃可以寄存行李，由於前往成田機場的N'EX火車部分班次會停涉谷，所以此處可作為上機前最後衝刺的地方。

裝修好夢幻的貼紙相店。

INFO 🏠 涉谷區道玄坂 2-29-1 | 📞 03-3477-5111 | 🕐 10:00am-9:00pm | 🌐 www.shibuya109.jp/SHIBUYA

Map1-2/ **F3**

大型唱片店

Tower Record

⑬

🚕 JR 涉谷駅八チ公口步行 5 分鐘 / 東京 Metro 涉谷駅 7 號出口步行 3 分鐘

Tower Record 是日本最大型的唱片店，想搜羅世界各地冷門或至 Hit 的音樂都可前來。涉谷分店樓高8層，有各式各樣國內外的 CD、DVD 及書籍雜誌，視聽產品藏量達80萬張。此外，店內亦有自家設計的周邊產品，及與其他品牌合作的 crossover 商品，絕對是「日本限定」！

INFO 🏠 涉谷區神南 1-22-14 | 📞 03-3496-3661 | 🕐 11:00am-10:00pm | 🌐 https://tower.jp

涉谷
原宿
新宿
池袋
淺草

J-League 球迷寶庫
KAMO
 Map1-2/**F2**

JR 涉谷駅ハチ公口沿西武步行 8 分鐘 /
東京 Metro 涉谷駅 6 號出口步行 5 分鐘

　　KAMO 是日本 J-League 及國際球隊產品的專賣店，而這家樓高 4 層的分店是東京都內最大型的分店，販售大量「J1」及「J2」的球隊周邊產品，比如大家熟悉的清水心跳、大阪飛腳、浦和紅鑽等。除此之外，有時候還會推出 KAMO 限定或聯乘商品，例如曾跟 Mizuno、Puma 等 crossover。店內還設有一些區域展示國際球星的簽名球鞋，供球迷們朝聖。

INFO

🏠 涉谷區宇田川町 3-10 涉谷 シブヤフットボールタワー | 📞 03-5784-4800
| 🕚 11:00am-10:00pm | 🌐 www.sskamo.co.jp

Map1-2/**F2** 　文青小物控愛逛

Hands

 JR 涉谷駅ハチ公口步行 8 分鐘

　　在 2022 年 10 月起，熟悉的 Tokyu Hands 正式改名為 Hands。Hands 是生活雜貨店，但規模極大，商品又多樣化，種類包括家電、廚具、家品、美容產品、文儀用品、園藝工具及 DIY 配件等，即使一家大小進店購物，相信人人都可買到各自的心頭好。另外，店內亦設有退稅服務，凡當天購物滿 ¥5,000 即可退稅。

INFO

🏠 涉谷區宇田川町 12-18 | 📞 03-5489-5111 | 🕙 10:00am-9:00pm
| 🌐 https://shibuya.tokyu-hands.co.jp

東京

搞鬼雜貨店 ⑯ Map1-2/ D3
Village/Vanguard

🚕 JR 涉谷駅ハチ公口沿西武步行 5 分鐘 /
東京 Metro 涉谷駅 3 號出口直達

　　將貨品排得密密麻麻但亂中有序，這就是 Village/Vanguard 的標誌，他們引入的各種生活雜貨，以獨特、古靈精怪及另類趣味見稱，部分更是罕見的外國進口貨，最予人深刻印象就是他們曾推出的福袋及不幸袋，相當搞笑！

地下1樓部分的入口是由人氣漫畫家淺野一二〇特別繪製的。

ℹ️ INFO

🏠 涉谷區 宇田川町 23-3 涉谷第一勧銀共同ビ'ル B1F・2F | ☎ 03-6416-5641 | 🕐 11:00am-9:00pm | 🌐 www.village-v.co.jp

---

こってり中華そば，單點 ￥700（小），來吃宵夜剛剛好。

⑰ 京都雞湯拉麵
Map1-2/ E2 天下一品

🚕 JR 涉谷駅ハチ公口沿西武步行 5 分鐘 /
東京 Metro 涉谷駅 3a 號出口步行 3 分鐘

　　在京都起家的天下一品，近年在各大拉麵排行榜都佔一席位，為關西地區爭一口氣。湯頭用上雞骨烹調，而且呈濃稠狀，男士很喜歡多添一碗白飯用湯汁來送飯，又或者再多點一客餃子。據說湯頭充滿骨膠原，對美容很有幫助。

 INFO

🏠 涉谷區宇田川町 30-3 梅よしビル 1F | ☎ 03-5428-3650 | 🕐 11:00am-10:30pm | 🌐 www.tenkaippin.co.jp

---

狂掃迪士尼精品 Map1-2/ E3
Disney Store

⑱

🚕 JR 涉谷駅ハチ公口步行 6 分鐘

　　想要買到迪士尼角色的周邊精品，不用老遠跑到Disney Land，涉谷的 Disney Store分店是眾多分店中規模較大的，店內提供五花八門的迪士尼精品，款式及種類繁多，所以常常可見到學生及 OL 的身影。店內的3樓還設有專櫃，供旅客預先訂購 Tokyo Disney Land 及 Disney Sea 的入場券。

ℹ️ INFO

🏠 涉谷區宇田川町 20-15 | ☎ 03-3461-3932 | 🕐 11:00am-8:00pm | 🌐 www.disneystore.co.jp

人氣炸雞
金のどりから

Map1-2/ **D2**
⑲

 JR 涉谷駅ハチ公口步行 4 分鐘

這間炸雞店曾受不同的媒體訪問，全國有十多間分店，東京佔兩間，主打學生市場，價格親民。他們堅持選用優質的國產雞，雞塊先去皮，炸好後提供8款調味料給客人灑在雞塊上吃，惹味得來又健康！

就算去了雞皮都一樣香口惹味。

八款不同的調味。

🏠 涉谷區宇田川町 25-3 | 📞 03-3464-5585 | 🕐 11:00am-11:00pm | www.kinnotorikara.jp

Map1-2/ **D4**
⑳

古老喫茶店
茶亭 羽當

 東京 Metro 涉谷駅 13a 號出口直達

茶亭羽當在1989年開始營業，當中人氣之選是炭燒咖啡（炭火煎羽當オリジナル），店舖特別之處是店主所收藏的有田燒和來自歐洲的咖啡杯和茶杯，咖啡師會為每位客人挑選不同的咖啡杯，喫茶時記得欣賞一下藝術品。

這裡的芝士蛋糕也做得不錯，值得點一份來吃。

🏠 涉谷區涉谷 1-15-19 二葉ビル 2F | 📞 03-3400 9088 | 🕐 11:00am-11:30pm

涉谷
原宿
新宿
池袋
淺草

東京

食買樣樣齊
西武百貨涉谷店 ㉑

Map1-2/ **E3**

🚕 JR 涉谷駅ハチ公口步行 2 分鐘

涉谷

西武百貨涉谷店分A館、B館、ロフト館（Loft）及モヴィーダ館（MUJI），A、B館之間可相通。A館主要售賣女裝、美容產品及童裝，還設有人氣的美食街；而B館則以男裝、家品及首飾為主。另外，免稅櫃檯設在A館的7樓及B館的1樓，要退稅的朋友須記住。

INFO

🏠 涉谷區宇田川町 21-1 | 📞 03-3462-0111 | 🕐 10:00am-8:00pm | 🌐 www.sogo-seibu.jp/shibuya

㉑a 超人氣抵食壽司店
迴し寿司 活美登利

活美登利壽司的材料是每日直送，非常新鮮，而且價錢合理，在涉谷Mark City的分店總是人龍在外，拿了號碼籌還得要等30分鐘以上。至於西武這家採迴轉形式，食客不會坐太久，所以同是人龍店，但等候時間會少一點。

¥120的壽司也不少。可以寫紙點壽司。

特大赤海老只要¥330。

INFO

🏠 A館 8 樓レストラン街 | 📞 03-5728-4282 | 🕐 11:00am-9:00pm | 🌐 http://katumidori.co.jp

---

吃壽司的正確方法

先把壽司翻側再夾起。一般壽司已有芥末，若不吃，下單時要跟師傅指定。

1

夾起壽司，讓魚生沾到醬油，只需輕輕沾一點。魚生新鮮的話，醬油不過用來提味。

2

日本創立首店
Shibuya Loft (21b)

Shibuya Loft是Loft在日本創立的第一間店，自2012年開始便改變了以往雜貨店經營的模式，從地下1樓計共有7層，售賣文具、美妝、家品、旅遊用品等雜貨，件件有藝術得來充滿生活品味。

INFO
🏠 ロフト館 | 📞 03-3462-3807 | 🕐 11:00am-9:00pm | 🌐 www.loft.co.jp

順道拜訪
MUJI Shibuya Store (21c)

與Loft「背對背」的Muji從地下1樓計起共6層，2樓還設有Cafē & Meal MUJI，逛得累時便可在此歎杯茶、吃吃輕食或甜品。

2樓的Cafē &Meal MUJI

免稅的專櫃設在頂層。

INFO
🏠 モヴィーダ館 | 📞 03-3770-1636 | 🕐 11:00am-9:00pm | 🌐 www.muji.net/store

即配眼鏡
J!NS

Map1-2/ **F1**

㉒

🚕 JR 渋谷駅ハチ公口步行 7 分鐘

涉谷

不少人專誠來 J!NS 配眼鏡，因為貪其日本貨、款式又多又靚，而且最快30分鐘就可以取貨！他們有時還會 crossover 推出不同限定眼鏡及眼鏡盒，不過要留意，店內大部分便宜的眼鏡架都是 Made in China，想買日本製的就要小心選擇。

這是 Tax Free 店，可以即場免稅。

與山手線合作的眼鏡。

INFO 🏠 涉谷區宇田川町 31-1 1F-2F | 📞 03-3464-8070 | 🕐 11:00am-9:00pm | 🌐 https://shibuya.jins.com

㉓

Map1-2/ **E1**

法國進口頂級麵粉
Viron

🚕 JR 渋谷駅ハチ公口步行 7 分鐘

Viron 店內的麵包都是用上法國頂級麵粉來製作，雖然並非直營店，品質絕對有保證。2樓的 café 是非常不錯的早餐店，人氣之選是一次過可試勻4種麵包、6種果醬、朱古力醬、蜂蜜連飲品的套餐，難怪即使位置隱蔽仍然天天擠滿了人。

INFO 🏠 涉谷區宇田川町 33-8 塚田ビル | 📞 03-5458-1776 | 🕐 8:00am-9:00pm

平價牛排 ㉔ Map1-2/ E1
いきなりステーキ

 JR 涉谷駅ハチ公口步行 7 分鐘

いきなりステーキ本來就是立食的牛排店，以平價作招徠，不過涉谷店店內設有一部分座位，所以這裡會吃得舒服一點。午餐時間最便宜，而晚餐的牛排是以重量收費。獲安排好座位後，到櫃檯點想吃哪款牛排和重量，然後就按重量收費，喜歡多點配料可以自行再加配。

INFO

🏠 涉谷區宇田川町 33-13 楠原ビル 1F | ☎ 03-6416-3329| 🕐 11:00am-11:00pm，（午餐）星期一至五 11:00am-3:00pm| 🌐 http://ikinaristeak.com

晚餐是按量收費，食幾多收幾多。

牛排包基本配菜兩款，想再多就要另行加錢，牛排已包含湯、沙律和白飯。

桌上有各種自家醬汁。

吃牛排加一點日式芥末可減低油膩感。

午餐牛排 200g 只要 ¥1,298，已包含湯、沙律和白飯。

文青必到

Map1-2/**F3**

MODI ㉕

🚕 JR 涉谷駅ハチ公口步行 2 分鐘 / 東京 Metro
涉谷駅 7 號出口步行 2 分鐘

MODI由0101 City改建而成，對比起0101，MODI走悠閒寫意的型格時尚風潮，連同地庫共10層，當中有很多雜貨和服飾的商店，而9樓的餐廳可飽覽涉谷街景。涉谷0101雖然已拆卸重建，但MODI仍照常營業，敬請留意。

涉谷

原宿

新宿

池袋

淺草

INFO

📞 03-3464-0101 | 🕐（B1F 至 4F 商 店 ）11:00am-9:00pm，（9F 餐 廳 ）11:00am-11:30pm | 🌐 https://www.0101.co.jp.t.ex.hp.transer.com/721/

1/F

㉕a 日系天然彩妝專門店
COSME KITCHEN

COSME KITCHEN匯集了美國、法國、瑞士、日本等地的人氣天然有機產品，例如彩妝品、護膚品、頭髮洗護產品、造型產品等，當中，以MiMc和Etvos品牌系列最受日本女生歡迎，系列主打礦物產品，追求天然的女生千萬別錯過！

INFO

📞 03-4336-8216 | 🕐 11:00am-8:00pm | 🌐 http://cosmekitchen.jp/store_list/cosme-kitchen-shibuya-modi

全日本最大型分店
HMV & Books Tokyo

25b

　樓高3層的 HMV & Books Tokyo 是全日本最大型的 HMV 分店，店內販售各種影碟、書籍、影音產品等逾50萬種產品。最特別的是，店內7樓還設有電台錄音室，供大家即席欣賞到電台節目的錄製過程。

5/F-7/F

INFO
📞 03-5784-3270 | 🕐 10:00am-9:00pm | 🌐 www.hmv.co.jp

25c 機械人咖啡店
Henn na Cafe

　自從由機械人運作的酒店面世後大受歡迎，因此又推出了 Cafe，由磨豆到沖咖啡都由機械人一手包辦。食客只需購買食券、放好杯子就可以品嘗這杯非人手沖調的咖啡，非常有噱頭！

B1/F

INFO
🕐 11:00am-6:00pm | 🌐 www.hennnacafe.com

東京

天然健康
九月堂

Map1-2/ **G2**

(26)

JR 涉谷駅ハチ公口步行 10 分鐘 / 東京 Metro 涉谷駅 13 號出口步行 7 分鐘

九月堂賣的是新派拉麵，在傳統的製作方法中再加入新的元素。他們標榜全部使用天然食材，不加任何味精，用上豬骨、雞頸、魚乾、丹波黑豆、鰹節和北海道昆布等來熬煮。店家提供了拉麵、沾麵和冷麵，另外還有丼物。

INFO

🏠 涉谷區神南 1-15-12 佐藤ビル 2F | ☎ 03-6327-4056 | 🕐 11:00am-5:00pm，星期六日至 9:00pm，星期一休息 | 🌐 www.kugatsudo.net

---

Map1-2/ **G3**

(27)

Lisa Larson 專門店
Necono Shop

JR 涉谷駅ハチ公口步行 10 分鐘 / 東京 Metro 涉谷駅 13 號出口步行 7 分鐘

Lisa Larson 是來自瑞典的著名陶藝設計師，在日本很有知名度，很多品牌都曾跟她 crossover，當中紅白藍白間貓咪插畫 Milkey 的一系列商品更為人熟悉。 Necono Shop 搜羅了很多 Lisa Larson 的商品，許多在市面上都十分罕見。

INFO

🏠 涉谷區神南 1-15-12 秀島ビル 2F | ☎ 03-5428-5162 | 🕐 12:00nn-8:00pm | 🌐 www.lisalarson.jp

---

東京最大分店
MEGA 驚安の殿堂

Map1-2/ **D2**

(28)

JR 涉谷駅ハチ公口沿西武步行 4 分鐘 / 東京 Metro 涉谷駅 3 號出口步行 2 分鐘

MEGA 驚安殿堂涉谷本店是目前東京都內最大規模的分店，共7層，1至6樓由手信、藥物、美妝用品、小型家電、趣味用品、服飾配件到奢侈品都能找到。至於 B1F 的超級市場，熟食、零食、蔬果、肉類都齊，而且同樣24小時營業，來個宵夜火鍋都絕無問題！

INFO

🏠 涉谷區宇田川町 28-6 | ☎ 0570-076-311 | 🕐 24 小時 | 🌐 www.donki.com

原宿
Harajuku

交通策略

| 新宿駅 | 池袋駅 | 上野駅 |
| 東京駅 | 品川駅 | 渉谷駅 |

JR 山手線 ··········· 原宿駅

| 池袋駅 | 東新宿駅 |
| 新宿三丁目駅 |

副都心線 ··········· 明治神宮駅 表參道駅

MAP 2-2 原宿

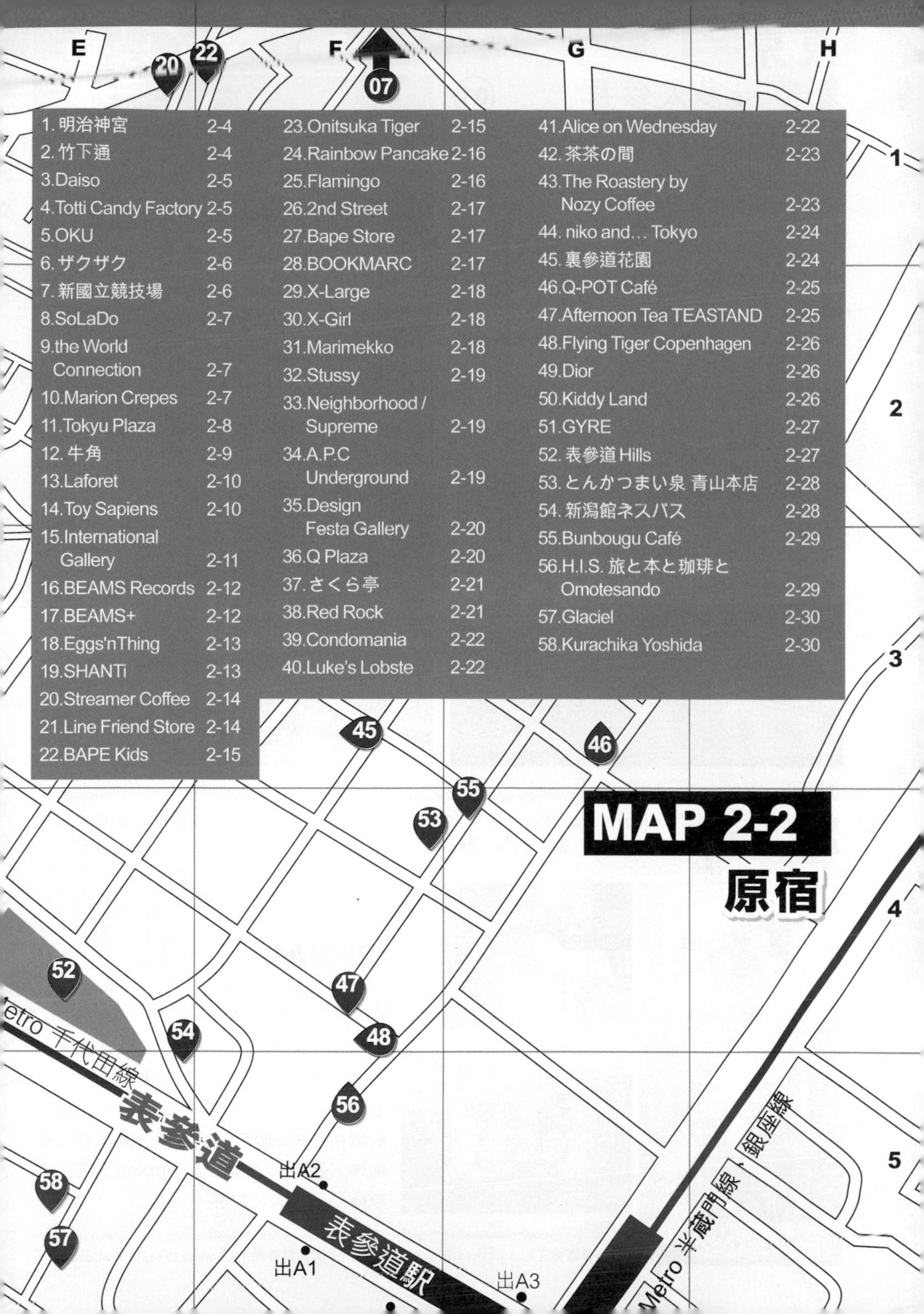

E
F
G
H
1
2
3
4
5
20
22
07
45
46
55
53
52
47
54
48
56
58
57
Metro 千代田線
表参道
出A2
出A1
出A3
表参道駅
Metro 半蔵門線・銀座線

東京

新年最多人參拜
明治神宮

01

MAP2-2/**A1**

🚕 JR 原宿駅表參道出口步行 5 分鐘 / 東京 Metro 明治神宮前駅 2 號出口轉右步行 2 分鐘

比起日本許多百年古寺，明治神宮相對非常年輕，在1920年才開始啟用，是供奉明治天皇和昭憲皇太后靈位的地方。明治神宮是全日本參拜人數第一的神社，每逢新年有約300萬人遠道前來參拜。神宮佔地廣達約73公頃，種有約12萬棵樹。神宮內共有3個鳥居，是外界與神社的結界，也是神宮的玄關，其中位於原宿口南側的第一鳥居，剛於2022年7月重建後再開放，外型亦最壯觀。

另外，神宮內的博物館也剛於2019年落成，由日本建築大師隈研吾操刀設計，是了解明治天皇歷史的好地方。

明治神宮的正殿。

外表簡樸的明治神宮博物館。

第二個鳥居是日本最大的木製鳥居，用台灣丹大山1,500年樹齡的扁柏造成，高12公尺，屬於「明神鳥居」。

遊客可在繪馬上寫上祈福字句。

除夕時，表參道兩邊允許攤檔擺賣。

INFO

🏠 涉谷區代々木神園町 1-1 | 📞 03-3379-5511 | 🕐 6:00am-4:00pm，每月依日出及日落的時間而不同，詳情參考官網 | 💲 免費入場，博物館門票 成人 ¥1,000，學生 ¥900 | 🌐 www.meijijingu.or.jp

---

02

年輕人地帶
竹下通

MAP2-2/**A1**

🚕 JR 原宿駅竹下口出口對面即見 / 東京 Metro 明治神宮前駅 2 號出口轉左步行 5 分鐘

長約400米的竹下通一直都是東京的年輕人天堂，尤其是下課後時間，又或者星期六、日，更是人山人海。如果要把原宿分成3個部分，竹下通是年輕人的地帶、表參道是女士 Shopping 天堂、裏原宿則是潮人的世界。

從竹下通走到尾，過馬路就是裏原宿，潮人的世界。

INFO

🏠 涉谷區神宮前 1 | 🕐 11:00am-8:00pm，不同店鋪各異 | 🌐 www.takeshita-street.com

￥100 店
Daiso

MAP2-2/ **A1** ⓪③

🚕 JR 原宿駅竹下口步行 2 分鐘 / 東京 Metro 明治
神宮前 2 號出口轉左步行 7 分鐘

Daiso 大創原宿店樓高4層，面積非常大。店內商品林林總總，全部均一￥110（含税），且不少都是日本製造，更不時和受歡迎卡通人物聯乘，實在超值。

INFO
🏠 涉谷區神宮前 1-19-24 ビレッジ 107 | 📞 03-5775-9641 |
🕐 9:30am-9:00pm | 🌐 www.daiso-sangyo.co.jp

MAP2-2/ **B2** ⓪④ 夢幻彩虹棉花糖
Totti Candy Factory

🚕 JR 原宿駅竹下口步行 5 分鐘

為了滿足一眾喜歡打卡拍照的少女，Totti Candy 店內那巨型棉花糖就最適合不過。由粉紅、粉藍、粉紫色製成，非常夢幻。店內還有其他造型可愛的棒棒糖，令人捨不得吃下。

INFO
🏠 涉谷區神宮前 1-16-5 RYU アパルトマン 2F | 📞 03-3403-7007 | 🕐 平日 11:00am-8:00pm，11 月至 1 月平日 7:00pm
休息，星期六、日及假期由 10:00am 開始營業 | 🌐 www.totticandy.com

喪食阿古豬
OKU

⓪⑤ **MAP**2-2/ **A1**

🚕 JR 原宿竹下口出口對面即見 / 東京 Metro
明治神宮前 2 號出口轉左步行 5 分鐘

阿古豬（AGU 豬）是沖繩的名物，不但油花多、入口即融，更有低膽固醇及含大量膠原蛋白的優點。位於竹下通的 OKU，主打就是阿古豬火鍋。阿古豬配上新鮮蔬菜，美味又清新。想食得再健康，這裡也提供無麩質美食，啱晒減肥人士。至於這裡的飯糰，採用日本絕頂靚米魚沼越光米，齋吃白飯都已很滋味。

INFO
🏠 涉谷區神宮前 1-19-17 | 📞 03- 6812-9400 | 🕐 11:30am-11:30pm
| 🌐 https://www.cuisineoku.com/

脆皮棒棒泡芙
ザクザク **(06)**

MAP2-2/ **B2**

🚖 JR 原宿駅竹下口步行 4 分鐘 / 東京 Metro
明治神宮前 2 號出口轉左步行 8 分鐘

ザクザク脆皮棒棒泡芙來自北海道，用上了北海道直送的優質麵粉和牛奶，外面加上杏仁碎，客人下單之後，他們會馬上現做，加入低溫的香濃吉士奶油醬，保證客人吃到的是最新鮮。此外，店舖更提供奶味特濃的北海道牛奶軟雪糕，大家不妨一試。

INFO

🏠 涉谷區神宮前 1-7-1 CUTE CUBE HARAJUKU 1F
| 📞 03-6804-6340 | 🕐 10:00am-8:00pm | 🌐 www.
zakuzaku.co.jp

(07) 重溫2020東京奧運盛典
MAP2-2/ **F1** # 新國立競技場

🚖 JR 千馱ケ谷駅步行 5 分鐘、東京 Metro
大江戶線國立競技場駅出站即達

相信欣賞過「2020東京奧運」的朋友，對主場館國立競技場一定記憶猶新。其實國立競技場早於1958年已建成，為了迎接東奧，日本政府斥資1490億日圓重建，更邀請建築大師隈研吾操刀設計。場館以「木與綠運動場」為設計理念，以白黃綠三種色調，廣泛使用天然杉木和落葉松等建材，是世界上最大的木建築之一。參觀新國立競技場，不但可以近距離一賭這宏偉建築，甚至可以落場試跑及登上領獎台，一嘗金牌運動員的滋味。

INFO

🏠 新宿區霞ケ丘町 10-1 | 🕐 向官網確認預約日程 | 💲 成人
￥1400，高中生以下 ￥800 | 🌐 https://kokuritu-tours.jp/

東京

少女風商場 MAP2-2/ C2
SoLaDo (08)

JR原宿駅竹下口步行5分鐘 / 東京 Metro明治神宮前5號出口步行3分鐘

SoLaDo商場都是以少女為主題，專門引入售賣可愛雜貨的品牌和店舖，讓少女們一次過在這裡買到自己的心頭好，當然價錢亦十分便宜。這裡2樓是餐廳層，3樓有戶外的平台，買了甜品可以在這裡享用。

INFO

🏠 涉谷區神宮前 1-8-2 | 📞 03-6440-0568 | 🕐 10:30am-8:30pm, 不同店舖各異 | 🌐 www.solado.jp

---

MAP2-2/ B2 (09) 卡通雜貨
the World Connection

JR原宿駅竹下口步行5分鐘

這裡共有2層，店面小小但貨品種類繁多，搜羅了各地最人氣的卡通角色精品雜貨，例如Minion、Marvel英雄、小魔怪，還有不少懷舊經典的可口可樂產品，好多產品在外面未必輕易買到，所以一定有驚喜。

INFO

🏠 涉谷區神宮前 1-6-8 | 📞 03-6438-0901 | 🕐 10:00am-9:00pm | 🌐 http://the-world-connection.com

---

老字號法式Pancake MAP2-2/ B2
Marion Crepes (10)

JR原宿駅竹下口步行5分鐘

早在十多年前，竹下通這間以法式Pancake為主的Marion Crepes，一早就掀起了吃Pancake的潮流。他們的法式餅皮薄脆又帶點香甜味，再加上忌廉和生果等配料，令人食指大動。由從前的法式到現在的梳乎厘Pancake，人氣度一直不減！

INFO

🏠 涉谷區神宮前 1-6-15 ジユネスビル 1F | 📞 03-3401-7297 | 🕐 11:00am-8:00pm | 🌐 www.marion.co.jp

涉谷 原宿 新宿 池袋 淺草

東京

原宿注目地標
Tokyu Plaza ⑪

MAP2-2/ **C3**

🚕 JR 原宿駅表參道出口步行 5 分鐘 / 東京 Metro 明治神宮前 5 號出口，在 Laforet 對面的馬路

Tokyu Plaza 由建築師中村拓志操刀設計，共有27間店舖。最受注目的是頂樓的空中花園「おもはらの森」是一個公共空間，那裡有一間 Starbucks，很多人都喜歡買杯咖啡然後休息。此外，來自澳洲獲稱為「世界第一早餐」的 Pancake 店 Bills 也進駐了這裡。

頂樓的空中花園。你可以坐在這裡一個下午。

INFO

🏠 涉谷區神宮前 4-30-3 | 📞 03-3497-0418 | 🏬 商店 11:00am-9:00pm，餐廳 8:30am-11:00pm | 🌐 http://omohara.tokyu-plaza.com

Tokyu Plaza 推薦商店

潮牌集中地
The SHEL'TTER TOKYO

11a

SHEL'TTER 集齊 BAROQUE 日本公司多個品牌，包括知名的 Moussy 及 SLY。此外，還有 RODEO CROWNS、Rienda 和 BLACK by Moussy 等，大家可以一次過在這裡買到多個型格品牌。

INFO

📞 03-5785-1695 | 🕐 11:00am-8:00pm | 🌐 www.theshelttertokyo.com

世界第一早餐
bills ⑪b

澳洲來的bills在2002年獲紐約時報評為「世界第一好吃早餐」，很多荷里活明星都喜歡，包括影帝李安納度和妮歌潔曼。他們的名物是香蕉伴蜂蜜奶油pancake，有點像近年流行的梳乎厘pancake。

Pancake是他們的名物。

INFO

📞 03-5772-1133 | 🕐 8:30am-10:00pm| 🌐 http://bills-jp.net

⑫
MAP2-2/ A3
🚕

燒肉放題
牛角

JR 原宿駅表參道口步行2分鐘

雖然香港都有牛角分店，但跟日本的質素有所不同。原宿店採用放題形式，有3種價格選擇，共100種食物可點並包括飲品放題，烤肉店來說算是價格合理質素又不差的，有時想不到吃甚麼，可以考慮牛角。

100種的肉類款式已好夠吃的，而且質素也不差，不吃牛的人也有不少豬和雞的選擇。

牛角的椰菜沙律是人氣食物，日本人相信可以減少熱氣。

INFO

🏠 涉谷區神宮前 1-13-21 シャンゼール原宿 1 號館 3F | 📞 03-5414-5229 | 🕐 星期一至五 11:30am-3:00pm，5:00pm-11:00pm；星期六日及假期 11:30am-11:00pm | 🌐 www.gyukaku.ne.jp

東京

潮流發佈地

Laforet

MAP2-2/**B3**

⑬

🚕 JR 原宿駅表參道出口步行 5 分鐘 / 東京
Metro 明治神宮前駅 5 號出口步行 1 分鐘

Laforet 是新晉設計師紛紛進駐開店的要塞之一，場內可找到很多女性喜愛的商品，如手袋、衣服、飾品、內衣、鞋款等，店舖超過百多家，款式種類多不勝數，地下還設有 Lolita 服裝區，絕對是喜愛 Lolita 與 cosplay 的朋友必訪之處。

INFO

🏠 涉谷區神宮前 1-11-6 | 📞 03-3475-0411 |
🕐 11:00am-8:00pm | 🌐 www.laforet.ne.jp

MAP2-2/**A5** Figure 迷朝聖地

⑭ **Toy Sapiens**

🚕 JR 原宿駅東口步行約 9 分

這款像真度超高的 Hi-end 1/6 Figure，有錢都買不到了。

Toy Sapiens 是 Hot Toy 的首間日本旗艦店，兩層佔地超過 1,600 平方呎，儼如一個博物館。店內大量 1/6 Figure，每個都有獨立透明 Show case，任人觀賞。這裡的店員也非常專業，全部都會受過玩具相關知識的訓練，確保客人有問必答。

INFO

🏠 涉谷區神宮前 6 丁目 25-16 いちご神宮前ビル 1F
| 📞 03-3409-7111 | 🕐 11:00am-7:00pm | 🌐 www.
toysapiens.jp

BEAMSの世界
International Gallery BEAMS ⑮

 東京 Metro 明治神宮前 5 號出口步行 8 分鐘

MAP2-2/**D1**

原宿一向是日本中高檔時裝品牌BEAMS的重要基地，過去在該處設置不同的概念店。2021年，BEAMS打造了原宿旗艦店International Gallery BEAMS，匯聚全球男女裝時裝品牌，由高貴西服至街頭潮牌應有盡有，一店打盡20-40歲男女顧客。店面裝潢也花盡心思，融合復古與現代設計風格，盡顯BEAMS的品味。

BEAMS工房是維修專賣店，為BEAMS的產品復修，貫徹環保精神。

International Gallery BEAMS 由原本區內幾間分店，包括BEAMS F等合併而成。

INFO

🏠 涉谷區神宮前 3-25-15 1-2F, B1F | 📞 03-3470-3948 | 🕐 11:00am-8:00pm | 🌐 www.beams.co.jp/

東京
BEAMS Records ⑯ MAP 2-2/ D1

東京 Metro 明治神宮前 5 號出口步行 8 分鐘

BEAMS Records 是原宿限定唱片店,希望藉此店表達其獨特的世界觀。除了國外 CD,BEAMS Records 亦與多間唱片公司合作,推出原創 CD,為聽眾帶來更多非主流的音樂。

INFO

🏠 涉谷區神宮前 3-25-15 1F | 📞 : 03-3470-0789 | 🕐 11:00am-8:00pm | 🌐 https://www.beams.co.jp/shop/hbr/

MAP 2-2/ D1 ⑰ BEAMS+

東京 Metro 明治神宮前 5 號出口步行 8 分鐘

BEAMS+ 的設計是以「Good-old American」為中心,有真正的古董,美式軍褸、棒球褸、皮衣等,每件都散發著懷舊氣息及復古風格。

INFO

🏠 涉谷區神宮前 3-25-12 1F | 📞 03-3746-5851 | 🕐 11:00am-8:00pm | 🌐 www.beams.co.jp/beamsplus

人氣 Pancake 店　**MAP**2-2/ **C3**
Eggs'nThing ⑱

 JR 原宿駅沿表參道口步行 7 分鐘 / 東京 Metro 明治神宮駅 5 號出口步行 3 分鐘

Eggs'nThing 來自夏威夷，本身已經有四十多年歷史，2010 年正式進駐原宿。餐廳的 Pancake 非常鬆軟，加上厚厚的鮮忌廉。此外，還有標榜每份用上 3 隻蛋的奄列，不喜歡吃甜食的男士也可以陪女士一起享用了。建議大家早一點來吃早餐，排隊的時間相對少一點。

 INFO

🏠 涉谷區神宮前 4-30-2 | 📞 03-5775-5735 | 🕐 8:00am-9:00pm |
🌐 www.eggsnthingsjapan.com

---

⑲
MAP2-2/ **D2**
北海道湯咖喱
SHANTi

🚗 JR 原宿駅沿表參道口步行 8 分鐘 / 東京 Metro 明治神宮駅 5 號出口步行 6 分鐘

湯咖喱是北海道札幌名物，現時在東京一樣可以吃到。SHANTi 用十數種香料煮成，加入豬背脂和其他食材熬煮，吃起來辣味比較重，店家更採用大分縣的「日田天領水」來煮，將湯底的品質提升起來。

「SHANTi」是梵語，有安祥平和的意思。

チキンと野菜のスープカレー（蔬菜雞髀湯咖喱）。

INFO

🏠 涉谷區神宮前 3-26-11 ホノラリー原宿ビル 2F | 📞 03-5772-6424 | 🕐 11:00am-11:30pm | 🌐 www.shanticurry.com

涉谷　原宿　新宿　池袋　淺草

涉谷

原宿

新宿

池袋

淺草

拿鐵拉花 ⑳ MAP2-2/ E1
Streamer Coffee

🚕 東京 Metro 明治神宮駅 5 號出口步行 10 分鐘

如果是十分喜歡咖啡的人，應該會聽過 Streamer Coffee，特別是 Latte 拉花，他們所有店員的拉花技術都十分出色。原宿是他們的第二間分店，外形非常 cool，地下是點餐的地方，2樓和3樓都是座位，買完咖啡後可往樓上慢慢歎。

INFO

🏠 涉谷區神宮前 3-28-10 | 📞 03-5772-6633 | ⏰ 9:00am-6:00pm，星期六、日及公眾假期由 12:00nn 開始營業 | 🌐 http://streamer.coffee

MAP2-2/ C3 ㉑ 原宿旗艦店
Line Friend Store

🚕 JR 原宿駅沿表參道口步行 6 分鐘 / 東京 Metro 明治神宮駅 5 號出口步行 2 分鐘

大家不要以為 Line Friend 是韓國的東西，其實他是來自日本。第一間 Line Friend Store2014年才在原宿開幕，2018年便遷址到旁邊的更大舖位。這裡當然少不了原宿店的限定商品，還有3米高的熊大，可以瘋狂合照。

怎麼少得3米高的熊大呢？

日本店限定商品。

INFO

🏠 涉谷區 4-31-12 原宿ゼロゲート 1F-3F | 📞 03-5785-3001 | ⏰ 11:00am-8:00pm | 🌐 : www.linefriends.com/?lang=jp

童裝 Bape

BAPE Kids
MAP2-2/**F1** ㉒

🚕 東京 Metro 明治神宮駅 5 號出口步行 10 分鐘

BAPE Kids 的出現，是造福一群潮爸潮媽，這裡可説是 Baby Milo 的延伸，店內的香蕉池更加令一眾潮媽放心購物，因為小朋友總是玩得不亦樂乎。

INFO

🏠 涉谷區神宮前 3-29-11 | 📞 03-5770-4455 | 🕐 11:00am-8:00pm | 🌐 http://bapekids.jp/

MAP2-2/**D3** ASICS 前身復古跑鞋
㉓ **Onitsuka Tiger**

🚕 JR 原宿駅表參道口步行 8 分鐘／東京 Metro 明治神宮前 5 號出口步行 3 分鐘

Onitsuka Tiger 是鬼塚喜八郎在 1949 年創辦的跑鞋品牌，自 1977 年跟 GTO 及 Jelenk 兩間公司合併後成為了 ASICS。而在 2000 年，Onitsuka Tiger 重新推出，主打日式復古鞋款。原宿店是兩層的旗艦店，旁邊是新的系列店舖「NIPPON MADE」，標榜由職人打造的 Made in Japan 運動鞋。

旗艦店旁的 NIPPON MADE。

店內不時推出給外國旅客的折扣優惠。

INFO

🏠 涉谷區神宮前 4-24-14 | 📞 03-6447-1701 | 🕐 11:00am-8:00pm | 🌐 www.onitsukatigermagazine.com

空氣感十足梳乎厘 MAP2-2/ C3 ㉔
Rainbow Pancake

🚕 東京 Metro 明治神宮駅 5 號出口步行 3 分鐘

空氣感十足的招牌梳乎厘鬆餅。入口即溶的口感的確令人驚艷。

因為日本節目的介紹，而令 Rainbow Pancake 在一夜之間爆紅，成為了原宿的排隊名店之一。招牌的梳乎厘鬆餅，空氣感十足，軟滑且入口即溶，配上吉士與芝士的混合醬，一試難忘。店內不時會推出新研發與季節限定的鬆餅口味，務求讓回頭客也能有新鮮感，非常貼心。

加上當造水果，味道又大大提升。

INFO

🏠 涉谷區神宮前 4-28-4 ARES GARDEN OMOTESANDO 2F | 📞 03-6434-0466 | 🕐 11:00am-6:00pm，星期二休息 | 🌐 www.rainbowpancake.net

㉕ Vintage 中古服飾
MAP2-2/ D3 Flamingo

🚕 JR 原宿駅竹下口步行 8 分鐘／東京 Metro 明治神宮駅 5 號出口步行 4 分鐘

裏原宿有很多中古服裝店，當中以 Flamingo 品質較好，他們在東京有多間分店，款式多又乾淨整潔。店家以搜羅美國服裝居多，亦有好多美式 oversize 衛衣，及復古感很重的二手首飾，想買的可以慢慢尋寶。

多留意店員挑選出來的服飾，好東西很多時都會在這裡找到。

二手首飾放在窗邊位置，復古感很重。

INFO

🏠 涉谷區神宮前 4-26-28 ジャンクヤード 1F | 📞 03-5785-3357 | 🕐 12:00nn-9:00pm，星期六、日及公眾假期 11:00am 開始營業

便宜中古店　MAP2-2/ **D3**
2nd Street　㉖

 JR 原宿駅竹下口步行 8 分鐘／東京 Metro 明治神宮駅 5 號出口步行 4 分鐘

2nd Street 以一般時下流行的輕便服飾及上班服為主，款式比較平易近人。店內也有回收名牌手袋，明碼實價，不過可能就沒有名牌二手專門店的那麼簇新，但勝在價錢ok。

INFO

🏠 涉谷區神宮前 4-26-4 ｜ 📞 03-5772-3427 ｜ 🕐 11:00am-9:00pm ｜ 🌐 www.2ndstreet.jp

涉谷 原宿 新宿 池袋 淺草

MAP2-2/ **D4**　潮牌代表
㉗ **Bape Store**

🚕 JR 原宿駅表參道口步行 10 分鐘／東京 Metro 明治神宮前 5 號出口步行 4 分鐘

以猿人為標誌的潮牌 Bape 由長尾智明（Nigo）創辦，當年每逢推出限定商品，門外定必大排長龍。雖然現在香港 I.T. 已買入大部分股份，但日本店的設計跟香港的仍有少量分別，至於是否值得進場掃貨便見仁見智了。

INFO

🏠 涉谷區神宮前 4-21-5 ｜ 📞 03-5474-0204 ｜ 🕐 11:00am-8:00pm ｜ 🌐 www.bape.com

Marc Jacobs 書店　MAP2-2/ **C3**
BOOKMARC　㉘

 JR 原宿駅表參道口步行 10 分鐘／東京 Metro 明治神宮前 5 號出口步行 4 分鐘

Marc Jacobs 不只有賣手袋，在原宿更開設了書店，也是亞洲首間分店。書店以售賣藝術和設計類的書籍為主，而且大多是英文書。另一個最值得前來的原因就是店內有雜貨文具及服裝配飾產品出售。

文具當然也是手信之選。

Notebook 袋也是值得買的商品。

INFO

🏠 涉谷區神宮前 4-26-14 ｜ 📞 : 03-5412-0351 ｜ 🕐 12:00nn-7:30pm ｜ 🌐 www.marcjacobs.com/bookmarc

東京

猩猩板仔服
X-Large
MAP2-2/ **D3** ㉙

🚕 JR 原宿駅表參道口步行 10 分鐘／東京 Metro 明治神宮前 5 號出口步行 4 分鐘

1991年時由 Eli Bonerz 以及 Adam Silverman 在美國創立的 X-Large，以一隻大猩猩作為標誌，強調服飾的功能性和實用性，是板仔服飾的代表。這裡有些款式是香港沒有的，喜歡 X-Large 的朋友一定要來。

INFO

🏠 涉谷區神宮前 4-25-29 | 📞 03-3475-5696 | 🕐 11:00am-8:00pm | 🌐 www.xlarge.jp

㉚ X-Large 副線
MAP2-2/ **D3** X-Girl

🚕 JR 原宿駅表參道口步行 10 分鐘／東京 Metro 明治神宮前 5 號出口步行 4 分鐘

X-Girl 是 X-Large 的女裝版，由 Sonic Youth 樂隊成員 Kim Gordon、造型師 Daisy Von Furth 和唱片平面設計師 Mike Mills 共同創辦。名字是「X 世代女孩」的意思，款式簡單乾淨，充滿街頭味道，girly 得來又帶點男仔頭。

INFO

🏠 涉谷區神宮前 4-25-28 1F B1F | 📞 03-5772-2020 | 🕐 11:00am-8:00pm | 🌐 www.x-girl.jp

芬蘭花柄國寶
MAP2-2/ **D4**
Marimekko ㉛

🚕 JR 原宿駅表參道口步行 8 分鐘／東京 Metro 明治神宮前 5 號出口步行 3 分鐘

來自北歐的 Marimekko 創立於1949年，以織品設計為主，設計多數是花朵和鮮豔的顏色，而罌粟花圖案的商品則最為人氣。無論是服飾、文具、餐具甚至布料，都是日本女士的至愛。

INFO

🏠 涉谷區神宮前 4-25-18 エスポワール表參道アネックス 1 | 📞 03-5785-2571 | 🕐 11:30am-8:00pm | 🌐 www.marimekko.jp

美國潮牌 MAP2-2/ **C3**
Stussy

🚕 JR 原宿駅表參道口步行 8 分鐘／東京 Metro 明治神宮前 5 號出口步行 3 分鐘

美 國 潮 牌 Stussy 主 打 美 式 街 頭 風，不 時 還 會 和 其 他 品 牌 做 crossover。原宿店的店面很寬敞，款 式 也 算 多，假 如 你 來 原 宿 想 找 一 些 街 頭 品牌，Stussy 便一定不可以錯過了。

INFO

🏠 涉谷區神宮前 4-28-2 ハウストンビル | 📞 03-3479-6432 | 🕐 11:00am-8:00pm | 🌐 www.stussy.jp

---

MAP2-2/ **C3**
潮人朝聖地
③③ # Neighborhood / Supreme

🚕 JR 原宿駅表參道口步行 8 分鐘／東京 Metro 明治神宮前 5 號出口步行 3 分鐘

1 樓 是 由 瀧 澤 伸 介 自 創 的 品 牌 Neighborhood，成功以帶英倫風的設計紅 遍日本國內外，是日本潮流代表之一。同 一幢大廈內，2 樓則是多年人氣不減的紐約 過江龍 Supreme，每逢星期六出新貨就會 大排長龍，男士們可以一次過逛個夠。

INFO

🏠 涉谷區神宮前 4-32-7 神崎ビル | 📞（Neighborhood）03-3401-1201/（Supreme）03-5771-0090 | 🕐 11:00am-7:00pm | 🌐 www.neighborhood.jp / www.supremenewyork.jp

---

極簡風格 ③④ MAP2-2/ **D2**
A.P.C Underground

🚕 JR 原宿駅沿竹下通口步行 8 分鐘／東京 Metro 明治神宮駅 5 號出口步行 5 分鐘

A.P.C 來 自 法 國，由 設 計 師 Jean TOUITOU 創立，由於這分店開在地庫，所 以便叫做 A.P.C Underground，專賣男性 服裝，店舖裝修格局非常有特色，逛街時可 以一併留意。

INFO

🏠 涉谷區神宮前 4-27-6 B1F | 📞 03-5775-7216 | 🕐 11:00am-7:00pm | 🌐 www.apcjp.com/jpn

東京

藝術展示場

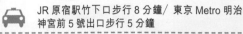

Design Festa Gallery

MAP2-2/ **D2**

㉟

🚗 JR 原宿駅竹下口步行 8 分鐘／東京 Metro 明治
神宮前 5 號出口步行 5 分鐘

原宿除了是潮人的世界之外，也是一個充滿藝術氛圍的地方。這裡有個業餘的藝術場地叫 Design Festa Gallery，以相宜的價格把場地出租給學生和業餘藝術家，鼓勵創作者和參觀人士交流，藉此展示原宿的社區性格。

INFO
🏠 渋谷區神宮前 3-20-18｜📞 03-3479-1442｜🕐 11:00am-8:00pm
｜🔗 https://designfestagallery.com

活力綜合型商場

MAP2-2/ **A4**

Q Plaza

㊱

🚗 JR 原宿駅表參道口步行 7 分鐘／東京 Metro
明治神宮前駅 7 號出口步行 2 分鐘

Q Plaza 的前身是 B2 商場，自從 2015 年重建後便成了樓高 11 層的綜合型商場，而不規則的多邊形組合設計外形亦令商場增添了不少活力。場內進駐了十多家商店、餐廳，例如 Sense of Place by Urban Research、SHUTTERS 等。

INFO
🏠 渋谷區神宮前 6-28-6｜📞 03-5775-5109｜🕐 11:00am-11:00pm，不同店舖各異｜🔗 www.q-plaza.jp

日式燒餅DIY

MAP2-2/**D2**

さくら亭 ㊲

JR 原宿駅竹下口步行 10 分鐘／ 東京
Metro 明治神宮前 5 號出口步行 7 分鐘

さくら亭可以一次過自己動手DIY關西大阪燒和關東文字，有放題和單點兩種選擇，午市放題90分鐘￥1,100，燒餅的份量比較小，而且只可選一種配料。單點的就有不同種類配搭的配料，文字燒可配惹味的咖喱，大阪燒可以配海鮮。檯上有英日說明書，怕做不來你亦可請店員幫忙，有得食又有得玩。

桌上有齊所有醬汁和調味料。

這裡的座位相當多，但周末晚上仍然要等位。

文字燒的材料，先把材料炒熟，再倒進粉漿。

大阪燒相對的易做，把材料混和後，便每面各煎7分鐘。

室內的牆壁有很可愛的圖畫。

混合了粉漿後，待稍為變濃稠便推開。

吃文字燒會用一個小鏟慢慢的吃。

INFO
🏠 涉谷區神宮前 3-20-1 ｜ 📞 03-3479-0039 ｜
11:00am-11:00pm ｜ 🌐 www.sakuratei.co.jp

食肉獸必食牛肉丼 ㊳

Red Rock **MAP**2-2/**D1**

JR 原宿駅竹下口步行 10 分鐘／ 東京 Metro
明治神宮前 5 號出口步行 7 分鐘

只要看見人龍的蹤影，你便可找到Red Rock。店內人氣No.1就是燒牛肉丼，一層一層的肉疊起形成一座牛肉山，每片肉表面被火輕輕炙燒，而中心仍保留赤身，味香肉嫩。加上秘製醬汁及酸忌廉，配合流心蛋黃再送一口白飯，大滿足！

INFO
🏠 涉谷區神宮前 3-25-12 フジビル B1F ｜ 📞 03-6721-1729
｜ 🕐 11:30am -9:30pm ｜ 🌐 www.redrock-kobebeef.com

惡搞情趣用品 **MAP**2-2/**B4**
Condomania ㊴

🚕 東京 Metro 明治神宮前 7 號出口步行 2 分鐘

能把情趣用品設計得如此精美有趣的店並不多，而 Condomania 是其中之一。此店在原宿已開業多年，但至今依然廣受歡迎。由於商品的設計得意可愛，即便進店也不會感到尷尬。

INFO

🏠 涉谷區神宮前 6-6-8 ラビドリエラデエミ 101 | 📞 03-3797-6131 | 🕐 12:00nn-8:00pm | 🌐 www.condomania.co.jp

MAP2-2/ **B5**
㊵
紐約排隊龍蝦包
Luke's Lobster

🚕 東京 Metro 明治神宮前駅 7 號出口步行 7 分鐘

Luke's Lobster 專門店來自美國紐約，而表參道的這家分店則是海外首設的分店。店內供應的就是招牌 Lobster Roll、Crab Roll、Shrimp Roll 三種配搭。人氣之選是 Lobster Roll，採用傳統的美式製法，選用上乘美國或波特蘭產的龍蝦，可選份量大小，外層香脆，肉質鮮嫩，價格合理。

INFO

🏠 涉谷區神宮前 5-25-4 | 📞 03-5778-3747 | 🕐 11:00am-8:00pm | 🌐 http://lukeslobster.jp

愛麗絲夢遊仙境主題店 **MAP**2-2/**B4**
Alice on Wednesday ㊶

🚕 東京 Metro 明治神宮前駅 7 號出口步行 2 分鐘

Alice on Wednesday 是愛麗絲夢遊仙境的主題店，店內以多個劇中的場景作為藍本，讓人仿如置身於「夢境」之中，各種動畫中的角色與元素如撲克、皇冠、蘑菇等周邊商品都能在店內找到。

INFO

🏠 涉谷區神宮前 6-28-3 カノンビル | 📞 03-6427-9868 | 🕐 11:00am-7:00pm | 🌐 www.aliceonwednesday.jp

綠茶專門店 **MAP**2-2/ **C5**
茶茶の間 ㊷

🚕 東京 Metro 明治神宮前 7 號出口
步行 5 分鐘

要到傳統茶室，不一定要去京都
的。茶茶の間的店主會到日本各個綠茶
的產地，嚴選一些單一生產的莊園，又
或者是出產單一品種的茶葉，讓客人在
東京都可以喝到優質的綠茶。這裡提供
了超過30種綠茶，也有以綠茶製作出
來的甜品。

他們還不時推出季節限定的
綠茶甜品。

這裡坐多久也可以，最重要希望
客人可以品嘗到一杯美好的綠茶。

店員會先給你選好的茶葉讓客人
聞一聞香味。

然後就會泡一杯茶給你喝。

INFO

🏠 涉谷區神宮前 5-13-14 | 🕿 03-5468-8846 | 🕐 1:00pm-6:00pm，
星期一至四休息 | 🌐 www.chachanoma.com

型歎手沖咖啡
MAP2-2/ **B5**
The Roastery by Nozy Coffee ㊸

🚕 東京 Metro 明治神宮前 7 號出口步行 7 分鐘

這裡是一家美式咖啡店，進去就有一種很
Raw 的感覺。咖啡的種類不多，只有 Espres-
so、美式咖啡、Latte 和 Hand Brew。他們的豆
是從世界各地的咖啡產地直接購買，自家在店
內做烘焙，所以店內瀰漫著濃濃的咖啡香氣。

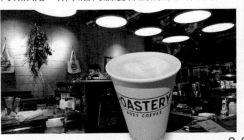

INFO

🏠 涉谷區神宮前 5-17-13 | 🕿 03-6450-5755
| 🕐 10:00am-8:00pm | 🌐 www.tysons.jp

人氣雜貨品牌 MAP2-2/B5 (44)

niko and… Tokyo

東京 Metro 明治神宮前 7 號出口步行 3 分鐘

niko and… Tokyo，大家都應該很熟悉，但數到規模最大的還是原宿的分店，樓高兩層，1樓售賣男、女服飾，2樓則主打生活雜貨與家品，最特別的是這裡還設有niko and… COFFEE及美式餐廳Navarre，在逛街購物累了時休憩一番。

2樓是生活雜貨與家品區。

Café niko and… COFFEE

這裡的咖啡沖得不錯，還可以吃到意粉熱狗。

1樓除了Café外，便是販賣該品牌原創的男、女裝為主。

INFO

涉谷區神宮前 6-12-20 J6FRONT 1F-2F | 03-5778-3304 | 11:00am-8:00pm | www.nikoand.jp

傳統文化全接觸 MAP2-2/F3 (45)

裡表參 Garden

東京 Metro 銀座線、千代田線或半藏門線至表參道駅，下車後步行 7 分鐘

裡表參Garden是一個由古宅改造而成的日本文化體驗空間，雖然地方不大，但卻進駐了不同店鋪，各間店鋪教授各種工藝。一樓有個日式庭院及5間店鋪，在這層可親嚐日本茶道及手沖咖啡，而二樓則可進行薰香製作、D.I.Y 個人筆記本，亦可品嚐各個地方的清酒，愛好日本傳統文化的人士千萬不能錯過。

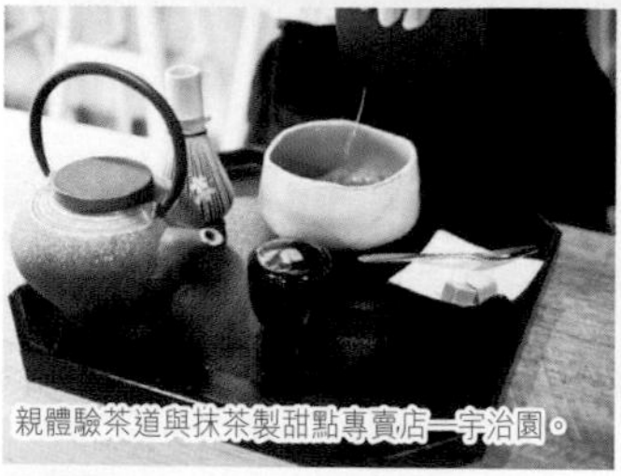
親體驗茶道與抹茶製甜點專賣店—宇治園。

D.I.Y筆記本。

其中一間店味甘CLUB售賣日式茶點，當中的「天使之淚」更是人氣商品！

INFO

涉谷區神宮前 4-15-6 | 11:00am-11:30pm(各店鋪營業時間有異) | www.urasando-garden.jp

少女甜品飾物
Q-POT Café

MAP2-2/ G3

46

 東京 Metro 表參道駅 A2 出口步行約 6 分鐘

Q-POT 把可愛的甜品裝飾物還原成真正可食用的甜品，開設了主題 Café，推出多款午茶套餐系列。店內還設有少量的飾物產品以供選購，當中也不乏當店的限定款式或展示品，同時還有茶具與餅乾等手信。

草莓芭菲套餐 ¥ 1,870

馬卡龍項鍊盤 ¥ 1,400

INFO

🏠 涉谷區神宮前 3-4-8 1F | 📞 03-6447-1218 | ⏰ 11:00am-7:00pm | 🌐 www.q-pot.jp/shop/cafe

MAP2-2/ F4

生活雜貨 X 咖啡廳

47

Afternoon Tea TEASTAND

 東京 Metro 表參道駅 A2 出口步行 3 分鐘

喜歡日本雜貨的朋友，應該對 Afternoon Tea Living 這個品牌並不陌生，而位於原宿的 TEAS-TAND 則是首家糅合生活雜貨與餐飲的概念餐廳。店內主打即焗蛋白梳乎厘飯、各式沙律與法式多士，還有各種特飲與季節限定甜品，全日供應。

INFO

🏠 涉谷區神宮前 4-3-2 | 📞 03-6447-1411 | ⏰ 10:00am-8:00pm | 🌐 www.afternoon-tea.net

丹麥廉價創意雜貨 ⑱ MAP2-2/ F4
Flying Tiger Copenhagen

🚕 東京 Metro 表參道駅 A2 出口直達

Tiger在丹麥語中與 tier（10丹麥克朗）同音，意思是指價廉物美的雜貨店，人氣貨品也大多在數百日圓內便有交易。設計以北歐風為主，實用性的又有，裝飾甚至娛樂的都有，非常多元化。

INFO
🏠 涉谷區神宮前 4-3-2 | 📞 03-6804 5723
| 🕚 11:00am-8:00pm

MAP2-2/ C4 ⑲ 名牌玻璃屋 Dior

🚕 東京 Metro 明治神宮前駅 5 號出口步行 3 分鐘 /
表參道駅 A2 出口步行 5 分鐘

在表參道的 Dior，位於半透明玻璃幕牆設計的建築之內，設計出自建築師妹島和世與SANAA 公司的手筆，非常注目。這裡齊集 John Galiano Collection、Dior Homme 等系列，其中還有當店限定或優先發售的款式，Dior 迷絕對值得一逛。

INFO
🏠 涉谷區神宮前 5-9-11 Dior 表參道ビル | 📞 03-5464-6260 | 🕚 11:00am-8:00pm
| 🌐 www.dior.com/home/ja_jp

旗艦級玩具店
Kiddy Land
MAP2-2/ C4 ⑳

🚕 東京 Metro 明治神宮前駅 5 號出口步行
3 分鐘 / 表參道駅 A2 出口步行 5 分鐘

位於表參道的 Kiddy Land可算是旗艦級數，樓高6層。地庫是Snoopy專門店；1樓售賣新推出的玩具與精品；2樓是專賣Disney的周邊精品，其他如Star Wars、Marvel、龍貓、Hello Kitty、Monchichi 等就分布在各樓層。

INFO
🏠 涉谷區神宮前 6-1-9 | 📞 03-3409-3431 | 🕚 11:00am-8:00pm | 🌐 www.kiddyland.co.jp/harajuku

高雅迴旋商場
GYRE
51 **MAP**2-2/ **C4**

東京 Metro 明治神宮前駅 5 號出口步行
3 分鐘 / 表參道駅 A2 出口步行 5 分鐘

GYRE 出自荷蘭建築師集團MVRDV之手，各樓層扭轉迴旋所形成的獨特形態讓它更為矚目亮眼。GYRE 內走的是型格路線，除了Maison Margiela、Visvim 外，亦有 CDG 旗艦店及北歐家品 HAY。

🏠 涉谷區神宮前 5-10-1 | 📞 03-3797-6131 | 🕐 11:00am-12:00mn
| 🌐 https://gyre-omotesando.com

MAP2-2/ **E4** 原宿地標之一
52 **表參道 Hills**

東京 Metro 表參道駅 A2 出口步行 2 分鐘
/ 明治神宮前駅 5 號出口步行 5 分鐘

表參道 Hills 由 Mori Building 與日本著名建築師安藤忠雄合作而成，外形搶眼獨特，非常好認。商場樓高6層，分為西館、本館與同潤館三部分，九十多間進駐的商店與銷售的貨品主題都不盡相同，而且聽說都是經過一輪嚴選審核，須與商場的高雅形象互相配合，才能躋身其中。

🏠 涉谷區神宮前 4-12-10 | 📞 03-3497-0292 | 🕐（商店）11:00am-9:00pm、星期日至 10:00pm；（餐廳）11:00am-11:30pm、星期日至 10:30pm | 🌐 www.omotesandohills.com

---

前東京最古老公寓
ギャラリー 同潤館

同潤館的前身是「同潤會青山アパート」，前日本首相小泉純一郎的父母便曾在此居住過。安藤忠雄特意保留原來的公寓建築，讓大家仍能在這裡找到過往的痕跡與記憶。現時同潤館不定期都有藝術團體或品牌進駐，如知名的奈良美智、草間彌生和蜷川実花等都曾在這裡設有限定店。

香酥嫩口炸豬排飯 (53) MAP2-2/ F4

とんかつまい泉 青山本店

東京 Metro 表參道駅 A2 出口步行 3 分鐘

「まい泉」是東京知名的豬排三文治老牌店，而青山的本店則是以炸豬排飯為人所熟知，每逢午飯時間還是會迎來一陣排隊人潮。店內選用鹿兒島黑豚及獨家配方的炸油，豬排格外的香脆多汁，肉質厚而嫩，本店在午市還提供多種千元便有交易的優惠定食，十分抵食。

店內還設了吧檯座位供單獨用膳的朋友享用美食。

炸豬排醬有兩種，分別是微甜的甘口與帶辣的辛口。

ロースかつ定食，一份¥990。

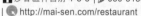

INFO

涉谷區神宮前 4-8-5 | 050-3188-5802 | 11:00am-9:00pm | http://mai-sen.com/restaurant

MAP2-2/ E5 買新潟土產

(54) 新潟館ネスパス

東京 Metro 表參道駅 A2 出口步行 2 分鐘

在表參道的新潟館ネスパス是新潟縣在東京特設的觀光及物產宣傳中心，店內設有兩層，2 樓是新潟縣觀光宣傳中心的部分，而地下則是物產販賣區，在這裡可以買到大家都喜歡的「魚沼米」、糯米糕、菓子類手信及各種地道物產，非常好逛。

魚沼米也有分不同的品牌與大小可供旅客選購。

場內還有新潟特有的醬料及漬物販售。

INFO

涉谷區神宮前 4-11-7 | 03-3771-7711 | 10:30am-7:30pm | www.nico.or.jp/nespace

50年老牌文具店 MAP2-2/ G4
Bunbougu Café 55

東京 Metro 表參道駅
A2 出口步行 4 分鐘

在1967年創業的老牌紙品文具店，2012年選址表參道開設Bunbougu Café。店內分成兩部分，左邊是擺放各種特色文具商品的購物區，而右邊則是Café的部分，客人可以使用店家精選的文具在指定的範圍內塗鴉，難怪假日時總看見親子的身影在店內出現。

定期設有商品試用的一隅，為店內用餐的小朋友提供樂趣。

INFO

🏠 涉谷區神宮前 4-8-1 內田ビル B1F | ☎ 03-3470-6420 | ⏰ 12:00nn-8:00pm；星期二休息 | 🌐 www.bun-cafe.com

---

MAP2-2/ F5 56   屬於旅人的時光
H.I.S. 旅と本と珈琲と Omotesando

東京 Metro 表參道駅 A2 出口直達

由日本最大旅行社H.I.S開設，以旅行、書本與咖啡為賣點，打造而成的新型概念店，為各位旅人提供空間、讓他們萌生新的旅行契機。店內所選用的猿田彥珈琲，品質與味道皆有保證。藏書也有逾千本，主題包括旅遊指南、攝影集、繪本、小説等，種類選擇繁多，提供大家自在地在店內借閱。

買完咖啡，隨意找個位置便能坐下休息，店家也沒有用餐限時。

INFO

🏠 涉谷區神宮前 4-3-3 バルビゾン 7 番館 | ☎ 03-5775-2471 | ⏰ 11:00am-7:00pm | 🌐 www.his-j.com/branch/omotesando

東京

華麗雪糕蛋糕 **MAP**2-2/ **E5**

Glaciel

🚕 東京 Metro 表參道駅 A1 出口步行 3 分鐘

Glaciel 既是甜品店又是餐廳，來自北海道，立體造型的甜品以華麗精緻見稱，他們的蛋糕曾獲日本經濟新聞頒發 Ice Cake 第一名，需要提早幾個月預訂。

瓢蟲套餐 ¥3,888，是人氣的雪糕蛋糕。

得獎蛋糕，聽說要提早幾個月訂購，在餐廳內可點迷你版。

INFO

🏠 涉谷區神宮前 5-2-23 | 📞 03-6427-4666 | 🕐 12:00nn-7:00pm | 🌐 www.glaciel.jp

---

MAP2-2/ **E5** 58 狂掃吉田包

Kurachika Yoshida

🚕 東京 Metro 表參道駅 A1 出口步行 2 分鐘

位處於原宿的這家分店是 Kurachika Yoshida 的兩大旗艦店之一，樓高兩層，店內空間偌大，貨品款式齊備，而且日本代理店中沒有的 Porter 和 Luggage Label 的產品也能在店內找到，當中更不乏 Porter 專為女士而設的副線如 Bon Bon、Porter Girl 等，有時還能找到當季限定的聯乘限量款式。

INFO

🏠 涉谷區神宮前 5-6-8 | 📞 03-5464-1766 | 🕐 12:00nn-8:00pm | 🌐 www.yoshidakaban.com

新宿
Shinjuku

交通策略

出發地	路線	目的地
成田空港	成田特快 **NEX**	
池袋駅 上野駅 東京駅		
品川駅 渋谷駅 原宿駅	JR 山手線	新宿駅
三鷹駅 吉祥寺駅 中野駅	JR 中央線	
池袋駅 東京駅 銀座駅	丸ノ内線	
六本木駅	大江戸線	新宿西口駅 - 東新宿駅

1 2 3 4 5

A B C D

西武新宿線
西武新宿駅
都營大江戸線
新宿西口駅
新宿駅
Metro 丸ノ内線
西口
JR 新宿駅
都營大江戸線
出E3 出A4 出A7 出E2 出A6 出A1 出A2 出A3 出A4
都廳前駅
往西新宿五丁目駅
都營大江戸線
新宿駅
新宿駅
京王線
新宿駅
新宿駅
南口
小田急線
South Terra
出D5 出D4 出D1
出1 出3 出7 出4 出2 出6

古民家食街 ① Map3-2/ F5
ほぼ新宿のれん街 倉庫別館

2022年開幕

🚕 JR 新宿駅南口步行 5 分鐘，代代木車駅出站即達

位於代代木車駅旁的「ほぼ新宿のれん街」開業於2017 年，以古民家建築配搭地道美食在區內馳名。2022年，「ほぼ新宿のれん街」增設了別館，食肆的總數由10間增至17間，讓客人有更多選擇。

整條食街由多棟古宅整合而成，非常有東京傳統的下町風情。

INFO

🏠 涉谷區千馱谷 5-20-10 | 📞 03-5368- 5147 | 🕐 每間食肆不同
| 🌐 https://www.hobo-shinjuku.com/

心水推介

鮨 あて巻き スシンジュク

超大份壽司，賣相豪華但價錢卻貼地親民。

蝦蟹大戰 ¥879。蟹蓋上放滿蝦蟹肉及三文魚籽。

冨士乃馬

馬肉對香港人可能較陌生，在日本卻是健康美食，馬肉刺生更被視為極品，人一世物一世應當一試。

馬肉刺生¥1829。來自馬匹的不同部位，每啖口感都不同。

大衆食堂 ニュースター

走昭和風的大衆食堂，提供蛋包飯、麻婆豆腐等老式菜式，卻與食肆的古民家佈置非常夾。

菜式雖然老套，但份量十足，醫肚一流。

好奇愛死貓 **02** Map3-2/ **F2**
クロス新宿 (新宿東口の猫)

 JR 新宿駅東口步行 1 分鐘

近期日本人到新宿除了食買玩,最潮的活動還有「賞貓」。話説位於新宿駅東口附近的 Cross 新宿(クロス新宿)大樓,在2021年7月掛上了一幅巨型電視屏幕,並採用裸視3D技術及4K高畫質,播放栩栩如生的巨貓視頻,令途人紛紛駐足欣賞。除了貓貓,其他的動畫人物也陸續登場,令人期待。

2021年開幕

看著巨貓在賣萌,感覺非常夢幻。

《龍珠》的魔頭菲力,也曾在此登場。

INFO

🏠 新宿區新宿 3-23-18(クロス新宿) | 🔗 https://www.youtube.com/c/CROSSSPACE_ch/featured

---

Map3-2/ **F3** 全日本最大的迪士尼店
03 Disney Store 旗艦店

 JR 新宿駅東口步行 3 分鐘

新宿的 Disney Store 旗艦店剛於2021年底開幕,樓高三層的旗艦店集齊迪士尼四大皇牌—迪士尼、漫威、星球大戰及彼斯系列的精品,最特別是設有「D-Made」店中店,為客人 tailor-made T恤及公仔,自由配搭不同元素創造獨一無二的手信。

店內有許多打卡位。

「D-Made」實驗室。

2021年開幕
Disney Store 新宿店是目前日本最大的分店。

INFO

🏠 新宿區新宿 3-17-5 T&T III 大樓 | 📞 03-3358-0632 | 🕐 10:00am-8:45pm | 🔗 https://shopdisney.disney.co.jp/

東京
無印兩生花
MUJI新宿、無印良品新宿

2021年開幕

🚕 JR新宿駅東口 • 東南口步行5分鐘

2021年9月，無印良品兩間新宿店改裝後重新開幕，分別名為MUJI及無印良品，驟眼睇好像同一間店，其實市場定位大有分別。

【 MUJI新宿 】 **04 Map**3-2/ **G2**

以「環保與社會議題」為概念，店內設置了最大的「ReMUJI」賣場。ReMUJI顧名思義，就是回收的無印舊衣物重新染製、販售。又設有「もったいない市」（來自佛家語Mottainai，形容對萬物都要感恩），以特價銷售有輕微瑕疵的產品。至於「IDÉE」賣場，則以「探索生活」為宗旨，推出與本地或國外藝術家合作創作的家居用品。

全新概念的MUJI新宿。

INFO

🏠 新宿區新宿 3-15-15 新宿 Piccadilly 影城 B1-2F | 📞 03-5367-2710 | 🕐 11:00am-9:00pm

Map3-2/ **G3** **05** 【 無印良品新宿 】

位於伊勢丹本館旁，以「日常用品」為主題，集中營銷日用品及食品。該店樓高四層，B1銷售服飾、1樓售賣冷凍食品、2-3樓化妝品及日常家品。由於地方寬敞，非常適合無印迷輕鬆地購物。

寬敞好行的無印良品新宿。

INFO

🏠 新宿區新宿 3-17-1 Isamiya 大樓 B1~3F | 📞 03-3350-8271
| 🕐 11:00am-9:00pm | 🌐 https://www.muji.com/

體育主題商場 ⑥ Map3-2/ E2
新宿 Alpen TOKYO

 JR 新宿駅東口出站即達

過去體育用品只會佔商場的一層或半層的空間，難得有50年歷史的日本體育專門店Alpen，竟選擇在新宿的黃金地段，興建8層樓高的體育主題商場。

Alpen TOKYO B2-2F 為 SPORTS DEPO 旗艦店，涵蓋的運動由足球、籃球、網球至棒球的服飾及裝備。3-5F 為 Alpen Outdoors，提供露營和戶外用品，包括 Snow Peak、Coleman、North Face 等大品牌。6-7F 為 GOLF5 旗艦店，提供高爾夫初哥至高手的服飾及裝備，更設有8個擊球區。至於8F則為展銷場，是掃平貨的好地方。

INFO

🏠 新宿區新宿 3-23-7 | 📞 03-5312-7680 | 🕐 平日 11:00am—10:00pm，星期六日及假日 10:00am 開始 | 🌐 https://store.alpen-group.jp/

Alpen把SPORTS DEPO、Alpen Outdoors及GOLF5三大品牌的旗艦店盡收在Alpen TOKYO。

以跑道為概念，當然是跑步專區。

日本人對露營非常講究，牌子的選擇亦超多。

7樓的GOLF5旗艦店。

東京

味噌炸豬排
すずや本店

Map3-2/ **F2** ⑦

🚕 JR 新宿駅東口步行 5 分鐘

　　すずや本店（Suzuya）於1954年開業，老店內的木製家具，充滿歷史感。他們最有名的是炸豬排茶泡飯，豬排香脆鬆軟，配上自家製味噌汁，非常惹味，再配合從靜岡縣生產的秋冬番茶，是另一種炸豬排的體驗。

大蝦天婦羅定食。

群馬縣麥豚里脊肉套餐。

豚肉鐵板燒定食。

INFO

🏠 新宿區歌舞伎町 1-23- 15 | 📞 03-3209- 4480 | 🕐 11:00am-11:00pm | 🌐 www.toncya-suzuya.co.jp

這裡採用先購票後入座。按圖索驥。不懂日文也可以點菜。

⑧ 關西風拉麵
Map3-2/ **F1** 神座

🚕 JR 新宿駅東口步行 6 分鐘

　　神座來自大阪的道頓堀，在大阪很受歡迎。關西派系的拉麵沒有固定的模式，他們加入很多大白菜，跟我們平日吃到的拉麵很不一樣，湯頭也因為加了大量蔬菜而變得更清甜，非常獨特。

INFO

🏠 新宿區歌舞伎町 1-14- 1 | 📞 03-3209-3790 | 🕐 24 小時 （星期一 8:00am-10:00am 休息） | 🌐 http://kamukura.co.jp

涉谷
原宿
新宿
池袋
淺草

京都風拉麵 Map3-2/ F1
天下一品 ⑨

🚗 JR 新宿駅東口步行 6 分鐘

同樣是關西來的，有京都代表天下一品。關西拉麵不能自成一派，反而造就了百家爭鳴的局面，各有自己的口味。天下一品湯頭以雞骨熬成，湯雖濃稠但一點也不會鹹，而且十分鮮甜，京都人會在吃完麵之後，再把湯拌白飯來吃。

INFO
🏠 新宿區歌舞伎町 1-14- 3 第 103 東京 ビ ル 1-2F | 📞 03-3232-7454 | 🕐 11:00am-10:30pm | 🌐 www.tenkaippin.co.jp

Map3-2/ G2 ⑩ 新宿人氣拉麵
すごい煮干ラーメン 凪

🚗 JR 新宿駅東口步行 8 分鐘 / 東京 Metro 新宿三丁目駅 E2 出口步行 3 分鐘

凪（Nagi）在新宿十分具人氣，24小時營業，而且也是得獎拉麵店。店內只提供一款拉麵，就是招牌味玉煮干ラーメン，食客只需選擇麵料軟硬、湯底濃厚和追加甚麼配料就可以了。叉燒微微的燒過，湯底味道濃郁，帶點醬油香，是一碗質素極高的拉麵。

檯頭放上一個磅，供師傅用來秤麵條份量時用。

全店只賣一款拉麵，¥1,100。每碗拉麵湯都用上60g煮干來熬。煮干就是魚乾。

INFO
🏠 新宿區歌舞伎町 1-1-10-2F 新宿ゴールデン街內 | 📞 03-3205- 1925 | 🕐 24 小時 | 🌐 www.n-nagi.com

東京

涉谷
原宿
新宿
池袋
淺草

24小時海鮮燒烤
磯丸水產 Map3-2/ C4 ⑪

🚕 JR 新宿駅東口步行 6 分鐘

　　由於磯丸水產位置便利加上24小時營業，2009年開業便在全國火速紅起來，單是新宿都有多家分店。店家每天從山口縣、鳥取縣、神奈川的小田原和千葉縣館山等漁港入貨，海鮮不會冷凍，而是活生生的送到各店，並在店內飼養，客人就可以吃到最新鮮的海鮮，更重要是這裡的價格不貴。

白海老唐揚げ。

活貝磯丸燒組合一人份，有一隻帆立貝、兩隻白蛤和一隻海螺。野菜另點。

🏠 新宿區西新宿 1-18-15 岡本ビル | 📞 03-5909-4851 | 🕐 24 小時 | 🌐 www.sfpdining.jp/brand/isomaru

---

Map3-2/ F2　　沖繩鄉土料理
⑫ 沖繩食堂やんばる

🚕 JR 新宿駅東口步行 5 分鐘

　　沖繩食堂，顧名思義就是提供傳統的沖繩料理，這裡可以吃到沖繩的炒苦瓜、花生豆腐和海葡萄。這店1993年來到新宿開了分店，希望把沖繩的「醫食同源」飲食文化帶到東京。

🏠 新宿區新宿 3-22-1 | 📞 03-5269-3015 | 🕐 11:00am-11:30mn | 🌐 https://www.yambaru1988.com/

海葡萄。

沖繩炒苦瓜

地標百貨店
Alta

Map3-2/ **F2** ⑬

 JR 新宿駅東口步行 2 分鐘 / 東京 Metro 新宿駅 B13 出口直達

位於新宿車站東口旁的 Alta 是一間以少女為目標客戶的百貨公司，打正旗號匯集多家著名品牌出售女性商品。近年他們引進了 HMV 的 Record Shop，喜歡黑膠的朋友又沒時間周圍去找的話，這裡或者可以是個好選擇。

HMV Record Shop 在 6 樓。

INFO

🏠 新宿區新宿 3-24- 3 | 📞 03-3352- 4477 | 🕐 11:00am-8:30pm | 🌐 www.altastyle.com

---

Map3-2/ **F3** 百年水果老店
⑭ 高島屋Takano

 JR 新宿駅東口步行 1 分鐘

日本水果質素之高已是舉世肯定，高島屋 Takano 創立於1885年，新宿總店以外，另有分店遍佈池袋、上野、以至大阪、名古屋等地，為客人搜羅全日本高級的水果。除了零售新鮮水果，新宿總店更附設咖啡店 (5F)，可以品嘗一眾水果美食、包括色彩艷麗的芭菲、水果窩夫及三文治等。如果有時間，最好幫襯每天下午三時舉行的水果放題，￥5,500吃到飽，絕對值回票價。

新宿總店共5層，5樓為水果 Café，B1是水果零售點，B2是甜品輕食區。

水果放題會定時更換主題，客人在120分鐘內任食任選任食￥5,500、12歲以下小童￥3,300，必須網上預約。

必試靜岡縣產網紋蜜瓜芭菲￥2,640

INFO

🏠 新宿區新宿 3-26-11 | 📞 03-5368- 5147 | 🕐 11:00am-8:00pm | 🌐 http://takano.jp

八折買美術用品 Map3-2/ H3

世界堂新宿本店 ⑮

🚕 JR 新宿駅東南口步行 7 分鐘 / 東京 Metro 新宿
三丁目駅 C4 出口步行 1 分鐘

涉谷

原宿

新宿

池袋

淺草

在香港買美術用品，選擇不多，而且價錢又貴，新宿的世界堂就是藝術愛好者的天堂。除了美術用品種類繁多，而且款式十分齊全，最重要大部分貨品都是市價的8折，同一價錢品質比香港買到的好一倍。

近年流行的沾水筆、萬年筆和墨水。

MT紙膠帶的款式也是十分多，但折扣無美術用品那麼多。

什麼種類的顏料都有。

INFO

🏠 新宿區新宿 3-1-1 世界堂ビル 1F-5F | 📞 03-5379- 1111
| 🕐 9:30am-8:00pm | 🌐 www.sekaido.co.jp

Map3-2/ C4 　　大型電器店

⑯ LABI 新宿西口館

🚕 JR 新宿駅南口步行 4 分鐘

LABI 有多達幾十萬件的商品，包括了遊客喜歡的電器，雖然不一定會比其他電器店便宜，但勝在店面寬敞，逛起來十分舒適。這裡都有退稅服務，在同一天內於店內購買滿 ￥5,400（連稅），便可享有免稅優惠。

INFO

🏠 新宿區新宿 1-18-8 | 📞 03-5339- 0511 | 🕐 10:00am-9:00pm
| 🌐 www.yamadalabi.com

東京

不起眼百貨店
西武PePe

Map3-2/ **E1**

⑰

 JR 新宿駅東口步行 5 分鐘

　　位於新宿太子酒店樓下的購物商場西武 PePe，是一個很受外地遊客歡迎的商場，因為不少香港人都喜歡入住新宿太子酒店。PePe 邀得很多大家熟悉的品牌加盟，例如 Uniqlo、無印良品和有名的「百元店」Cando。遊客很容易集中地在 PePe 找到自己的心頭好，購物十分方便。

INFO

🏠 新宿區歌舞伎町 1-30-1 | 📞 03-3232-7777 | 🕐 11:00am-10:00pm | 🌐 http://seibu-shop.jp/shinjuku/

日本三大「100 yen 店」之一
Cando

⑰a

　　Cando 是日本三大「100 yen 店」之一，在日本享負盛名，售賣很多有趣的卡通公仔如「熊本熊」和迪士尼動畫主角精品，玻璃杯、餐具、衛生紙和零食等等。所有貨品，都以 ￥110（連税）出售。如果你習慣行 Daiso，這裡肯定會為你帶來更多驚喜，因為貨品種類比 Daiso 更多，而且設計也不錯。

INFO

📞 03-3202-1160 | 🕐 11:00am-10:00pm | 🌐 www.cando-web.co.jp

大型書店
紀伊國屋書店

Map3-2/ **F2**

⑱

 JR 新宿駅中央東口步行 3 分鐘

　　紀伊國屋書店是東京幾家同類型書店中規模最大，出售書籍最多的一家，集合了最新最齊的日本書刊，女士喜歡的日本雜誌一定少不了，當中更有出售文具及各學科相關的書籍。

INFO

🏠 新宿區新宿 3-17- 7 | 📞 03-3354- 0131 | 🕐 10:00am-9:00pm | 🌐 www.kinokuniya.co.jp

涉谷　原宿　新宿　池袋　淺草

8/F

紀伊國屋書店

BOOKS KINOKUNIYA

Can★Do

3-13

東京

食匀各種菜式

NOWA

(19) **Map**3-2/ **F3**

🚕 JR 新宿駅中央口直達

NOWA是一個主打食肆餐廳的商場,為大家提供多元化的餐飲菜式,種類五花八門,例如專門吃蟹的、燒肉放題、日本料理、多國菜、創作料理等,選擇非常之多,相信總有一間會合心意。

INFO

🏠 新宿區新宿 3-37-12 | 🕐 11:30am-11:00pm,不同店鋪各異
| 🌐 www.gnavi.joy.ne.jp/nowa | ⚠️ 截稿前 6-8 樓仍在裝修中

Map3-2/ **F4** 專為輕熟女而設

(20)

NEWoMan

🚕 JR 新宿駅新南口直達

NEWoMan在2016才開業,鄰接JR新宿駅新南口及新宿高速巴士總站,便捷度高。這裡匯集了逾百間當地及海外的品牌,當中將近8成都是日本及新宿的初出店,例如SUPER TML MARKET、DESCENTE等時裝品牌。另外,場內還有營業至凌晨4點的美食廣場,為夜貓子們帶來深夜覓食的福利。

INFO

🏠 新宿區新宿 4-1-6 | 📞 03-3352-1120 | 🕐 11:00am-9:00pm | 🌐 www.newoman.jp

東京

涉谷 / 原宿 / 新宿 / 池袋 / 淺草

正宗印度咖喱
中村屋

21　Map3-2/ **F3**

🚕 JR 新宿駅東口步行 2 分鐘 / 東京 Metro
新宿駅地下街 A6 出口直達

早在昭和2年（1901年）便已創業的中村屋，是由相馬愛藏黑光夫婦主理的印度咖喱料理餐廳。他們師承自一位印度人，從那裡學習到正宗印度咖喱的製作方式，把這種濃郁的異國風味引入新宿，設店並專營印度咖喱。

ℹ️ 🏠 新宿區新宿 3-26-13 新宿中村屋ビル B2F | ☎ 03-5362-7501 | 🕐 11:00am-10:00pm | 🌐 www.nakamuraya.co.jp/manna

---

22　全東京最大空中庭園

Map3-2/ **G3**　# O1O1本館

🚕 東京 Metro 新宿三丁目駅 A2 出口直達

O1O1本館樓高9層，在2009年重開之際，邀請了眾多國際知名品牌，如Burberry Blue Label、Mercibeaucoup,等進駐，還在頂層設置了英式庭園Q-Court，以「治癒空間」為題，是全東京最大規模的空中庭園，免費開放給市民休憩之用。

ℹ️ 🏠 新宿區新宿 3-30-13 | ☎ 03-3354-0100 | 🕐（店舖）星期一至六 11:00am-9:00pm，星期日及公眾假期至 8:30pm；（餐廳）11:00am-11:00pm，不同店舖各異 | 🌐 www.0101.co.jp

---

博物館型 café　**23**　Map3-2/ **H3**
Architecture Cafe 樓家

🚕 JR 新宿三丁目駅 E3 出口步行 1 分鐘

東京有很多主題Café，但以建築命題比較少見。Café 於2021年4月開業，300平方米的空間展示12座由建築大師主理的作品模型，包括大家熟悉的隈研吾及伊東豐雄。除了大飽眼福，這裡的芝士火鍋及雪糕芭菲都很有水準，不要錯過。

這裡的芭菲也是人氣之選（￥2,000）。

隈研吾的作品 Steel House。

ℹ️ 🏠 新宿區西新宿 3-6-7 第 6 三和ビル 4 階 | ☎ 0 3-5315-0396 | 🕐 café10:00am-6:00pm；bar6:00pm- 翌日 4:00am | 🌐 https://sumika-shinjuku.com/

涉谷

原宿

新宿

池袋

淺草

🚕 JR 新宿駅東口步行 5 分鐘 / 東京 Metro 新宿三丁目駅 B3-5 出口步行 1 分鐘

伊勢丹是日本具代表性的高級百貨公司品牌，於明治 19 年開業，位處新宿的伊勢丹本店更是全國百貨店營業額頭五名的店舗！伊勢丹的地庫食品街是遊客必到的地方，內有多間日本人氣甜品及手信店，喜歡美食的朋友一定要前往一試！

INFO

🏠 新宿區新宿 3-14-1 | ☎ 03-3352-1111 | 🕐 10:00am-8:00pm， 餐廳 11:00am-10:00pm | 🌐 www.isetan.mistore.jp/shinjuku.html

INFO

🏠 伊勢丹本館 B1F | ☎ 03-3352-1111 | 🕐 10:30am-7:00pm

廚師的舞台
24a Kitchen Stage

Kitchen Stage 以開放式廚房設計作為主題，全店只可以容納 17 人，讓廚房成為頂級廚師的舞台。店家不斷從世界各地邀請名廚設計菜式，每晚廚師都在客人面前精心製作兩款是日限定菜式，定必是獨一無二的體驗。

選坐吧檯位置，那裡可以看到廚師烹調。

新宿的鎮守神社
花園神社 **Map**3-2/ **G2** ㉕

JR 新宿駅中央東口步行 13 分鐘 / 東京 Metro 新宿三丁目駅 E2 出口步行 1 分鐘

花園神社從德川家康開創江戶幕府（1603）前，就已經是新宿的總守護神。不過神社曾遭到火災，所以現在看到的是重建後的模樣。每年11月的酉日都會舉行酉市活動，很多在這一帶做生意的人都會來祈求生意興隆的熊手（有抓到生意的意思），所以變得非常熱鬧。

熊手守，熊手抓著稻穗，寓意衣食無憂。

INFO

🏠 新宿區新宿 5-17-3 | 📞 03-3209-5265 | 🕐 24 小時 | 🌐 www.hanazono-jinja.or.jp

㉖ **Map**3-2/ **G3**

簡單 Pancake
星乃珈琲

JR 新宿駅中央東口步行 7 分鐘

這裡的冰咖啡會用上一個古典味很重的黃銅杯。

星乃是日本連鎖咖啡廳，它的招牌厚 Pancake 只配上楓糖和牛油來吃，這樣更易吃得出 Pancake 的味道。當然他們亦有推出不同口味，例如加入忌廉和水果的款式，但小記最推薦的仍然是最簡單的原味。

兩層 Pancake ¥750。也有單層版本 ¥680。口感鬆軟香滑。

INFO

🏠 新宿區新宿 3-17-5 新宿二ユ一富士ビル 2F | 📞 03-3358-7891 | 🕐 11:00am-10:30pm | 🌐 www.hoshinocoffee.com

涉谷
原宿
新宿
池袋
淺草

東京

渉谷

原宿

新宿

池袋

淺草

人氣咖喱

Map3-2/ **H4**

Curry 草枕 ㉗

🚕 JR 新宿駅東口步行 8 分鐘 / 東京 Metro 新宿三丁目駅 A1 出口步行 5 分鐘 / 都營新宿三丁目駅 C5 出口步行 3 分鐘

茄子番茄雞肉咖喱（なすトマトチキン），￥950。

位於新宿小巷的草枕是平民化印度咖喱，味道絕不輸中村屋。餐牌上每天6款不同的咖喱，共分成10種辣度，號碼越大辣度越高。他們除了用大量香料煮咖喱，還會加入水果，利用甜味中和刺激的辛辣味。此外，很多食材都來自北海道，以雞肉咖喱為主，又會利用色彩繽紛的蔬菜，提升大家的食慾。

INFO

🏠 新宿區新宿 2-4-9 中江ビル 2F | 📞 03-5379-0790 | 🕐 11:00am-3:00pm、6:00pm-9:00pm | 🌐 http://currykusa.com

---

㉘

Map3-2/ **F3**

人氣迴轉壽司

沼津港

🚕 JR 新宿駅東口步行 2 分鐘 / 東京 Metro 新宿三丁目駅 E9 出口直達

沼津港迴轉壽司店是新宿區內最高人氣的迴轉壽司店，它的價錢雖並非均一價，但絕不將貨就價，全部由師傅手握不假手機器，所以品質一直都很好。日本人不太喜歡拿迴轉帶上的壽司，會直接跟師傅下單，其實檯上都有餐牌，大家都可以手指指跟師傅點壽司。

雖然說是迴轉，但日本人喜歡直接跟師傅點壽司。

INFO

🏠 新宿區新宿 3-34-16 池田プラザビル 1F | 📞 03-5361-8228 | 🕐 11:30am-11:00pm | 🌐 www.numazuko.com

涉谷

原宿

新宿

池袋

淺草

女性向 Shabu Shabu
鍋ぞう ㉙ Map3-2/ G3

🚕 JR 新宿駅東口步行 3 分鐘 / 東京 Metro 新宿三丁目駅 A4 出口直達

蔬菜從農家直接買入

　　這家店與 MO-MO-Paradise 是姊妹品牌，乃一家主打女性口味的 Shabu Shabu 及壽喜燒店。它的野菜選擇相當多，而且都是從農家直接買入，既新鮮又吃得安全。下午火鍋放題每位￥2,750 起 (限時 100 分鐘)，想經濟一點，可以吃午市套餐￥1,980 起。晚餐火鍋放題只是貴下午一點點，但同樣限時 100 分鐘，建議於網上先預約。

如想要兩款湯底，只要多加￥220。

🏠新宿區新宿 3-30-11 新宿高野第二ビル 8F | 📞050-5570-4837 | 🕐 (午餐) 11:30am-3:00pm、(晚餐) 5:00pm-10:30pm，星期六、日及假期 11:30am-9:00pm | 🌐 http://nabe-zo.com

推薦湯底是豆乳コラーゲン，將豆乳湯再加入骨膠原，對皮膚很好。

賞櫻名所
Map3-2/ H5
㉚
新宿御苑

🚕 JR 新宿駅南口步行 15 分鐘 / 東京 Metro 新宿御苑前駅步行 5 分鐘

　　新宿御苑本來在江戶時代已是高遠藩主內藤家宅邸，內有多個風景式的庭園名作，面積相當大。到了明治時代，新宿御苑成了日本皇室專用的庭園，二戰結束後便開放給民眾使用。在這個御苑內種有超過 1,000 棵櫻花樹，是東京熱門的賞櫻地點。

🏠新宿區內藤町 11 | 📞03-3350-0151 | 🕐 9:00am-4:30pm，星期一休息，3 至 9 月延長開放 | 💲 成人￥500、小中學生￥250、小學生及幼兒免費 | 🌐 www.env.go.jp/garden/shinjukugyoen/

OL 女學生購物天堂 Lumine 1 Map3-2/ D4 ㉛

🚕 JR 新宿駅新南口直達

　　在新宿車站旁有三大由 JR 東日本經營的購物中心，包括 Lumine 1、Lumine 2 和 Lumine EST，主打不同的顧客群，而 Lumine 1 主打的便是 OL 上班族，為愛美的女士們提供各種最新最潮的時裝品牌及美容服務。

🏠新宿區新宿 1-1-5 | 📞03-3348-5211 | 🕐 11:00am-9:00pm | 🌐 www.lumine.ne.jp

涉谷

原宿

新宿

池袋

淺草

最潮男裝集結地
Lumine2

(32)

Map3-2/ **F4**

🚖 JR 新宿駅新東口直達

既然 Lumine1是專為女士所設的商場，那麼 Lumine2就專為男士而設。場內有眾多男性時裝品牌、型格配飾等。除此以外，Lumine2也是雜貨的天堂，遊客可以選購小禮品當手信。

INFO

🏠 新宿區新宿 3-38-2 | 📞 03-3348-5211 | 🕐 11:00am-9:00pm
| 💻 www.lumine.ne.jp

(32a)

紐約 NO.1 甜食餐廳
Sarabeth's

Fat and Fluffy French Toast

2/F

向來有「紐約早餐女王」之稱的 Sarabeth's，在國外人氣度極高，來到日本亦不設預約，大家要做好排隊的心理準備。餐廳內的招牌包括檸檬鄉村芝士鬆餅、法式多士、經典 Egg Benedict 等，都極受當地女士青睞。

INFO

📞 03-5357-7535 | 🕐 9:00am-10:00pm
| 💻 sarabethsrestaurants.jp/en

明治天婦羅老店
船橋屋

(33)

Map3-2/ **G3**

🚖 JR 新宿駅東口步行約 2 分鐘 /
東京 Metro 新宿三丁目駅 A5 出口直達

自明治初期營業至今的船橋屋，是一家非常有名的天婦羅老店，連日本女作家新井一二三也是它的支持者。店內的天婦羅都是選用「關根胡麻油」來炸的，食客可以選擇多種天然鹽配搭吃用，油而不膩。平日店家有提供優惠午餐如天丼約 ¥ 1,000 起，非常實惠。

INFO

🏠 新宿區新宿 3-28-14 | 📞 03-3354-2751 | 🕐 11:30am-9:00pm | 💻 www.tempura-funabashiya.jimdo.com

Map3-2/ **G3**

新宿旗艦店

 34 **Beams Japan**

 JR 新宿駅東口步行約 8 分鐘 / 東京 Metro 新宿三丁目駅 A1 出口直達

因為慶祝品牌成立40周年而在2016年改裝完成的 Beams Japan，展現各種日本的特色美。樓高7層，每層分設不同的主題，地下1樓是餐廳 Craft Grill 部分，1樓至5樓分別售賣日本製的生活雜貨、精品、時裝、工藝商品等，而6至7樓則是高級男裝 Beams F。

INFO

🏠 新宿區新宿 3-32-6 B1F-5F | 📞 03-5368-7300 | 🕐 11:00am-8:00pm | 🌐 www.beams.co.jp

---

港人熱捧蟹料理
蟹道樂

35 **Map**3-2/ **F3**

 JR 新宿駅中央東口對面步行 3 分鐘

蟹道樂的招牌非常搶眼，門口掛著一大隻蟹的模型。店內所選用的蟹都是北海道直送，新鮮又肥美，料理吃法也不單一，難怪能擄獲一眾食客的芳心。平常晚飯時間一個蟹料理套餐要價是￥5,000起，建議大家還是在午飯時間到訪，價格只需￥3,500起，相對便宜。

INFO

🏠 新宿區新宿 3-27-10 武藏野ビル 4F | 📞 03-3350-0393 | 🕐 11:30am-11:00pm | 🌐 http://douraku.co.jp

涉谷

原宿

新宿

池袋

淺草

國外品牌百貨 36
Flag　Map3-2/ F4

🚕 JR 新宿駅東南口一出即見

　　Flag是一家專營國外品牌的購物商場，場內進駐的商店如Gap、Gap Kids、Loveless、New Era、Flying Tiger和音樂品牌店Tower Record等。有時候，商場前還會有街頭表演，他們以不同形式的Busking演出，吸引許多途人注目，場面熱鬧。

INFO

🏠 新宿區新宿 3-37-1 | 📞 03-3350-1701 | 🕐 11:00am-9:00pm，不同店鋪各異
| 🌐 www.flagsweb/jp

Map3-2/ F3
37
🚕 JR 新宿駅東口直達

新宿駅相連百貨
LUMINE EST

　　LUMINE EST 連同地下兩層一共10層，場內大多是售賣精品飾物和生活雜貨的商店，當中不乏關西人氣品牌的手袋、耳環、珠寶首飾及售賣男士服飾的小店等，選擇種類都非常多元化。

INFO

🏠 新宿區新宿 3-38-1 | 📞 03-5269-1111 | 🕐 11:00am-9:00pm，星期六日 10:30am 營業 | 🌐 www.lumine.ne.jp/est

二手CD專門店
Map3-2/ **G3**
Disk UNION ㊳

 東京 Metro 新宿三丁目駅 A2 出口直達

Disk UNION 新宿本館樓高8層，主要是售賣Rock、拉丁、Blues、Pop等不同曲風的音樂作品，尤其是Rock的作品種類繁多，主要以年代和類型分類，比如70年代前或80年代後、Hard Rock 或 Loud Rock 等。另外ジャズ館 Jazz 唱片的收藏量比本館還要豐富。

INFO

🏠 [本館] 新宿區新宿 3-31-4 山田ビル B1-7F ，[ジャズ館] 新宿區新宿 3-31-2 丸江藤屋ビル 3F | 📞 03-6380-6118
| 🕐 12:00nn-8:00pm，星期日及公眾假期 11:00am 營業 | 🌐 www.diskunion.net

Map3-2/ **G4**
㊴

 東京 Metro 新宿三丁目駅 A2 出口步行 2 分鐘

炸牛排本村
牛かつもと村

在日本的炸牛排餐廳中最受歡迎的便是這家「牛かつもと村」，店內所提供的牛肉品質好、份量足，而且價格合理，單是炸牛排定食便有分一片130克或是兩片260克的選項，滿足男士及女士的胃口需求，CP值超高。

炸牛排烤好後，可配搭經典醬油或特製芥末醬，味道不錯，而且烤過後的牛排肉汁仍很豐富。

INFO

🏠 新宿區新宿 3-32-2 モトビル B1F | 📞 03-3354-0171 | 🕐 11:00am-11:00pm | 🌐 www.gyukatsu-motomura.com

東京

女士藥妝採購勝地

Ainz Tulpe

⑳ Map3-2/ F3

🚕 JR 新宿駅中央東口步行約 1 分鐘

除了松本清、大國等，其實在東京還有一家叫 Ainz Tulpe 的連鎖藥妝店，走道空間相對寬廣，讓人逛得更為舒適。店內的藥妝商品齊全，而且店內還有排行選出當前人氣商品，無論國內或網上最潮的商品都在眼前，價格也跟其他店家差不多。

這裡佔地寬敞，逛得比其他同區的藥妝店舒適。

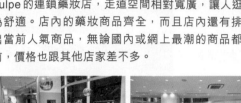

INFO

🏠 新宿區新宿三丁目 36-10 ミラザ新宿ビル B1F-2F | 📞 03-5925-8566 | 🕐 10:00am-10:00pm | 🌐 ainz-tulpe.jp

---

㊶ 平民價午餐 x 米芝蓮一星餐廳

Map3-2/ G3 新宿割烹 中嶋

🚕 JR 新宿駅南口或東口步行約 3 分鐘 / 東京 Metro 新宿三丁目駅 A1 出口 2 分鐘

每到午餐時間，在日原大廈的地下就能看見排隊人潮。店家推出了午市特惠套餐，￥800 起就有交易，選擇也有 4 種，例如刺身定食、油炸定食、煮魚定食、柳川鍋定食等都能享用到。至於晚上的中嶋，餐點都是無菜單模式，畢竟是米芝蓮級數的美食，價格也相對昂貴些。

INFO

🏠 新宿區新宿 3-32-5 日原ビル B1F | 📞 03-3356-4534 | 🕐 11:30am-2:00pm、5:30pm-9:30pm

高架橋下飲食區
サナギ新宿

 ㊷ **Map**3-2/ **F4**

🚕 JR 新宿駅東南口步行 3 分鐘，甲州街道高架下

　　這裡是近年新開幕的一個集飲食、藝術、音樂和活動的空間，佔地達900平方米，分成了3個區域：SANAGI食堂，以「亞洲•日本之屋台村」為主題，有4間餐廳進駐，晚上化身成居酒屋非常熱鬧；SANAGI Incubation：音樂和藝術空間；Event Space：供舉行活動的場地。

INFO

🏠 新宿區新宿 3-35-6 | 📞 03-5357-7074 | 🕙 11:00am-11:00pm | 🌐 http://sanagi.tokyo

---

Map3-2/ **F5**　　　　　　　　　高島屋

㊸
Takashimaya Time Square

 🚕 JR 新宿駅南口步行 3 分鐘

　　Times Square由高島屋和雜貨店Hands共同組成，內有美食街、人氣品牌 Burberry、BAO BAO ISSEY MIYAKI 和超市等。同時高島屋和Hands均有提供即場退稅服務，只要消費滿 ￥5,400（連稅）便可辦理。

INFO

🏠 涉谷區千駄谷 5-24-2 | 📞 03-5361-1111 | 🕙 10:30am-8:00pm | 🌐 www.takashimaya.co.jp/shinjuku

---

方便遊走新宿
WE Bus

㊹ **Map**3-2/ **D3**

以哥斯拉為主題的巴士。

 🚕 JR 新宿站西出口

　　於新宿市內行走的WE Bus 路線以JR新宿為中心，遊走新宿區內多個景點及酒店，包括新宿御苑及京王百貨等。而且一程只要￥100，遊客可以慳返腳力去多幾個景點。

INFO

🕙 10:00am-8:00pm，約 10-12 分鐘一班車，行駛一圈約 30-40 分鐘 | 💲 ￥100（大小同價），一日乘車券（可無限次乘搭）￥300，可使用 PASMO、Suica 或直接跟車長購買 | 🌐 http://we-bus2.keio-bus.com/

涉谷

原宿

新宿

池袋

淺草

學生 ⓄL 商場
My Lord

Map3-2/ **D4**

(45)

🚕 JR 新宿南口步行 1 分鐘

My Lord 是一幢深受女學生和 OL 歡迎的商場，主要售賣各款年輕女士服飾和潮流衣物，集合 X-GIRL、J!NS 和 niko and 等女士最愛。近來，商場更邀請幾個人氣品牌加盟，例如 Mercibeaucoup 和 Ne-net，令商場人氣直線上升。

INFO

🏠 新宿區西新宿 1-1-3 | 📞 03-3349-5611 | 🕐 11:00am-9:00pm | 🌐 www.odakyu-sc.com/shinjuku-mylord

夏威夷 Pancake

(45a)
Hawaiian Pancake Factory

Hawaiian Pancake Factory 擅長把多款不同的新鮮水果組合在一起，製作出色彩奪目的 Pancakes，客人可配上自己喜歡的醬汁（椰子、橙和楓糖），味道清新。另外，店內也有其他小食提供，男士不用擔心只有甜品吃了。

マンゴーとココナッツ（芒果和椰子），不用再下醬汁一樣好味。

M2/F

炸洋蔥圈。

INFO

📞 03-3349-5843 | 🕐 11:00am-10:00pm | 🌐 www.giraud.co.jp/hpf/

Map3-2/ **D3**

㊻

京王百貨

中檔之選

🚕 JR 新宿駅西口步行 1 分鐘

京王百貨同樣位於新宿西口，是下雨時的 Shopping 之選。店內除了一般常見的男女服飾、生活雜貨品等其他百貨公司都有的商品外，更有和服，珠寶，婚禮用品和寵物用品發售，是區內最多元化的百貨公司。

INFO

🏠 新宿區西新宿 1-1-4 | 📞 03-3342-211 | 🕐 10:00am-8:30pm | 🌐 www.keionet.com/info/shinjuku

新宿西口機場巴士站

如果住新宿西口附近，這裡有個機場巴士站，就在京王百貨前，售票處也在那裡。不過要留意，去羽田（24號站）和成田（23號站）的站在不同位置，記得要看清楚才上車哦！

Limousinebus 利木津巴士網站：
www.limousinebus.co.jp/ch2/platform_searches/index/2/212

Map3-2/ **H2** ㊼ 品牌 Cross-over

UNIQLO 新宿三丁目店

🚕 JR 新宿駅東口步行 5 分鐘 / 東京 Metro
新宿三丁目駅 B3-5 出口步行 1 分鐘

UNIQLO 較早前聯乘 Big Cam 的（BICQLO）已光榮結業，但 UNIQLO 在新宿的地盤卻不減反增，在2022年9及10月分別多開兩間分店，其中9月開業的「新宿三丁目店」繼續與品牌聯乘，包括調味料專賣店「新宿內藤唐辛子」、大型文具店「世界堂」及表演劇場「新宿末廣亭」等，推出紀念T恤及 Tote bag。

INFO

🏠 新宿區西新宿 3-13-3 新宿文化大樓 1-2F | 📞 03-5990-2872 | 🕐 11:00am-9:00pm | 🌐 https://map.uniqlo.com/jp/ja/detail/10101779

東京

地道食店一條街
思い出横丁 **(48)** **Map**3-2/**D2**

🚗 JR 新宿駅西口步行 3 分鐘

思い出横丁，中文即是「回憶橫丁」，小小的一道橫街窄巷裡，聚集了數十間小食店，大多是以賣串燒為主的居酒屋，是當地上班族跟同事或朋友結伴小酌兼醫肚的好地方。最近為了方便旅客，有些小店也已經提供中文餐牌了。

INFO

🏠 新宿區西新宿 1-2-5 | 🕐 5:00pm-3:00am，不同店舖各異 | 🌐 www.shinjuku-omoide.com

內臟串燒
もつ焼き ウッチャン **(48a)**

內臟串燒，¥170/ 串。

內臟煮，¥430。

炒內臟，¥480。

平時食串燒多半都是吃雞肉、牛肉和蔬菜，這間在回憶橫丁裡的人氣串燒店，就以內臟為主。除了烤得惹味又爽口的內臟串燒，還有炒內臟都是十分推薦的。這裡6點多開始就有人龍，建議早一點來吃。

INFO

🏠 新宿區西新宿 1-2-7 穗波ビル | ☎ 03-5909-5890 | 🕐 4:00pm-11:00pm（L.O.10:00pm）| 🌐 https://kiwa-group.co.jp/uttyan_shinjuku

地道風味居酒屋
たっちゃん **(48b)**

たっちゃん店面不大，連2樓最多坐15人左右，店內只有老闆自己一個下廚，所以客人可以慢慢的跟朋友把酒言歡，等待老闆用心煮每一份食物。老闆懂一點英語，而且他們有懂說國語的店員，外國遊客不用太擔心點菜。

盛合，即拼盤的意思，廚師會精選幾款好味食物。

燒飯糰（燒おにぎり）。由老闆自己創作，上面配一點海膽醬，非常惹味。

INFO

🏠 新宿區西新宿 1-2-7 | ☎ 03-3348-4594 | 🕐 5:00pm-12:00mn，星期日休息

懷舊咖啡店　Map3-2/ D2
但馬珈琲屋 ㊾

 JR 新宿駅西口步行 3 分鐘，回憶橫丁入口旁

在地道的回憶橫丁的入口旁，有一間充滿懷舊感的但馬珈琲屋。這座大正時代的建築古色古香，店內擺放著多款古董擺設，播放著爵士音樂，咖啡師細心的為客人沖調咖啡，是一個集視覺、味覺和聽覺於一身的享受。

Cappuccino 用上忌廉代替奶泡，再用原條肉桂代替匙羹，飲落口感豐富還有微微的肉桂香味。

店內有紅茶可供選擇，蛋糕也做得不錯。

INFO

🏠新宿西新宿 1-2-6 | 📞 03-3342-0881 | 🕐 10:00am-11:00pm | 🌐 http://tajimaya-coffeeten.com

便宜車票門券專賣
新宿西口金券店

在新宿西口有很多金券店，這些金券店可以買到折扣價格的火車票，還有各類型的百貨公司折扣禮券、演唱會票、主題公園門票、美術館門票、圖書卡等，種類非常多元化。有需要的朋友不妨學當地人到這裡物色票券，對比價格，或許能為旅程省下一點錢。

大黑屋除了有便宜車票外，有些分店更有二手名牌手袋。

INFO

🏠新宿西口同憶橫丁附近

涉谷 原宿 新宿 池袋 淺草

高質素壽司放題
絆魚壽司 きづなすし

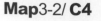

Map3-2/ C4

(50)

JR 新宿駅西口步行約 4 分鐘

絆魚壽司在日本擁有4家分店，而其中2間就位於新宿的歌舞伎町與西新宿。店內在特定時間會提供2小時壽司放題，男士收費￥4,378、女士收費￥3,828；另外可加￥1,500加配飲品放題，可選的壽司口味更達到100種之多，還有少量小菜可供任點，全都一一列在名單之內，簡單易明。

INFO

新宿區西新宿 1-13-1 今佐ビル B1F-1F | 03-6911-1861 | 11:00am-5:00am | www.sfpdining.jp/kizuna

Map3-2/ B2

新宿早餐店
(51) Paul Bassett

JR 新宿駅西口步行 5 分鐘 / 東京 Metro 西新宿駅 E7 出口步行 3 分鐘

薯蓉配半熟蛋是人氣早餐。

這家店是由在世界咖啡師大賽（WBC）中獲得冠軍的咖啡師Paul Bassett開設，店內自設烘焙機，從選豆到烘焙、沖煮都非常講究，而且咖啡豆的種類也相當多元化。大家可要趕在11點之前來享用早餐，套餐多以牛角包、丹麥酥為主，一份￥490起，另有提供芝士鬆餅、薯蓉配半熟蛋等，口味選擇還算不少。

INFO

新宿區西新宿 1-26-2 新宿野村ビル B1F | 03-5324-5090 | 7:30am-8:30pm， 星期六 9:00am-8:00pm，星期日及公眾假期 9:00am-7:00pm | www.paulbassett.jp

抵食烏冬　Map3-2/ C1
東京麵櫃通

🚕 JR 新宿駅西口步行 5 分鐘

如果你不懂日文又第一次去東京，對吃甚麼沒有頭緒，可來新宿這家自助烏冬店。客人先點麵，然後可自行挑選炸物、關東煮等配菜。烏冬幾百日圓便有交易，而且便宜不代表質素不高，這裡很受本地人歡迎的。

配料自選，選好後就交到櫃檯付款，然後再找座位。

這樣幾百日幣便可吃到，男士可多點幾件配料。

INFO

🏠 新宿區西新宿 7-9-15 ダイカンプラザビジネス清田ビル 1F | 📞 03-5389-1077 | 🕐 11:00am-10:00pm
| 🌐 www.mentsu-dan.com

Map3-2/ C4

大型連鎖電器店
Yodobashi 西口本店

🚕 JR 新宿駅西口步行 3 分鐘

Yodobashi 在新宿起家，單是新宿區就已經有兩間分店。從1960年開始以賣菲林相機起家，後來因應當地人的需求引入其他不同的家用電器，成為日本家電銷量排行第三的大型家電商店，現時連藥妝都可以在這裡買到。

INFO

🏠 新宿區西新宿 1-11-1 | 📞 03-3346-1010 | 🕐
9:30am-10:00pm | 🌐 www.yodobashi.com

東京

遊客最愛 (54) Map3-2/ C4
大國藥妝 西新宿店

🚕 JR 新宿駅西口步行約 4 分鐘

　　大國藥妝（ダイコクドラッグ）是一家活躍於關西的連鎖藥妝，東京內也設有不少分店，主要提供日用品、美容產品、藥物、健康食品等，雖然種類或許不及其他藥妝品牌的廣泛，不過價格卻比它們便宜一點，每月10號及25號更有額外5% 折扣。

INFO

🏠 新宿區西新宿 1-12-11 山銀ビル 1 | 📞 03-3345-7774 | 🕐 8:30am-11:00pm，星期六、日及假期由 9:00am 開始營業
| 🌐 https://daikokudrug.com

Map3-2/ C4
(55)   中古相機店
MAP CAMERA

🚕 JR 新宿駅西口步行 4 分鐘

門口是不太好找。

　　男士去東京好多時都會買中古相機，因為這邊不單選擇多，而且款式又齊又新淨。MAP CAMERA 是新宿中古相機店中比較具規模的一間，他們會在每件貨品上寫上新舊度，雖然標價略高一點，但仍是值得一來，因為款式夠多。

雖然價錢略高，但勝在款多又新淨。

店內也有新機賣，而且還可以試機。

INFO

🏠 新宿區西新宿 1-12-5 | 📞 03-3342-3381 | 🕐 11:00am-7:00pm
| 🌐 www.mapcamera.com

一千yen牛排
ルモンド

56

Map3-2/ **C4**

 JR 新宿駅西口步行 5 分鐘

新宿這家ルモンド每天未夠中午12點門外便大排長龍，雖然店內的座位也不多，但他們最便宜￥1,000就可以吃到一份牛排午餐，還包沙律和白飯，很多附近的上班族都會來這裡。雖然並非吃和牛，但他們的質素也不錯，打破了「平嘢無好」的概念。

這份就只要￥1,000，即點即煮。

坐在吧檯你還可以看到廚師親自為你煮。

INFO

🏠 新宿區西新宿 1-16-11 1F | 📞 03-3343-7728 | ⏰ 11:00am-3:00pm、5:00pm-9:30pm，星期日休息

Map3-2/ **F4**

時裝店漢堡

57 **J.S. Burgers Café**

 JR 新宿駅南口步行 3 分鐘

Journal Standard 是時裝店大家都認識，原來他們在新宿店的2樓開設了 JS Café，帶來美式漢堡包，他們特別選用100 % 從美國入口的牛肉，肉汁和口感都相當豐富，配上同樣來自美國18種不同口味的啤酒和大薯條，風味十足。

不吃漢堡，他們的法式多士也ok。

3款迷你漢堡最適合貪心的朋友。

INFO

🏠 新宿區新宿 4-1-7 ジャーナルスタンダード新宿店 3F | 📞 03-5367-0185 | ⏰ 11:00am-9:00pm，星期六由 10:00am 開始營業，星期日及公眾假期 10:00am-9:00pm | 🌐 http://burgers.journal-standard.jp

涉谷

原宿

新宿

池袋

淺草

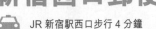

東京

限定郵便產品 　Map3-2/ **C3**

新宿西口郵便局 ㊺

🚗 JR 新宿駅西口步行 4 分鐘

在日本購物除了可以到潮流商店、藥妝店，你亦可以考慮逛一逛郵便局。日本的郵便局都有售賣限定的郵便產品，商品種類亦不少。小郵筒和郵遞飾品都相當有特色，最重要是地域限定 postcard，因為要買東京限定就只能在東京內的郵局才可買到，一眾愛集郵政精品的遊客不要錯過了。

郵便局有推出季節限定的 Kit Kat，原來日文的「一定會過關」跟「Kit Kat」的日文讀音一樣，所以會送給考試的朋友。

🏠 新宿區西新宿 1-8-8 | 📞 03-3340-1086 | 🕐 9:00am-9:00pm，星期六日至 6:00pm | 🌐 www.japanpost.jp

郵便局除了寄信之外，還有不少郵便局出品的商品。做手信也不錯。

Map3-2/ **A4** ㊻ 免費夜景展望台

東京都庁 第一本庁舍

🚗 JR 新宿駅西口步行 10 分鐘 / 都營大江戶線都廳前駅 4 號出口即直達

新宿的東京都廳是東京市內少數可以免費入內欣賞東京美景的地方，雖然不算高，但總算能夠俯瞰東京市景。全幢243米高，共有48層，於45樓有南北兩個展望室，從地下乘電梯至此只需45秒。據說，冬天天氣好的時候，更可在這裡遠眺富士山。

最多人來這裡看夜景了。

🏠 新宿區西新宿 2-8-1 | 📞 03-5321-1111 | 🕐 9:30am-11:00pm | 🌐 www.yokoso.metro.tokyo.jp

池袋
Ikebukuro

交通策略

上野駅	東京駅	品川駅		
渋谷駅	原宿駅	新宿駅	JR 山手線	
渋谷駅	明治神宮前駅			池袋駅
新宿三丁目駅	東新宿駅		副都心線	
豊洲駅	有樂町駅		有樂町線	

MAP 4-2

池袋

JR山手線
西武池袋線
JR池袋駅
Metro副都心線
Metro丸ノ内線
JR山手線
東武

出2AC　出C8　出C6
出2A
出8
出3
南口
西口
西北口
北口
西武口
東口
北

池袋新焦點 **Map4-2/ D4**
Hareza 池袋 ⑪

2020年開幕

 JR 池袋駅西口（中央口）步行 5 分鐘

Hareza 池袋是池袋區最新的焦點區域，由 Brillia HALL（豐島區藝術文化劇場）、豐島區居民中心、中池袋公園及 Hareza Tower 構成，包涵文娛藝術與消閒購物元素，並於 2020 年中開始逐步投入服務。

Hareza Tower 2F-6F 設 TOHO Cinemas 池袋，是全日本首次採用 Dolby Atmos 的影院。

豐島區居民中心免費為小朋友提供寬敞又安全的玩樂空間。

Brillia HALL 擁有 1,300 個觀眾席，曾演出的劇目包括寶塚歌劇、歌舞伎及音樂劇。

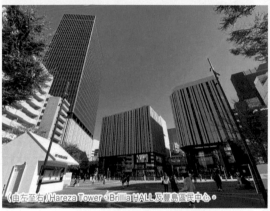
《由左至右》Hareza Tower、Brillia HALL 及豐島區民中心。

INFO

🏠 豐島區東池袋 1-18-1

---

⑫ 池袋觀光巴士

Map4-2/ C3 **IKEBUS**

 JR 池袋駅東、西口皆有車站

KEBUS 車頂有可愛吉祥物裝飾。

想 在 池 袋 到 處 觀 光 又 想 慳「腳骨力」，最好乘坐池袋觀光巴士 IKEBUS。IKEBUS 小巧可愛加上醒目大紅車身，遠遠都可以認到。IKEBUS 提供兩種不同的路線：路線 A 由池袋車站東口出發，路線 B 由池袋車站西口出發，兩線都行經 Hareza 池袋及 Sunshine City，全程約 35-38 分鐘，每小時開出三班。

INFO

🕐 10:00am-6:00pm | 💲 單程¥200（大小同價），全日¥500（大小同價），上車支付
| 🌐 https://travel.willer.co.jp/ikebus/ | 🚌 截稿前路線 B 暫停服務至另行通告

涉谷

原宿

新宿

池袋

淺草

『4DX with ScreenX』以三面270度寬屏投射，令觀眾彷佛置身於電影之中。

透過VR技術，讓Game迷全面投入BIOHAZARD的喪屍世界。

池袋Q-plaza於2019年開業，是池袋最新商場。

2019年開幕

除了打Game，這裡亦設有CAPCOM C Café，把一眾遊戲角色化為食物。

池袋最新商場 03
Q-plaza 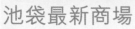 Map4-2/ C4

 JR池袋駅西口（中央口）步行10分鐘

　　池袋作為東京的動漫基地，剛於2019年開業的Q-plaza，當然主攻年輕人路線。其中4F-13F皆為複合式影城「Grand Cinema Sunshine」，規模不單冠絕全日本，當中的「4DX with ScreenX」，更加入水、風、香氣、閃光等特效，再配備270度大螢幕及動感座椅，為觀眾帶來100%身歷其境的震撼。除了戲院，B1-3F也被劃分為Plaza CAPCOM，提供超有動感的VR虛擬實境遊戲，包括CAPCOM的皇牌BIOHAZARD，引領Game迷闖入栩栩如生的喪屍世界。

Q-plaza以玩樂為主，食肆不算多，但「和牛燒肉ブラックホール」(B1) 最平¥4,000任食和牛100分鐘，是不錯之選。

INFO

🏠豐島區東池袋 1-30-3 | 📞03-6915-2722 | 🕐各層營業時間不同 | 🌐 https://grandscape-ikebukuro.jp/

遊客必到大型家電店
Bic Camera 本店
Map4-2/ **D3** ⑭

🚕 JR 池袋駅東口步行 1 分鐘

從池袋東口走出來看見的 Bic Camera 便是本店，在池袋主要有5間分店，而本店、Outlet 與電腦專館是最多旅客愛去的。近年店家還推出了信用卡付款優惠，可在退稅之後再享折扣。

INFO
🏠 豐島區東池袋 1-41-5 | ☎ 03-5396-1111 | ⏰ 10:00am-9:00pm | 🌐 www.biccamera.co.jp

---

⑮ 日本第三大電器店巨頭
LABI
Map4-2/ **C3**

🚕 JR 池袋駅東口步行 1 分鐘

除了 Bic Camera 和 Yodobashi 之外，相信大家對 LABI 這家連鎖電器家品店也不陌生！比起遊客，這家店更吸引一些本地客人，店內各類型新品電器齊備，儘管沒有特別提供折扣予旅客，但是時有精選貨品的價格比另外兩家店賣得還要便宜，大家可以細心尋尋寶。

INFO
🏠 豐島區東池袋 1-5-7 | ☎ 03-5958-7770 | ⏰ 10:00am-9:00pm | 🌐 www.yamadalabi.com

---

潮流百貨公司
Parco
Map4-2/ **C2** ⑯

🚕 JR 池袋駅東口直達

池袋的 Parco 主要分成兩部分，一是 JR 池袋駅東口連著的 Parco 本館，以及在鐵道邊緣的 P'Parco 別館。本館之內多數是為人所熟悉的品牌例如 Lowrys Farm、Sly、Zucca、X-Girl、無印良品及 Tower Record 等，而且還設多國菜式的餐廳食肆。別館的 P'Parco 則是針對年輕客人的品牌小店。

INFO
🏠 豐島區南池袋 1-28-2 | ☎ 03-5391-8000 | ⏰ 11:00am-9:00pm | 🌐 www.parco.co.jp/parco

東京

知名百貨總店
西武

Map4-2/ **B2**
07

🚕 JR 池袋駅西武口直達

　　西武是日本知名百貨公司，品牌專櫃數量眾多，非常齊全。除了家用雜貨、衣物服飾等，還引入了特色品牌如丹麥的裝飾店 Illums、LIBRO 書店、Iseey Miyake、Yohji Yamamoto 等。此外年輕人喜愛的生活雜貨店 Loft 也有進駐其中，算是非常適合各種年齡層的百貨公司。

INFO

🏠 豐島區南池袋 1-28-1 | 📞 03-3981-0111 | 🕐 10:00am-9:00pm，星期日及假期至 8:00pm | 🌐 www.sogo-seibu.jp/ikebukuro

Map4-2/ **C3**
08

年輕人新商場
WACCA 池袋

🚕 JR 池袋駅下東口步行約 3 分鐘

　　WACCA 是 2014 年落成的商場，場內以食物與生活為主題，從地下 4 至 8 樓之間，聚集了逾 30 家特色商店與食肆，當中，1 至 4 樓集中售賣各種生活雜貨、衣物服飾的店舖，商品種類與選擇非常多元化，是區內年輕人愛去的場所之一。

INFO

🏠 豐島區東池袋 1-8-1 | 📞 03- 6907-2853 | 🕐 10:00am-11:00pm | 🌐 http://wacca.tokyo

動漫迷天堂
Animate 本店

Map4-2/ **C4** ⑨

 JR 池袋駅步行 10 分鐘 / 東京 Metro 東池袋駅步行 3 分鐘

除了秋葉原,池袋的Animate本店堪稱是最大的動漫周邊商品店,樓高8層,每一層都是不同的主題商品,例如漫畫、動畫周邊、DVD、CD、模型、雜誌、海報、Cosplay產品、同人本等,各種動漫迷必看必買的貨品都一應俱全,不時更有限定的商品販售,或是有作家的活動等,引來一眾書迷大排長龍,場面非常熱鬧。

INFO

🏠 豐島區東池袋 1-20-7 | 📞 03-3988-1351 | 🕐 10:00am-9:00pm | 🌐 www.animate.co.jp

---

『鬼殺隊』的制服,當然是熱賣商品。

無論是道具或化妝,Coser們都一絲不苟。

Map4-2/ **C4** Cosplay 聖地
⑩ **ACOS 池袋本店**

 JR 池袋駅東口步行 10 分鐘

「ACOS」是由動漫專門店Animate旗下的Cosplay專門店,位於Animate Annex的2-3F。這裡銷售的Cosplay用品,包括服飾、道具、假髮以至化妝品,都是獲原作者授權生產,品質絕對有保證。只要到店內行一圈,你就會明白每位Coser其實都非常認真,變裝其實一點都不兒嬉。

INFO

🏠 Animate Annex 2-3F | 📞 03-5979-7471 | 🕐 平日 1:00pm-8:00pm;星期六日及假日 12:00nn-7:00pm | 🌐 https://www.acos.me/

東京
通宵購物狂必去

Jeans Mate

Map4-2/ **C4** ⑪

🚕 JR 池袋駅西口步行 4 分鐘

深夜在池袋也想行街 Shopping？去 Jeans Mate 啦！這裡是主攻年輕人口味的衣物服飾店，營業至晚上 11 時。店內集齊 EDWIN、LEE、Levi's 三大牛仔褲品牌的商品，當然還有自家品牌的 Blue Standard 與 innocent Blue，更有惡搞版的動漫或電影話題 Tee。

INFO

🏠 豐島區西池袋 1-21-11 | 🕐 10:00am-11:00pm | 🌐 http://estore.jeansmate.co.jp

⑫ 大型二手漫畫專門店

Map4-2/ **C4** **K Books**

🚕 JR 池袋駅東口步行 10 分鐘 / 東京 Metro 東池袋駅步行 4 分鐘

K Books 原來是一家專門售賣二手漫畫書的店舖，隨市場而變，後來發展到兼售二手動漫產品，繼而引來更多的動漫發燒友到訪，人氣度媲美 Animate。店家還有提供專門為女動漫迷而設的商品，亦有大量 Cosplay 的服飾與周邊商品可供選購。

K Books 在池袋尚有多家不同主題的漫畫館。可到網站搜查位置。

INFO

🏠 豐島區東池袋 3-2-4 コーケンプラザ 2F | 📞 03-3985-5456 | 🕐 12:00nn-8:00pm | 🌐 www.k-books.co.jp

池袋

綜合

原宿

新宿

池袋

淺草

BL 同人本
まんだらけ Mandarake Ikebukuro

 JR 池袋駅東口步行 8 分鐘

與其他まんだらけ的分店不一樣，池袋店只賣一手及中古女性向、BL 系漫畫與同人誌商品，與其說是動漫精品店，倒不如說是針對腐女口味的專門店，店內的 BL 向漫畫與同人本收藏量不少，絕對是腐女們的天堂。

INFO

🏠 豐島區東池袋 3-15-2 ライオンズマンション池袋 B1F | 📞 03- 5928-0771 | 🕙 10:00am-8:00pm | 🌐 http://earth.mandarake.co.jp/shop/bkr

Map 4-2/ **C4** ⑭ 乙女向男性向之選
らしんばん池袋本店本館

 JR 池袋駅東口步行 3 分鐘

らしんばん池袋本店樓高兩層，地面是乙女向及聖鬥士星矢專櫃，樓上則是男性向專櫃，售賣男性向的同人本、18 禁漫畫、女聲優 CD 等。店內還設有一特價區，長期放置了店家精選的散裝漫畫、短篇套裝漫畫等供客人選購，價格都非常便宜。

INFO

🏠 豐島區東池袋 3-2-4 共永ビル 1-2F | 📞 03-3988-2777 | 🕙 12:00nn-8:00 pm | 🌐 www.lashinbang.com

二次元擬人化作品

Map4-2/ **C4**

K-Books 池袋擬人館 ⑮

🚕 JR 池袋駅東口步行 5 分鐘

K-Books 還設有一家擬人館，專門販售擬人化作品的周邊產品，例如人氣高企的《刀劍亂舞》、《義呆利》、《一血卍傑》等擬人化動漫作品周邊，不管是新品還是舊品都能找到。

INFO

🏠 豐島區東池袋三丁目 2-5 池袋サンシャインプラザ 1F | 📞 03-5979-5711 | 🕐 11:30am-8:00pm，星期六、日及假期由 11:00am 開始營業 | 🌐 www.k-books.co.jp/company/shop/gijin.html

⑯

Map4-2/ **B3**

名物竟是咖喱？
服部珈琲舍

🚕 JR 池袋駅東口步行 1 分鐘

服部珈琲舍在池袋算得上是一間老牌 Café，創業自大正 2 年，到現在已有百多年的歷史。雖然以咖啡廳為名，但是店內的名物卻是「咖喱飯」。既然說得是名物，味道自然有所保證，與一般的日式甜咖喱不同，店內的咖喱偏向辛口，更為惹味，絕對值得一試。

INFO

🏠 豐島區南池袋 1-27-5 | 📞 03-3971-2719 | 🕐 10:00am-10:00pm

青森 Mix 北海道

Ringo ⑰ **Map**4-2/ **C2**

🚕 JR 池袋駅東口步行 1 分鐘

Ringo 是北海道洋菓子店 KINOTOYA 旗下品牌，專門售賣新鮮出爐的蘋果批，蘋果與 custard 的原材料分別選用青森與北海道十勝新村牧場的牛奶，口感清爽，甜而不膩，每人限買 4 個，極受當地人喜愛。

INFO

🏠 豐島區東池袋 1-28-2 JR 池袋駅 1F | 📞 03-5911-7825 | 🕐 10:00am-10:00pm | 🌐 https://ringo-applepie.com

渋谷
原宿
新宿
池袋
淺草

池袋最矚目購物商場 Map 4-2/ **B5**
Sunshine City ⑱

🚕 JR 池袋駅步行 8 分鐘 / 東京 Metro 東池袋駅步行 3 分鐘

Sunshine City 集購物、飲食與娛樂於一身，就連展望台、World Import Mart 及文化會館也在場內，是到池袋必訪的商場，真的要花時間逛完全場的話，絕對要花上大半天。除了生活雜物、衣物服飾店外，場內還有 Pokémon Center、扭蛋百貨、Namja Town 等動漫主題的區域，絕對不容錯過。

INFO

🏠 豐島區東池袋 1-28-10 | 📞 03-3989-3331 | 🕐 10:00am-8:00pm | 🌐 www.sunshinecity.co.jp

Map 4-2/ **B3**
扭蛋扭到破紀錄

⑱ₐ 扭蛋百貨（ガシャポンのデパート）

扭蛋可算是日本的國粹，而位於 Sunshine City 三樓的扭蛋百貨（ガシャポンのデパート），竟然坐擁3000台扭蛋機，隨時扭到你破產。扭蛋機禮物相當豐富，由動漫人物到療癒系動植物模型通通有齊。

豐富又可愛的動漫公仔，令人欲罷不能。

扭蛋前可以先到網站看看不同扭蛋禮物的存貨。

INFO

🏠 Sunshine City World Import Mart 3F | 📞 050-5835-2263 | 🕐 10:00am-10:00pm | 💲 每次 ￥200-￥500 不等 | 🌐 https://bandainamco-am.co.jp/

東京
都內人氣水族館
Sunshine Aquarium ⑱b

1978年開館的 Sunshine Aquarium，是日本首個都市型的水族館，館內集結了來自世界各地約750種的生物，海陸空混合展示，還設有日本首個「水母隧道」，非常受小朋友歡迎。水族館以「天空的綠洲」為設計概念，分成室內與室外兩大展示區，在這裡不僅可看到超過3萬隻海洋生物，還有定時定候的可愛動物表演活動。

色彩繽紛的水母隧道。

在鬧市中欣賞海洋生物，感覺非常有趣。

INFO

🏠 Sunshine City World Import Mart 大樓屋頂 | 🕐 10:00am-6:00pm | 💲 成人¥2,400、中小學生¥1,200、4歲或以上兒童¥700、65歲或以上長者¥1,700，未滿4歲者可免費入場 | 🌐 www.sunshinecity.co.jp/aquarium

⑱c 人氣商店街
Sunshine city ALTA

ALTA場內小店將近70家，以女裝店為多，是區內女生的潮流指標商場之一。場內的店舖大多走原宿竹下通的個性風格，以年輕人為主要銷售對象，當然也有針對OL的服飾小店，以及便利上班族的經濟食堂。

INFO

🏠 Sunshine City World Import Mart B1-1F | ☎ 03-3989-1111 | 🕐 11:00am-8:00pm | 🌐 www.altastyle.com/sunshine

啖啖都可愛
SANRIO CAFÉ (18d)

Sunshine City 裡屬於《少年 Jump》的 J-World 剛結業，另一卡通霸主 SANRIO 即進駐。SANRIO CAFÉ 於 2020年6月開業，一眾超萌巨星 Hello Kitty、布甸狗、Melody 及 Little Twin Stars 落力坐陣。無論店內布置與食物，都是非常 IGable，加埋限定的紀念品，一眾迷哥迷姐只有乖乖投降。

可愛的大福可以外帶作手信

🏠 Sunshine City Alpa B1F | 📞 03-5985-5600 | 🕐 10:00am-9:00pm | 🌐 https://stores.sanrio.co.jp/8152100

室內主題公園
(18e) Namja Town

Namja Town 是日本最大型的室內主題樂園，早在1996年便已開幕，是區內的親子熱門地。場內集玩樂、飲食於一身，大走復古的昭和風與歐陸混搭風，也是拍照打卡的好地方。場內設有多個收費遊戲主題區，還有以貓為主題的室內遊戲場，動漫迷兼貓奴們可要注意呢！

🏠 Sunshine City World Import Mart 2F-3F | 📞 03-5950-0765 | 🕐 10:00am-10:00pm，最後入場 9:00pm | 💲 ¥800，各項遊戲另外收費，亦可以買一日通行票，每張¥3,500 | 🌐 www.namco.co.jp/tp/namja

寵物小精靈專門店
Pokémon Center Mega Tokyo

(18f)

涉谷

原宿

新宿

池袋

淺草

池袋Sunshine City內的Pokémon Center在日本分店當中可算是面積最大、貨品種類也較其他分店齊備。店內收藏了各系列的寵物小精靈公仔、模型、文具、食物禮盒、小家品等周邊精品，數量更達2,500件之多，令人眼花繚亂。如果在自己生日的月份到訪惠顧的話，只需出示證明文件便可享95折優惠。

INFO

🏠 Sunshine City Alta 2F | ☎ 03-5927-9290
| 🕐 10:00am-8:00pm | 🌐 www.pokemon.co.jp

(18g) 姆明一族原創飲品
Moomin Stand

這家Moomin Stand是都內的第二家分店，提供各種姆明家族的主題飲品，原創口味飲品多達16種，當中更有季節限定的味道。店內還有提供姆明造型的鬆餅，有原味、朱古力及水果等6種口味可選，造型也十分可愛。

INFO

🍹 Sunshine City Alta B1F | ☎ 03-5957-0263 | 🕐 10:00am-8:00pm
| 🌐 www.moomin.co.jp/spot/moomin-stand

24小時地道超市 ⑲ Map4-2/ B5
SEIYU Supermarket

🚕 JR 池袋駅東口步行 15 分鐘

Sunshine City 附近有一家平民超市——西友，店內共有兩層，地下部分24小時營業，主要售賣新鮮的蔬果、食物、飲品及生活用品，食品部在深宵時還會推出促銷，很多便當、麵包及壽司都享有7至9折的優惠，非常抵買！而2樓則是售賣零食、日用品，住在附近的朋友可要留意。

INFO

🏠 豊島區東池袋 4-27-10 | ☎ 03-3989-4300 | 🕐 24 小時 | 🌐 www.seiyu.co.jp

---

⑳ 博多人氣拉麵
Map4-2/ D3 一蘭

🚕 JR 池袋駅東口步行 3 分鐘

位置隱於小巷之中，客人以上班族為多，除去繁忙的午飯時段，店內的位置也算鬆動。一蘭的特色是可先選拉麵軟硬度、湯底的濃淡等，算是非常個人化的拉麵店。現在店內已備有中文的菜單，方便旅客點餐之用。

INFO

🏠 豊島區東池袋 1-39-11 サニーサイド大廈 102 | ☎ 03-3989-0871 | 🕐 24 小時 | 🌐 www.ichiran.co.jp

---

博多人最愛牛腸鍋 Map4-2/ C2
博多もつ鍋 おおやま ㉑

🚕 JR 池袋駅東口步行 3 分鐘

來自博多的人氣牛腸鍋在池袋也設有分店，おおやま的牛腸採用的是九州產優質黑毛和牛的牛腸，肥美飽滿，吃起來也帶點彈滑爽勁，而且加入了10種味噌以調製的湯底更是惹味非常，絕對是能讓人一吃再吃的美味料理。

 INFO

🏠 豊島區東池袋 1-28-2 池袋パルコ本館 8F | ☎ 03-6912-5323 | 🕐 11:00am-11:00pm

淺草
Asakusa

交通策略

涉谷駅	新橋駅	銀座駅		
秋葉原駅		上野駅	 銀座線	淺草駅
新橋駅	東銀座駅	日本橋駅	🔵 都營淺草線	
涉谷駅	表參道駅			押上駅
大手町駅	清澄白河駅		Ⓜ 半蔵門線	
TX秋葉原駅	TX新御徒町駅		**TX** 筑波快線	TX淺草駅

日日都過節 Map5-2/ D2
淺草橫町 01

2022年開幕

 東京 Metro 淺草駅步行 8 分鐘

　　日本的傳統節慶特別多，為了讓遊客一次過玩盡全國的節慶祭典，淺草特別於2022年7月開設了「淺草橫町」，主題就是365日開心過祭。場內滿布各類祭典元素，例如提燈、團扇、風鈴等，配上色彩繽紛的霓虹燈裝飾，周末更會上演阿波舞及盆舞等傳統舞蹈炒熱氣氛，遊客仲可以租和服打卡留念。場內暫時有7間食肆，有壽司店、串燒、居酒屋及韓國料理，喪玩之餘又有美食「打牙祭」。

INFO

🏠 台東區淺草 2-6-7 東京樂天地ビル 4F | 🕐 12:00nn-11:00pm
| 🌐 https://asakusayokocho.com/

店內有許多打卡位方便客人拍照。

場內不定時有傳統歌舞炒熱氣氛。

食肆選擇不算多，但氣氛勝在開心熱鬧。

遊客可以租和服打卡玩樂。

北

26

浅草駅
筑波快速線
出1
出2
出3
出4
出5

01

28

27 30

29

往新御徒町駅
江戸通り

31

32

16 雷門通

A B C D

1

2

3

4

言問通り

新仲見世通り

仲見世通り

東瓦γ淺草駅

出7

出6

出8

出5

出1

出2

出8

出5

淺草駅

出2

出A5

出4

出A4

出A3

淺草駅

出A1

出A2

淺草線

車線

前駅

MAP 5-2

淺草

東京

淺草必到地標

Map5-2/ **F2**

金龍山淺草寺

02

🚗 東京 Metro 淺草駅 1 號出口步行 8 分鐘，按照「雷門 淺草寺」的指示牌便可

淺草寺在西元628年興建，傳説中有兩位兄弟，某天在隅田川捕魚之際撈起一尊觀音像，他們把觀音像放回水中不久又再次打撈起。消息傳開後，大家便認為這是聖物，並有了興建觀音寺的想法，隨後有位地主更把自己的府邸改建成金龍山淺草寺。在江戶時代，這裡是文化和信仰的中心所在，現在除了是當地人每年都會去參拜的地方外，也是淺草的觀光重地。

🏠 台東區淺草 2-3-1 | ☎ 03-3842-0181
| 🕐 24 小時 | 🌐 www.senso-ji.jp

淺草寺一帶重要日子

1月1日-1月7日	新年大祈禱會	新年祈願活動。
約2月2日至4日其中一日	節分會	節分在立春前一日，舉行撒豆活動趕走妖魔。
4月8日	仏生会	慶祝佛祖誕生之日。
5月20-22日左右	三社祭	江戶三大祭之一，約有100座神像一同巡遊。
7月9日至10日	四万六千日	在這天到淺草寺參拜等於46,000日功德。
7月30日	隅田花火大會	會發放2萬枚煙花。
12月17日至19日	羽子板市	18日也是觀音的「結緣日」，在淺草寺內會有一個羽子板市場。

到淺草寺參拜二三事：

1. 先到手水舍洗手洗口。手水舍也有教大家潔淨的方法。

2. 走到本堂，投下硬幣，再九十度鞠躬，然後閉上眼誠心並向神明説出願望。祈願完畢，再一次鞠躬。

3. 如想求籤，可到旁邊領取籤筒，先自行投入100円，再拿起籤筒誠心求籤。

4. 籤筒上有一小洞，木籤會掉下來。

5. 根據木籤上的號碼，再從前方相應的抽屜取籤文。

6. 淺草寺的籤文背後有英文説明。

7. 有人説如果籤文是凶的話，便要放在架上祈願，有人則説無論求得甚麼結果，一年後才要帶回來掛上架祈願。至於用哪種方法，悉隨尊便。

雷門

人們經常提到的「雷門」，由於門的兩側放有守護觀音的兩大門神——風神、雷神，故正式的名稱應叫作「風神雷門」。現在於雷門中央掛上的大燈籠有4米高，燈籠是擁有280年歷史的老店——「高橋提燈」所製作，非常有特色。

五重塔

高53米的五重塔，原來於西元942年建成，不幸在1973年因一場大火而慘遭摧毀，及後重建成現在的模樣。五重塔的五重代表著地、水、火、風、空，這五種組成世界的元素，在塔的最上層更收藏著來自斯里蘭卡的釋迦牟尼舍利子。

古老商店街參道
仲見世通 ③ Map5-2/ F3

🚕 東京 Metro 淺草駅 1 號出口步行 3 分鐘，按照「雷門淺草寺」的指示牌便可

到淺草寺首先要穿過雷門，然後迎來的便是仲見世通，它是德川幕府時便已誕生的產物。仲見世通非街道名稱，而是指通往寺廟或神社內的商店，有如商店林立的「參道」的意思，逾88間古早味小店，從食物至手信工藝品一應俱全，要逛盡相信都要花上一至兩小時。

INFO

🏠 台東區淺草 1-18-1 | 🕐 9:00am-8:00pm，不同店鋪各異 | 🌐 www.asakusa-nakamise.jp

---

必吃人形燒老店
木村家本店 ④ Map5-2/ F3

🚕 仲見世通步行 4 分鐘

木村家本店可算是離淺草寺最近的一家人形燒專門老店，自從明治元年創業至今一直屹立不倒。店內的人形燒造型非常多變化，主要是參考與淺草寺有關的事物而定型，例如五重塔、雷門、寺院、燈籠、鴿子等，是來淺草必吃的小食之一。

INFO

🏠 台東區淺草 2-3-1 | 📞 03-3841-7055 | 🕐 10:00am-6:00pm | 🌐 www.kimura-ya.co.jp

---

人氣糰子菓子屋
喜久屋 ⑤ Map5-2/ F4

🚕 仲見世通步行 4 分鐘

喜久屋是人氣的糰子和菓子店，他們的糰子口味不多，味道亦非常傳統，基本口味如醬油味，便是在剛蒸熟的糰子上抹上一層甜甜的醬油，一串有3個，是當地小孩愛吃的零食。最近，店內也推出了包有餡料的口味，如芝麻、紅豆或季節限定的食材等，新鮮感不斷。

INFO

🏠 台東區淺草 1-20-1 | 📞 03-3841-5885 | 🕐 10:00am-5:30pm，星期一休息 | 🌐 www.kikuya-nakamise.com

東京

淺草名物人形燒　**06**

三鳩堂　Map5-2/ F3

🚗 仲見世通步行 5 分鐘

　三鳩堂的人形燒在旅客之間非常受歡迎，一口大小且不限購買件數的服務，讓大家都樂於選購試吃，有不少人更是吃完立刻回頭大買特買。每一件香甜鬆軟的人形燒都是即日新鮮人手製作，沒有加入任何的添加劑，所以還是建議即買即吃，若非選購真空包裝的話，只能存放4天，大家選購時務必留意。

INFO

🏠 台東區淺草 1-37-1 | 📞 03-3841-5079 | 🕘 9:00am-7:00pm

Map5-2/ F3　小孩子的玩具

07 # TOYS・テラオ

🚗 仲見世通步行 5 分鐘

　若有小朋友到訪淺草的話，這間玩具店絕對不容錯過。店內售賣各類型的玩具模型，例如豆腐君、機械人、Barbie 等童年玩偶都有發售，門口也設有小型扭蛋機。除了小朋友買得開心，就連大人也能在店內找回昔日的童年回憶。

INFO

🏠 台東區淺草 1-20-1 | 📞 03-3841-5451 | 🕘 10:00am-7:00pm

日本傳統人偶　Map5-2/ F4

人形のむさしや　**08**

 仲見世通步行 4 分鐘

　人形のむさしや專門售賣日本的傳統人偶，亦即是日文的「人形」。他們的人偶款式非常多元化，比如佔大多數的是穿上各種日本傳統花紋和服的人偶，還有藝妓、招財貓等都是人氣的款式。在店內還能找到新年時小孩子愛玩的「羽子板」，玩法與羽毛球有點相似，除了傳統的包裝款式，還有新穎的卡通造型可選。

INFO

🏠 台東區淺草 1-20-1 | 📞 03-3841-5451 | 🕘 10:00am-7:00pm

傳統和式甜品 ⑨　Map5-2/ F4
淺草きびだんご　あづま

 仲見世通步行 2 分鐘

　　店內除了售賣香甜的糰子、和菓子手信外，還有售賣甘酒、抹茶等飲品。每逢冬天，當地女士總愛喝上一杯熱騰騰的甘酒，採用長野縣產的純米大吟釀製造，由於經過高溫加熱以致酒精也淡而揮發了，甜而不膩的口感，在冬日裡絕對是暖胃佳品。店內的糰子也是招牌商品，沾上黃豆粉的糰子，鹹甜適中。

INFO 🏠 台 東 區 淺 草 1-18-1 | 📞 03-3843-0190 | 🕘 9:00am-7:00pm | 🌐 http://aduma.tokyo/kibidango/

⑩
手工燒製仙貝
壱番屋

Map5-2/ F3

🚕 仲見世通步行 4 分鐘

　　明治17年創業至今的壱番屋，是手工燒製仙貝的老店。店內的仙貝口味多達24種，例如醬油味、紫菜味、柚子味、梅味、唐辛子味等。如果想不到要買甚麼口味的話，不妨看看店內的人氣推薦，例如第一位的「黑こしょうせんべい」、第二位的「サラダ」沙律味、第三位的「七味唐辛子」等，都能作為參考。

INFO 🏠 台東區淺草 1-31-1 | 📞 03-3842-5001 | 🕘 8:00am-7:00pm | 🌐 www.senbei-yaketayo.com

---

江戶趣味小玩具店 ⑪
助六　Map5-2/ F3

 仲見世通步行 5 分鐘

　　助六是從1886年創業至今的江戶趣味小玩具店，算是日本唯一以此為主題的小店。店內販售各類江戶風的小玩具，主題以當地庶民的生活風貌為主，還有吉祥物ざる犬，價格從千多日圓起跳，每件都非常精緻。

INFO 🏠 台東區淺草 2-3-1 | 📞 03-3844-0577 | 🕘 10:00am-6:00pm

東京

日式炸饅頭

九重 ⑫

Map5-2/ **F3**

🚗 仲見世通步行 4 分鐘

あげまんじゅう，即中文的炸饅頭，同樣是淺草的名物，在仲見世通內便有幾家即製即賣的小店，比如這家「九重」便是其中一家人氣店。在1995年開店的九重，提供5種口味的炸饅頭，與其他店不同，店內提供散買的服務，可以一件一件地買，適合欲試試味道口感的朋友。

INFO

🏠 台東區淺草 2-3-1 | 📞 03-3841-9386 | 🕐 9:30am-7:00pm

Map5-2/ **F3**

百年拔絲番薯

⑬ おいもやさん興伸

🚗 仲見世通步行 4 分鐘

最低消費是200克

おいもやさん興伸是淺草的百年老店，店內招牌便是「大學芋」，即是炸過的甜番薯。相傳戰後大學生因為貧窮而無法吃到甜品，所以有些店家為了鼓勵他們，便創作了這款小吃。香脆的外皮包裹著軟綿的番薯，外面再淋上一層糖漿，甜上加甜。

INFO

🏠 台東區淺草 1-37-1(仲見世店) | 📞 090-4259-8899 | 🕐 9:30am-6:00pm
| 🌐 www.oimoyasan.com

天婦羅名店

大黑屋 ⑭

Map5-2/ **F3**

🚗 仲見世通步行 6 分鐘

大黑家的天婦羅是淺草的名物，也是明治20年開業至今的老店，和式的建築裝潢頗有味道。店內的招牌是「海老天丼」，炸的蝦子非常新鮮且肥美，香脆惹味，淋上特製的秘方醬汁，十分下飯。

INFO

🏠 台東區淺草 1-38-10 | 📞 03-3844-1111 | 🕐 11:00am-8:30pm，星期六及假期至 9:00pm | 🌐 www.tempura.co.jp

渋谷　原宿　新宿　池袋　淺草

江戶文字燒
ひょうたん

Map5-2/ **F3**

仲見世通步行6分鐘

來到東京自然也要吃吃名物文字燒，在淺草有一家充滿下町風情的江戶風老店——ひょうたん，主打江戶文字燒，最受歡迎的組合配搭是內含魷魚與櫻花蝦的文字燒，可另外加入咖喱口味，或是選擇傳統味的日式炒麵，選擇繁多，風味尤佳。

INFO
🏠台東區淺草1-37-4 | 📞03-3845-0589 | 🕐11:00am-4:00pm，星期一至四休息

---

16 百年天婦羅蕎麥麵
尾張屋

Map5-2/ **D4**

東京 Metro 淺草駅1號出口步行5分鐘

自明治3年創業至今，尾張屋是當地出名的蕎麥麵老店，手工製作的蕎麥麵，在不同季節便會推出限定的口味。除了蕎麥麵外，店內的炸蝦天婦羅也是NO.1的人氣之選，以香濃的芝麻油炸成，油膩感減少，蝦和粉漿亦不會分離，口感剛好，價格實惠。

INFO
🏠台東區淺草1-7-1 | 📞03-3845-4500 | 🕐11:30am-8:00pm，星期五休息 | 🌐www.asakusa-umai.ne.jp/umai/owariya.html

---

文字燒老店
Map5-2/ **E3**
六文錢 本店

17

東京 Metro 淺草駅1號出口步行6分鐘

東京的文字燒創自淺草台東區，而這家六文錢則是在這區創業二十多年的老店，店內同時還有大阪燒可供選擇。文字燒是一人份起跳，另外還可額外加配料，例如芝士、童星點心麵、咖喱等等，味道不俗。

INFO

🏠台東區淺草1-16-9 | 📞03- 3843-5335 | 🕐平日4:30pm-10:00pm，星期六日及假日11:00am 開始營業
| 🌐www.rokumonsen.co.jp

東京

老東京情懷

神谷バー

Map5-2/ **G4**
⑱

🚕 東京 Metro 淺草駅 3 號出口步行 2 分鐘

　　1880年創業的神谷バー算是淺草區內的標誌性建築。在明治時期時，商品若冠上「電氣」二字便予人舶來高級品、流行事物的感覺，而店內招牌調酒電氣白蘭地也是因此而成為了淺草的名物，濃度更高達40度。這裡提供每天更改的午餐及晚餐套餐，有和式與西式之分，味道不錯，不過，食客更看重的還是那份老東京的懷舊感。

INFO
🏠 台東區淺草 1-1-1 | 📞 03-3841-5400 | 🕐 11:00am-9:00pm | 🌐 www.kamiya-bar.com

---

淺草的故事

⑲ 淺草文化観光センター

Map5-2/ **F4**

🚕 東京 Metro 淺草駅 2 號出口步行 1 分鐘

　　在2012年開幕的淺草文化観光センター，前身是地區案內所，現在的大樓是邀請了知名建築家隈研吾來重新設計，成為近年淺草的一個新注目點。樓高9層的觀光中心，從地下1樓至8樓都設有不同的主題展示區，讓大家能了解淺草的文化故事，1樓也有會說中文和英語的職員，為遊客解答各種疑難。

INFO
🏠 台東區雷門 2-18-9 | 📞 03-5246-1111 | 🕐 9:00am-8:00pm，8 樓展望層 11:00am-7:00pm

必吃天婦羅老店
三定 **Map**5-2/ **F4** ⑳

🚕 東京 Metro 淺草駅 1 號出口步行 1 分鐘

擁有超過170年歷史的三定，在天保8年即1897年便已創業，是淺草其中一家天婦羅的名牌老店，人氣長期高企。日本人説到淺草都愛説：「一淺草、二觀音、三三定」，意思即是來淺草必要吃三定，可想而知這家店在國內有多知名。三定的天婦羅採用傳統的製法，裏上秘製粉漿並以芝麻油炸，雖然成本偏高，但是口感惹味香脆，油而不膩，難怪回頭客如此之多。

中かき丼。¥2,550。

並天丼，有野菜、天婦羅蝦和竹夾魚等，¥1,460。

INFO

🏠 台東區淺草 1-2-2 | 📞 03-3841-3200 | 🕐 11:00am-8:30pm | 🌐 www.tempura-sansada.co.jp | 💲 ￥1,500 起

妙手組紐屋職人
桐生堂 **Map**5-2/ **F3** ㉑

🚕 東京 Metro 淺草駅 1 號出口步行 3 分鐘

桐生堂創業於明治9年，以傳統的「組紐屋」起家。組紐與中國的繩結工藝有點類似，也是利用不同素材的繩子編織出多種花樣的手工藝品，每款也是獨一無二的，都是職人們長年累積下來的經驗與靈感所創作的作品。

INFO 🏠 台東區淺草 1-32-12 | 📞 03-3847-2680 | 🕐 10:30am-7:00pm

Map5-2/ **G3**

㉒

古今並存百貨
EKIMISE

🚕 東京 Metro 淺草駅 7 號出口步行 1 分鐘 /
都營淺草駅 A5 出口步行 3 分鐘

在東武淺草駅上蓋的 EKIMISE，為了把1931年關東第一家併設百貨店的概念重新呈現，遂以昔日的「淺草雷門駅」商場大樓原址作基礎，把 EKIMISE 與松屋淺草店合併起來，讓新潮時尚的服飾店與傳統古老的品牌共存一室，揉合古今。頂層亦設有觀景台，景致開揚之餘，還能欣賞到晴空塔。

INFO 🏠 台東區花川戶 1-4-1 | 📞 03-6802-8633 | 🕐 商店 10:00am-8:00pm，餐廳 11:00am-10:00pm | 🌐 www.ekimise.jp

東京

穿梭台場與淺草

水上巴士 Himiko/Hotaluna

Map5-2/ G4

(23)

東京 Metro 淺草駅 5 號出口步行 5 分鐘
至登船碼頭

在晴空塔未出現之前，大家都愛把台場安排在淺草的行程之後，因為在這裡可以直接搭乘水上巴士沿隅田川前往台場。這兩部水上巴士自2004年便開始運行，分別為「Himiko ヒミコ」、「Hotaluna ホタルナ」，由《銀河鐵道999》、《宇宙海盜夏羅古》的作者松本零士所親自設計，外型充滿科幻感。沿途可由海上觀看東京鐵塔、晴空塔、台場彩虹大橋等多個東京當地地標建築。到了晚上還會開著LED燈，更有種乘坐未來交通工具穿梭於淺草與台場之間的錯覺，浪漫非常。

沿途可欣賞隅田川兩岸東京著名地標。

INFO

🏠 淺草一丁目吾妻橋 | ☎ 0120-977-311
| 🌐 http://www.hotaluna.com/

晚上亮起五彩十色的燈，感覺更夢幻。

遇上櫻花怒放，更是美不勝收。

Hotaluna 行程

航行路線	淺草～日出棧橋～台場海濱公園～淺草
班次間隔	1天2班左右
費用（單程）	淺草～日出棧橋：1,200日圓（兒童600日圓）
	日出棧橋～台場海濱公園：860日圓（兒童430日圓）
	台場海濱公園～淺草：1,720日圓（兒童860日圓）
	淺草～台場海濱公園：1,720日圓（兒童860日圓）
所需時間	約1小時（淺草～台場海濱公園）

Himiko 行程

航行路線	淺草～台場海濱公園～淺草
班次間隔	1天2班左右
費用（單程）	淺草～台場：1,720日圓（兒童860日圓）
	台場～豐洲：840日圓（兒童420日圓）
	豐洲～淺草：1,200日圓（兒童600日圓）
	淺草～豐洲：2,220日圓（兒童1,110日圓）
所需時間	淺草～台場 約1小時
	台場～豐洲 約30分鐘

世界最濃抹茶 Gelato
壽々喜園　㉔　Map5-2/ F1

東京 Metro 淺草駅 6 號出口步行 10 分鐘

壽々喜園是擁有逾150年歷史的日本茶專門店，2016年與靜岡縣丸七製茶旗下的 Sweet Factory ななや合作，推出首創的7種濃度抹茶 Gelato，由獲農林水產大臣賞的靜岡縣藤枝產碾茶製作，顏色最淺的是1號色，味道較淡，而7號色最為翠綠，茶味較濃郁，更被稱為「世界最濃抹茶 Gelato」，身為抹茶甜品的愛好者絕對不容錯過！

NO.7的世界最濃抹茶 Gelato

INFO
🏠 台東區淺草 3-4-3 | 📞 03-3871-0311 | 🕐 11:00am-5:00pm | 🌐 www.tocha.co.jp

---

㉕ **Map**5-2/ **E2** 悠久歷史遊樂場
花やしき淺草花屋敷

東京 Metro 淺草駅 6 號出口步行 10 分鐘 / 筑波快線淺草駅步行 6 分鐘

在淺草寺附近有個充滿古早風味的遊樂場，自1853年開業至今，是日本歷史最悠久的遊樂場。遊樂場的地標性設施 Bee Tower，可以眺望淺草全區景致外，還曾在日劇中多次出現。場內遊樂設施還是挺多元化的，共有二十多種遊玩設施，既是親子旅行愛訪的場所，也是當地情侶愛逛的約會點。

INFO
🏠 台東區淺草 2-28-1 | 📞 03-3842-8780 | 🕐 10:00am-6:00pm | 💲大人 ￥1,000、5歲至小學生及 65 歲以上長者 ￥500，園內各種設備另外收費 | 🌐 www.hanayashiki.net

東京

廚具雜貨控天堂　Map5-2/ B1

合羽橋道具街 ㉖

🚕 筑波快線淺草駅步行 7 分鐘／東京
Metro 田原町駅步行 8 分鐘

涉谷

原宿

淺草的合羽橋道具街是為日本廚具雜貨控而設的
天堂，在這裡大家都能以合理的價格或低於市面上售
賣的價格來選購心儀的日本廚具用品，例如和洋的餐
具、食器、廚具、鍋釜等，還有一些相關的雜貨與飾
品等。從南至北，長達約800公尺的街道之中，便有
約170家的專賣店，隨便一逛便也花上半天時間了。

新宿

池袋

INFO

🏠 台東區松ガ谷 3-18-2 ‖ 📞 03-3844-1225 ｜ 🕐 9:00am-5:00pm，
不同店舖各異 ｜ 🌐 www.kappabashi.or.jp

淺草

手工帆布職人品牌　Map5-2/ B3

犬印鞄製作所 ㉗

🚕 筑波快線淺草駅步行 7 分鐘／東京 Metro 田原町駅步
行 8 分鐘

來自東京的犬印鞄製作所是當地人氣度很高的手工
帆布店，本店位於除馬通，淺草設有兩家分店。店內擺
放了大量帆布製的產品，例如手袋、環保袋、相機袋、
奶粉袋、文件袋等等，種類繁多，款式簡約大方，選料
結實，最重要的是店內還提供度身訂造手袋，同時更配
合繡名服務，過程只需15分鐘，非常貼心。

INFO

🏠 台東區松ガ谷 2-12-7 ｜ 📞 03-3844-5377 ｜ 🕐
10:00am-6:30pm ｜ 🌐 www.inujirushikaban.jp

前熊澤鑄物店　Map5-2/ B2
釜淺商店　㉘

🚕 筑波快線淺草駅步行 7 分鐘 / 東京 Metro 田原町駅步行 8 分鐘

　釜淺商店的前身是「熊澤鑄物店」，現在店主已到了第四代目，一直承襲先祖對食器用具的堅持，為了提供真正好用的廚具給客人，所以店內的鍋碗都是由店家精挑細選的上乘產品，例如南部的鐵口器、鐵鍋、手工質銅鍋或平底鍋等，幾乎是鍋的專門店。

INFO

🏠 台東區松が谷 2-24-1 | 📞 03-3841-9355 | 🕐 10:00am-5:30pm
| 🌐 www.kama-asa.co.jp

Map5-2/ A3　可口可樂迷必逛
㉙　志村製作所

🚕 筑波快線淺草駅步行 8 分鐘 / 東京 Metro 田原町駅步行 6 分鐘

　在1952年創業的志村製作所，本來是銷售陳列架的商店，後來因為店家對美國懷舊物件的喜好，繼而引進了美式酒吧用的懷舊物品、美國荷里活的經典藝人宣傳照、可口可樂的各種類型收藏品等，數量豐富，猶如一個小型博物館。

INFO

🏠 台東區松が谷 1-11-8 | 🕐 9:30am-5:00pm，星期日休息 | 📞 03-3841-2993 | 🌐 www.shimura-s.co.jp

涉谷　原宿　新宿　池袋　淺草

食具專門店
風和里 **Map**5-2/ **B3** ③⓪

🚕 筑波快線淺草駅步行 7 分鐘 / 東京 Metro 田原町駅步行 7 分鐘

　　風和里店內的設計格調非常簡約,與其主張的生活品格相若,這裡是一家主要販售以白山陶器為代表的和風與洋風食具專門店。從碗、碟、茶具、餐具乃至餐盤、小物等,價格自￥100起便有交易,是當地家庭主婦愛逛的人氣食具店之一。

🏠 台東區西淺草 2-6-6TDI ビル 1F | 📞 03-5806-8588 | ⏰ 9:30am-6:00pm | 🌐 www.kwtdi.com/jp_tdi2shop.html

Map5-2/ **A4** ③①

繽紛餐具
Dr. Goods

🚕 筑波快線淺草駅步行 10 分鐘 / 東京 Metro 田原町駅步行 4 分鐘

　　Dr. Goods 是擁有六十多年經營歷史的川崎商店的姊妹店,主要售賣從世界各地搜羅回來的廚具、餐具及烘焙品牌用品。店內的產品以色彩繽紛為主,部分產品造型還兼備趣味性與實用度,款式選擇五花八門。店內定期推出打折促銷的商品,大家可以趁機看看當中有沒有心水。

🏠 台東區淺草 1-4-8| 📞 03-3847-9002 | ⏰ 10:00am-6:00pm,星期日及一休息 | 🌐 www.dr-goods.com

大型食具用品店 **Map**5-2/ **A4**
二イミ洋食品店 ③②

🚕 筑波快線淺草駅步行 10 分鐘 / 東京 Metro 田原町駅步行 4 分鐘

　　二イミ洋食品店是在1907年創立的洋食品店,算是區內比較大型的食具用品店,樓高11米,建築上還有大型的珍寶廚師像,非常奪目好認。店內提供多達5萬件商品,當中包括洋式與中式的廚具用品,例如漆器、木製品、酒杯、西式茶杯、各種製麵工具、便當用具等,種類選擇多不勝數。而且店內常提供特價促銷品,偶爾會找到驚喜呢!

🏠 台東區松ガ谷 1-1-1 | 📞 03-3842-0213 | ⏰ 10:00am-5:45pm,星期日休息 | 🌐 www.kappabashi.or.jp/shops/117.html

日本第一塔 ㉝ Map5-18
Sky Tree 晴空塔

東京 Metro、都營及東武伊勢崎線押上駅直達 / 出淺草駅後走過吾妻橋，步行 15 分鐘

由於日本的電視台播已逐漸被數碼廣播取代，東京鐵塔不敷應用，所以必須建造新的發射塔。經歷過2011年的311東日本大地震考驗，2012年開幕的Sky Tree晴空塔成為復興日本的希望。

Sky Tree高634米，比東京鐵塔高足足一倍，所以它於2011年獲得健力士世界紀錄大全認證為「世界第一高塔」。這裡採用了日本傳統「五重塔」作基本概念而設計，加上上佳的防震技術，揉合了傳統與現代的技術。

天望回廊

天望甲板

INFO

🏠 東京都墨田區押上 1 | 🕗 8:00am-10:00pm | 💲平日 成人 350 米天望甲板 ￥2,100，450 米天望回廊另付 ￥1,000 | 🌐 www.tokyo-skytree.jp | 📧 網上預訂門票有額外優惠

涉谷

原宿

新宿

池袋

淺草

從淺草走過去晴空塔，也可以拍到東武鐵道跟晴空塔。

晚上的晴空塔。

晴空塔附近的河川旁有幾棵早開的河津櫻，大概3月中至3月下旬會開花。

在隅田川淺草的一邊，可以拍到另一個角度的晴空塔。

350m Tembo Deck 天望甲板

天望甲板位於地上350米，配以360度全方位展望台，乘每分鐘600米的高速升降機大約50秒便可到達。這裡用上5米高的大型玻璃，可以眺望從塔底至70km遠處，視野相當震撼。天氣好的時候，還可遠眺富士山，在12月至2月的時間會較易看到。

大家可以買到當日券，如果時間許可，上午9點來人不會太多。

450m Tembo Galleria 天望回廊

天望回廊離地450米，必須先到達天望甲板參觀，在那裡購票才可前往。天望回廊以管形玻璃結構相連，升降機先載到445米，入場人士可以沿環形斜路漫步到450米，好像空中散步的感覺。

場內設有玻璃地板，畏高的人士就不要靠近會比較好。

這是最高點Sorakara Point，已到達451.2米高。

沿回廊步行到451.2米的位置。

從450米看下去，比350更有震撼力。

晴空塔出品

The Sky Tree Shop

　　Sky Tree Shop在1F、5F及345F，這裡有許多晴空塔出品的商品，也有不少和其他品牌合作的東西，是買手信的好地方。特別是晴空塔吉祥物Sorakara的產品，許多是只有在這裡發售，切勿錯過。

這裡可以有退稅服務。

除了退稅，還有行李寄存和送遞服務，買多了可以直接送到酒店。

INFO

🏠 1 樓 Tower Yard | 🕐 8:30am-9:30pm

靚景歎咖啡

Sky Tree Café

　　Sky Tree Cafe在天望甲板其中兩層，行完兩個展望台之後，在340樓的Cafe吃一杯只有這個才提供的Sky Tree芭菲。盡量都要走到窗口的座位，因為可以欣賞東京市的美景。350樓的Sky Tree Café則只有站席，但比較易搵位。

INFO

🏠 天望甲板 340 樓及 350 樓（立食） | 🕐 8:30am-9:45pm

商店街樓層
東京晴空街道
SOLAMACHI

來到晴空塔除了看市景，還有一個可以讓大家逛個半天的地方，就是東京晴空街道SOLAMACHI。這裡引入押上及墨田這兩個老區的老店進駐，設計了「新•下町流」的商店街樓層，大概有三百多家商店，1樓是商店街，2樓及3樓是生活雜貨、服飾及美食廣場，4樓集中展示日本傳統文化的紀念品店，也有餐廳及水族館，而7樓則設有天象廳「天空」。

INFO
🌐 www.tokyo-solamachi.jp

涉谷
原宿
新宿
池袋
淺草

Hello Kitty Japan

INFO
🏠 4樓9番地 | 🕐 10:00am-9:00pm
| 🌐 www.sanrio.co.jp

nanoblock

迷你積木專賣店。 Nanoblock Store

INFO
🏠 4樓10番地 | 🕐 10:00am-9:00pm
| 🌐 www.diablock.co.jp/nanoblock

Nippon Ichi 日本市

日本市是中川政七商店的旗下一個品牌，這裡有很多富士山作藍本的商品。

INFO
🏠 4樓10番地 | 🕐 10:00am-9:00pm
| 🌐 www.yu-nakagawa.co.jp

NHK Character Shop NHK電視台的專門店。

INFO
🏠 4樓45番地 | 🕐 10:00am-9:00pm
| 🌐 www.nhk-character.com

塩屋　塩屋

這店來自沖繩，搜羅了世界各地的鹽。

INFO

🏠 4 樓 45 番地 | 🕐 10:00am-9:00pm
| 🌐 http://www.shop-ma-suya.jp/

二木の菓子

日式傳統菓子專賣店。

INFO

🏠 2 樓 2 番地 | 🕐 10:00am-9:00pm
| 🌐 http://www.nikinokashi.co.jp/

東京カンパネラ

香濃 3 層夾心朱古力貓舌餅，是晴空塔的人氣手信之一。

INFO

🏠 4 樓 9 番地 | 🕐 10:00am-9:00pm
| 🌐 https://tokyo-campanella.com

POKÉMON　**Pokémon Center**

這是第 3 間在東京的分店，種類相當豐富。

INFO

🏠 4 樓 11 番地 | 🕐 10:00am-9:00pm
| 🌐 www.pokemon.co.jp/gp/pokecen

Tomica

INFO

🏠 3 樓 3 番地 | 🕐 10:00am-9:00pm | 🌐 www.takaratomy.co.jp/products/tomicashop/shop/sora.htm

どんぐり共和國

宮崎駿電影的專門店，龍貓當然是最受歡迎。

INFO

🏠 2 樓 12 番地 | 🕐 10:00am-9:00pm
| 🌐 www.benelic.com/service/ donguri.php

Rilakkuma Store

INFO

🏠 3 樓 3 番地 | 🕐 10:00am-9:00pm
| 🌐 http://blog.san-x.co.jp/rilakkuma-store/

鎌倉あきもと

嚴選鎌倉土產，包括著名的泡菜及醃菜。

INFO

🏠 1 樓 11 番地 | 🕐 10:00am-9:00pm
| 🌐 https://www.akimoto.co.jp/kamakura_akimoto/

推薦餐廳

濃郁沾麵
六厘舍

六厘舍主打的是沾麵（つけ麵），晴空塔店跟東京駅店都同樣超人氣，中午未到已開始大排長龍。這裡的魚介豬骨湯頭非常濃郁，因為是沾麵的關係，湯汁會比較濃稠（吃時把麵條沾湯汁），吃完後加入一些清湯，再把湯喝下。

INFO
🏠 6 樓 11 番地 | 🕐 10:30am-11:00pm | 🌐 http://rokurinsha.com

廣島御好燒
お好み焼みっちゃん 本店

御好燒又稱為什錦燒，源於日本廣島地區，吃法近似大阪燒，都是在鐵板上加上粉漿，再加上蔬菜、肉類、魚類和貝類等材料。御好燒與大阪燒最大的分別是前者會加入大量香蔥及濃醬油，令煎餅更惹味。而みっちゃん総本店更是御好燒的創始人，口味當然最正宗。

INFO
🏠 6 樓 11 番地 | 🕐 11:00am-11:00pm | 🌐 https://www.micchan.jp/

鰻魚三吃
ひつまぶし名古屋 備長 びんちょう

備長 びんちょう是名古屋的名物料理，最有名的鰻魚三吃，把鰻魚飯以3種方法來吃。用備長炭烤得焦香的鰻魚，再配他們自家醬汁，真的一試難忘。

INFO
🏠 6 樓 11 番地 | 🕐 11:00am-11:00pm

涉谷

原宿

新宿

池袋

淺草

酒鬼必到
世界のビール博物館

世界のビール博物館搜羅了全世界不同品牌的啤酒，共有250種之多。店內設有很舒適的餐廳，提供德國菜，如烤香腸、魚，還有德國傳統的鹹魚豬腳等，用來配啤酒一流。平日11:00am-6:00pm更設啤酒放題，￥1,500可在一小時內無限添飲。

INFO

🏠 7 樓 10 番地 | 🕐 11:00am-10:00pm||
🌐 www.world-liquor-importers.co.jp

月島名物もんじゃ
だるま

關西的大阪燒和廣島燒餅大家都不會陌生，其實關東代表就有文字燒。在東京的月島區，便滿街都是吃文字燒的餐廳，現在去晴空塔就可以吃到了，大家不用跑到月島區，都可以吃到文字燒。

INFO

🏠 7 樓 10 番地 | 🕐 10:30am-11:30pm

仙台碳烤牛舌
牛たん炭焼 利久

總店位於宮城縣仙台市，以牛舌料理馳名。牛舌肉厚而富彈性，無論是簡單的碳烤，或是配以咖哩、紅酒燴焗，都令人一試難忘。附送的牛尾湯看似清淡，其實牛肉味極濃，是非一般的例湯。

INFO

🏠 6 樓 11 番地 | 🕐 11:00am-11:00pm | 🌐 https://www.rikyu-gyutan.co.jp/

上野
Ueno

交通策略

東京駅	品川駅	涉谷駅		
原宿駅	新宿駅	池袋駅	Ⓙ 山手線	上野駅
涉谷駅	新橋駅	銀座駅		
秋葉原駅	淺草駅		🅜 銀座線	
秋葉原駅	銀座駅			
六本木駅	中目黑駅		🅜 日比谷線	
新宿駅	六本木駅			上野御徒駅
清澄白河駅	蔵前駅		🌏 都營大江戶線	
成田空港			京成 Skyliner	京成上野駅

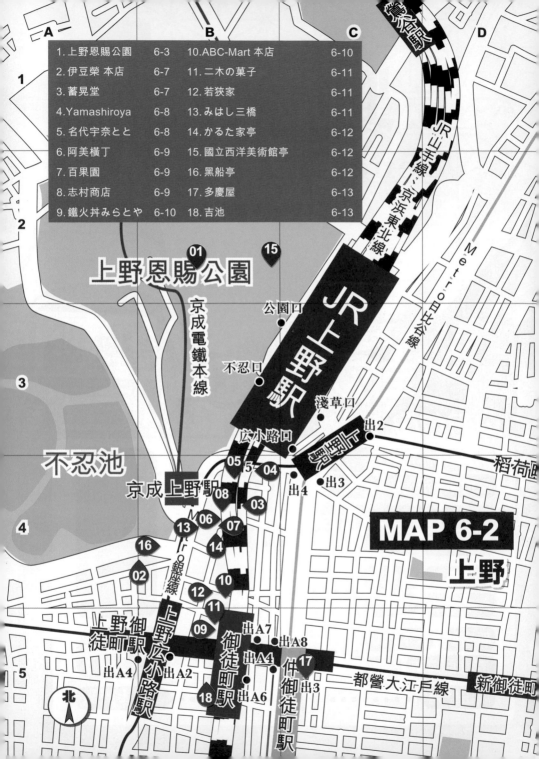

上野恩賜公園

京成電鐵本線

公園口

不忍口

淺草口

広小路口

JR上野駅

出2

稲荷町

不忍池

京成上野駅

05

5

04

出4

出3

08

03

06

07

MAP 6-2

上野

13

14

16

10

02

銀座線

12

11

09

上野御徒町駅

上野広小路駅

出A7

出A8

御徒町駅

出A4

出A2

仲御徒町駅

17

18

出A6

出3

都營大江戸線

新御徒町

出A4

北

日本第一個公園
上野恩賜公園

01

 JR 上野駅公園口出對面

　　上野恩賜公園是日本歷史上第一個公園，它於1876年開園，前身是江戶時代的寬永寺領地，與德川家有莫大關係，後來由日本皇室擁有，到了大正天王把公園賜給東京市，所以取名為「恩賜」。公園面積54萬平方公尺，內有上野動物園、東京國立博物館、上野東照宮、國立西洋美術館和下町風俗資料館等多個文化和藝術設施，同時也是東京的賞櫻名所。

上野公園設有星巴克。

上野公園在3月底時櫻花就會陸續盛開。

星巴克旁有一棵早開的櫻花。

春天兩旁開滿櫻花甚為壯觀。©JNTO

JNTO
🏠台東區上野公園 池之端三丁目 | ☎03-3828-5644 | ⏰ 5:00am-11:00pm | 🌐 www.kensetsu.metro.tokyo.jp/toubuk/ueno/index_top.html

上野

秋葉原

東京巨蛋城

東京車站

銀座

日本百年動物園
上野動物園

(1a)

上野動物園是日本第一個動物園，於1882年開園，距今已超過130年歷史。上野動物園飼養約500種動物，獅子、企鵝和羊駝等人氣動物當然甚受遊客歡迎，較冷門及稀有的如蘇門答臘虎也是非常特別。園內還飼養了大熊貓，也是動物園裡的小明星，日本人好多時帶小朋友來就是為了探訪牠們。

INFO

🏠台東區上野公園9-83 | 📞03-3828-5171 | ⏰9:30am-5:00pm，星期一休息 | 💲成人￥600、中學生￥200、65歲或以上￥300 | 🌐 www.tokyo-zoo.net/zoo/ueno/index.html

這台單軌列車也是日本第一台單軌列車。

舊寬永寺五重塔

氣比神宮建於702年，是當年北陸道的總鎮守，有著非常重要地位。歷代許多日本天皇都有來這裡參拜，這裡供奉了「七柱」，即是7位日本大神，掌管農作物豐收、海上安全和漁獲豐收等。在氣比神宮的表參道上，有一座高11米的鳥居，是日本三大鳥居之一。

上野動物園門外的可愛熊貓郵筒。

熊貓是動物園其中一種一氣動物明星。

德川將軍
上野東照宮

(1b)

在日本的東照宮是世界文化遺產，每年有許多人士慕名前往那個安葬了德川家康的地方。在上野公園內，都有一個東照宮，當中的鳥居、正殿和透塀更已被聯合國評定為日本重要文化遺產。上野東照宮是專門供奉德川家族成員的地方，1627年根據德川家康先生的遺願興建的，至1651年，由當時的江戶幕府將軍德川家光進行大型修建，就形成了今日大家見到的東照宮模樣。

INFO

🏠台東區上野公園9-88 | 📞03-3822-3455 | ⏰9:00am-5:30pm，10月至2月至4:30pm | 💲成人￥500、小學生￥200；ぼたん苑（牡丹苑）￥1,100 | 🌐 www.uenotoshogu.com

求學業合格
上野大佛 ①c

上野大佛於1631年由村上蕃主堀直寄建成，關東大地震時，上野大佛再次倒下，由寬永寺負責保管，之後佛身卻在第二次世界大戰時又再被破壞。雖然經歷多次災難及破壞，但臉龐卻從來沒有著地，而「不著地」跟日語「不落第」發音相近，故上野大佛又被民間命名為「合格大佛」。

INFO

🏠 台東區上野公園 4-8 | 🕐 9:00am-5:00pm

雖然經歷多次地震損毀和重建，但仍剩下臉龐。

象徵財富和豐收
花園稻荷神社 ①d

稻荷神社是全日本數量最多的神社，稻荷神在日文的意思是「穀物之神」或「食物之神」的總稱，後來因為日本的工商業開始發達，稻荷神漸漸被工商界供奉，也同時開始象徵財富和豐收。傳統上，如果一間日本企業的業績良好，就會向神社捐獻一座鳥居，有如中國人的「還神」，因此該神社越多鳥居就代表越靈驗。

INFO

🏠 台東區上野公園 4-17 | 🕐 9:00am-5:00pm

上野

秋葉原

東京巨蛋城

東京車站

銀座

模仿清水寺
清水觀音堂 ①e

清水觀音堂是安放千手觀音的地方，也是日本的「國家文化財」。1631年（寬永8年），由當時的僧人天海僧正參照京都清水寺的「舞臺造」建築特色興建而成的，所以外形跟清水寺的清水舞臺有點相似。另外，清水觀音堂也是獨家出售Hello Kitty御守的地方，十分特別。

INFO

🏠 台東區上野公園 1-29 | 📞 03-3821-4749 | 🕐 9:00am-5:00pm | 🌐 http://kiyomizu.kaneiji.jp

長壽健康
不忍弁天堂

1f

上野公園內的不忍池旁邊是不忍弁天堂，不忍弁天堂曾經於1959年進行重建，所以現在看到的是重建後的面貌。這裡是祈求長壽和福德的地方，也是日本藝能界相當重視的神。不忍池是一個有很多水鳥棲息的都市型綠洲，每年夏季7至8月的時候，不忍池的池面都會被蓮花覆蓋，場面十分壯麗。

INFO

🏠台東區上野公園 2-1 | 📞03-3821-4638 | 🕐7:00am-5:00pm | 🌐http://bentendo.kaneiji.jp

1g

國家級博物館
東京國立博物館

東京國立博物館是全日本第一間國家級的博物館，建於1872年，分成本館、表慶館、東洋館、法隆館、寶物館和平成館，每一個展館都會根據日本不同時代的歷史，展出相關的文物和資料，如雕刻、刀劍和土器等，時代遠至繩文時代，絕對是一個了解日本歷史及發展進程的好地方。

INFO

🏠台東區上野公園 13-9 | 📞03-5777-8600 | 🌐www.tnm.jp | 🕐9:00am-5:00pm，星期五及六至 9:00pm，星期一休息 | 💲成人￥1,000、大學生￥500，未滿 18 歲及 70 歲以上人士免費，特別展覽或有額外收費

綜合科學博物館
國立科學博物館

1h

國立科學博物館建於1877年，前身是「教育博物館」，直至1926年改建為現在的國立科學館。館內分了兩個常設展，包括「日本館」和「地球館」，而且還會看到涉谷代表地標的忠犬八公的標本，也有可能是世界上保存狀態最好的三角龍實物化石標本。

INFO

🏠台東區上野公園 7-20 | 📞03-5777-8600 | 🕐9:00am-5:00pm，星期五及六至 8:00pm，星期一休息 | 🌐www.kahaku.go.jp | 💲￥630，18 歲以下免費

百年鰻魚店
伊豆榮 本店

Map6-2/ **B4**

02

🚗 JR 上野駅不忍口步行 5 分鐘 / JR 御徒町駅
北口步行 5 分鐘 / 京成上野駅步行 3 分鐘

　　伊豆榮於江戶時代便開始營業，是一間百年老
舖，賣的是清一色鰻魚飯。他們的鰻魚飯是關東風
的製法，先在背上切開鰻魚，再用備長炭以蒲燒的
方法去處理。想試到真正的關東鰻魚飯，可以點「白
燒」，這種做法可以去除魚脂，味道亦相對清淡，大
家可能未必吃得慣。

INFO

🏠 台東區上野 2-12-22 | 📞 03-3831-0954 | ⏰ 11:00am-9:00pm
| 🌐 www.izuei.co.jp

Map6-2/ **B4**

中古唱片店
蕃晃堂

03

🚗 JR 上野駅不忍口步行 4 分鐘 /JR 上野駅広小路口步行
10 分鐘 / 東京 Metro 上野駅 6 號出口步行 2 分鐘

　　這裡不是一般的中古唱片店，而
是一家專門發售70至80年代的唱
片，店內以LP和CD為主，也有小
量的黑膠碟。在店內可找到如中森
明菜、近藤真彥和山口百惠等的唱
片，也有這個年代的外國音樂，不
過價格就有可能偏高一點。

西城秀樹的黑膠，用
¥200就有交易。

店主已把歌手分類，大家尋寶時便簡單得多。

INFO

🏠 台東區上野 6-12-16 阿美橫丁內 | 📞 03-3832-0540
| ⏰ 11:00am-10:30pm

6層高玩具店　**Map**6-2/ **B4**

Yamashiroya 04

🚕 JR 上野駅広小路口步行 1 分鐘，就在車站的對面

樓高6層的 Yamashiroya 是區內最大的玩具商店，玩具種類照顧到大人和小朋友，除了日本動漫之外，外國如 Marvel 或者星戰的商品也非常之多，認真去逛可能要花上半個鐘！店內有最新最齊的玩具和扭蛋，如果要買最新的玩具，來這裡是不二之選。

INFO
🏠 台東區上野 6-14-6 | 📞 03-3831-2320 | 🕐 11:00am-8:30pm | 🌐 www.e-yamashiroya.com

各層資料

5F	GUNDAM 模型、超合金、Tamiya 模型、Zoids 機械獸模型、Barbie、Real Action Hero 特攝人物模型、BE@RBRICK
4F	兒童玩具及幼兒產品，另有 SIC 極魂、最新幪面超人系列及麵包超人
3F	電玩遊戲產品為主，也有各款砌圖
2F	聖鬥士星矢、龍珠、多啦A夢、One Piece 海賊王等動漫產品。還有 Marvel、DC 和星戰等外國動漫商品
1F	iPhone 用品、最新玩具、扭蛋及食玩、手提及電視遊戲、促銷品及熱賣商品
B1F	龍貓、Toy Story、鬆馳熊、BABYMILO、海綿寶寶

Map6-2/ **B4**　平民鰻魚飯

05　名代宇奈とと

🚕 JR 上野広小路口出，步行 3 分鐘 / JR 上野駅不忍口步行 3 分鐘

上野有百年老店伊豆榮吃鰻魚飯，同時也有經濟實惠的鰻魚飯店。名代宇奈とと便是專營廉價鰻魚飯，便宜到不用 ¥1,100 已有交易。鰻魚汁是自家調配，白米來自埼玉縣百年老店，加上嚴選的鰻魚，配合師傅利用備長炭用心燒烤方法，味道不比老店差。

山椒粉可提吊香味。

自家製鰻魚醬汁。

更小的うな丼只要¥590。

うな重 ¥960，女士最適合。

INFO
🏠 台東區上野 6-11-15 JR 高架下 | 📞 03-3831-9490 | 🕐 11:00am-1:00am，星期日及公眾假期至 10:30pm | 🌐 www.unatoto.com

---

上野地標
阿美橫丁
06

 JR 上野駅中央改札出口 / JR 上野駅不忍口步行 3 分鐘 / JR 御徒町駅北口 / 東京 Metro 上野駅 5B 號出口 / 都營上野御徒町駅 A7 出口

　　阿美橫丁被譽為東京必去的地方之一，在長達400米的商店街中，有出售平價化妝品運動服、生活雜貨店、新鮮的水果、海產和土產，是選購手信的好地方。大家乘搭 JR 到上野駅或是御徒町駅下車均可。此外機場火車 Skyliner 的終點站是上野駅，可以在離開東京時來這裡補購手信或者買水果。

INFO

🏠 台東區上野 6-10-7 アメ橫 | 📞 03-3832-5053 | 🕐 8:00am-10:00pm，不同店舖各異 | 🌐 www.ameyoko.net

---

07

Map6-2/ B4

¥100生果
百果園

 JR 上野駅不忍口步行 3 分鐘 / JR 上野駅広小路口步行 10 分鐘 / 東京 Metro 上野駅 6 號出口步行 2 分鐘

　　百果園是一間當地有名的新鮮水果店，新宿也有分店，店內賣時令水果，當大家選好想吃的水果後，店員便會替你把新鮮水果切片，方便大家帶回去酒店吃。不過日本人不會邊走邊吃，買好記得在店旁吃完才繼續走。

門口賣切片水果，¥100起。

INFO

🏠 台東區上野 6-11-14 阿美橫丁內 | 📞 03-3831-0518 | 🕐 11:00am-8:00pm，星期二休息

¥1,000零食福袋
志村商店
08

Map6-2/ B4

 JR 上野駅不忍口步行 4 分鐘 / JR 上野駅広小路口步行 10 分鐘 / 東京 Metro 上野駅 6 號出口步行 2 分鐘

　　在志村商店，老闆每次大聲叫賣後，他都會隨手拿起幾包物品放入福袋，高叫「¥1,000」。如果無人理會，老闆就會多加一樣貨品，一件一件的如此類推加上去，當大家看到自己的心水商品被放進福袋中，就舉起手購買吧！這場面吸引好多人來湊熱鬧。一般來說，袋中零食的總值都超過 ¥1,000 了。

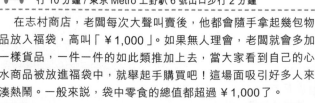
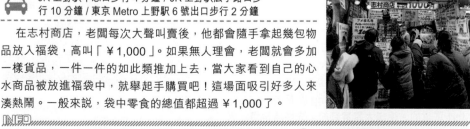

INFO

🏠 台東區上野 6-11-3 阿美橫丁內 | 📞 03-3831-2454 | 🕐 10:00am-5:30pm | 🌐 http://ameyoko.la.coocan.jp

東京

平食海鮮丼

Map6-2/ **B5**

鐵火丼みらとや ⑨

🚕 JR 御徒町駅及都營大江戶線上野御徒町駅步行 3 分鐘 / 東京 Metro 上野広小路駅步行 6 分鐘

上野的鐵火丼みらとや是窮遊朋友的天堂，這檔超人氣店出名「拖羅」海鮮丼，吞拿魚每日從築地市場新鮮直送，用料充足，最便宜的更只需￥500。有興趣的朋友，最好在午飯前或下午茶時間前往，以避開擠逼的人潮。

雖説築地直送，但以幾百日圓的價錢，也不可期望是最好的部位。

ℹ️**INFO**

🏠 台東區上野 4-1-9 阿美橫丁內 | 📞 03-3831-4350
| 🕐 11:00am-7:00pm

みらとや八爪魚燒

鐵火丼旁是便宜又好吃的八爪魚燒店，很受當地人歡迎，未到午飯時間已經大排長龍，店面雖小但店員手法純熟，很快便會弄出一盤盤的章魚燒。みらとや的八爪魚燒有兩種包裝，8個￥400，4個￥200，購買後自行添加醬料，紫菜和木魚就可以享用。

左起 **B 八爪魚燒醬**、紫菜粉、木魚碎、QP沙律醬。

買平波鞋

ABC-Mart 本店 ⑩

Map6-2/ **B4**

ABC-Mart 在上野區的數量就有如便利店。

🚕 JR 上野駅広小路口步行 4 分鐘

在日本擁有許多分店的ABC-Mart原來是在上野起家，他們取得了Vans及Hawkins的代理，因此店內有很多限量版和最新的波鞋款式，其他鞋店要賣Red Wing也是透過ABC-Mart取貨的。建議大家買鞋前，先格清楚價，因為ABC-Mart也不一定是最便宜的。

ℹ️**INFO**

🏠 台東區上野 4-7-1 阿美橫丁內 | 📞 03-3832-0686
| 🕐 11:00am-8:00pm | 🌐 www.abc-mart.com

批發超市 **Map**6-2/ **B5**
二木の菓子 ⑪

🚗 JR 上野駅広小路口步行 4 分鐘

　　二木の菓子是當地一間很有名的人氣超市，專門售賣批發裝的菓子、生活食品和土產手信，價格比機場出售的平，特別批發的包裝還會更便宜。他們也有零售產品，包裝精美，適合送禮，很多人都會來到二木の菓子選購手信。

批發裝的日式菓子零食。

零售裝的零食也是超值。

🏠 台東區上野 4-6-1 阿美橫丁內 | ☎ 03-3833-4051
| 🕙 10:30am-7:30pm | 🌐 www.nikinokashi.co.jp

Map6-2/ **B4** ⑫

海鮮丼
若狹家

🚗 JR 御徒町駅及都營大江戶線上野御徒町駅步行 3 分鐘 / 東京 Metro 上野広小路駅步行 2 分鐘

　　若狹家是一間價錢十分大眾化的海鮮丼，以自由搭配海鮮和丼飯食材為宗旨。這裡提供了多達廿幾款的海鮮丼食材，客人可以從單品至 3 款的食物製成不同配搭，變化出自己喜愛的口味。海鮮丼分成兩款，一是普通份量，另一款是「DX」即是 Delux，份量是普通的 1.5 倍至 2 倍，大食的朋友不妨挑戰一下。

🏠 台東區上野 4-6-7 白鳥舍ビル | ☎ 03-5812-1252
| 🕙 11:00am-9:00pm

和式甜品 **Map**6-2/ **B4**
みはし三橋 ⑬

🚗 JR 上野駅不忍口步行 3 分鐘 / 東京 Metro 上野広小路駅 A5 出口步行 4 分鐘

　　這家三橋在東京駅和池袋皆有分店，上野則有兩間，假日這裡都會看到有人在等位。店內全部用日本產的食材製作傳統甜品，例如用北海道十勝紅豆、糖漿則用上沖繩的黑糖、寒天來自伊豆。如果想試試傳統的和式甜品，可以來這裡試一試。

餡蜜 (紅豆黑糖)

🏠 台東區上野 4-9-7 | ☎ 03-3831-0384 | 🕙 10:30am-9:30pm
| 🌐 www.mihashi.co.jp

上野 / 秋葉原 / 東京巨蛋城 / 東京車站 / 銀座

都饅頭

かるた家

Map6-2/ **B4**

⑭

🚗 JR 上野駅不忍口步行 3 分鐘 / 東京 Metro 上野広小路駅 A5 出口步行 4 分鐘

在日本用白豆餡做的饅頭，一般都叫做都饅頭，它的外形有點像車輪餅，也有點像人形燒。這家在阿美橫丁有些人氣，附近住的人會不時買來吃，一盒10個只是￥600。大家還可以在店面前看到整個製作過程，不過時間不定，就要看運氣了。

INFO

🏠 台東區上野 4-9-13 | 📞 03-3835-0068
🕐 10:00am-8:00pm, 星期二休息

Map6-2/ **B2**　世界文化遺產

⑮ **國立西洋美術館**

🚗 JR 上野駅公園口步行 2 分鐘

上野是博物館和美術館的世界，再來一個國家級的美術館。這1959年開業，收藏了許多珍貴藝術品，藏品達5,000件之多，也是日本規模第一的美術館。現在本館建築已在2015年成了世界文化遺產名錄中的一員，值得來參觀一下。

INFO

🏠 台東區上野公園 7-7 | 📞 03-3831-0384 | 🕐 9:30am-5:30pm, 星期五、六常設展至 8:00pm 關門, 星期一休息 | 💲 ￥500 | 🌐 www.nmwa.gp.jp

和法料理

黑船亭

Map6-2/ **B4**

⑯

🚗 JR 上野駅不忍口步行 4 分鐘

須賀氏二代為了繼承父業，於1959年於上野興建了一幢專賣雜貨的店舖，而4樓就是扒房，提供法式料理。後來於1986年易手，改名為「黑船亭」。他們在法式料理中加入日式元素，連約翰連儂都曾是座上客。這裡有3款名物是必吃的，包括：海鮮雜燴鍋、蟹鉗炸薯餅和燉牛肉。

利用忌廉醬包裹蟹鉗來炸，口感 Creamy 又吃到蟹肉的彈牙質感。

海鮮雜燴鍋，感覺像北歐奶油海鮮濃湯。

INFO

🏠 台東區上野 2-13-13 キクヤビル 4F | 📞 03-3837-1617 | 🕐 11:30am-10:45pm | 🌐 www.kurofunetei.co.jp

地道超市
多慶屋

Map6-2/ **C5**
⑰

 JR 上野駅不忍口步行 6 分鐘 / JR 御徒町駅步行 3 分鐘

多慶屋分成了A和B兩幢，除了超市也有生活雜貨，由於價格太便宜，所以很多附近的家庭主婦都會來購買生活用品。這裡的貨品價格跟二木菓子一樣比外面的超市便宜許多，而且種類比二木菓子還要多，可以先去二木菓子，最後一站來這裡。

INFO

🏠 台東區上野 4-33-2 | 📞 03-3835-7777 | 🕐 10:00am-8:00pm | 🌐 www.takeya.co.jp

⑱

海鮮超市
吉池

Map6-2/ **B5**

🚕 JR 上野駅不忍口步行 7 分鐘 /
JR 御徒町駅出站即達

如果你想買一些新鮮的海鮮刺身在酒店吃，御徒町的吉池是不錯選擇。這裡的1樓至6樓是 GU 和 Uniqlo，1樓和地下兩層都是超級市場。1樓的其中一邊是賣海鮮及刺身，地下兩層有新鮮的蔬果和食品、家庭用品和酒類，而9樓的吉池食堂提供傳統日本和食料理、西洋料理以及壽司。

INFO

🏠 台東區上野 3-27-1 | 📞 03-3831-0141 | 🛒 超市 9:30am-8:30pm；吉池食堂 11:00am-11:00pm，星期日及假期至 10:00pm | 🌐 www.yoshiike-group.co.jp

秋葉原
Akihabara

交通策略

銀座駅	六本木駅				日比谷線	
中目黑駅	上野駅					
東京駅	品川駅	渉谷駅	原宿駅			
新宿駅	池袋駅	上野駅			JR 山手線	秋葉原駅
三鷹駅	吉祥寺駅					
新宿駅	中野駅				JR 中央線及總武線	
新宿駅	東京駅				JR 京濱東北線	

東京

天國再臨 ① Map7-1/ B2

秋葉原HOBBY天國2

 JR秋葉原駅電器街口步行5分鐘

2021年開幕

2021年5月當秋葉原HOBBY天國（ボークス秋葉原ホビー天國）結束營業，對許多動漫迷都是晴天霹靂。好彩兩個月後秋葉原HOBBY天國2便正式登場。經營該店的Volks以精細的首辦模型見稱，是模型界的代表之一。

新店樓高7層，除了模型之外，更有不同種類的動漫產品發售。而在舊店大受歡迎的二手模型格仔店，繼續設於新店1樓。至於2樓，集中展示動漫周邊商品，如T恤及公仔等。而3樓則是模型迷聖域，許多製作模型專用的工具及油漆都可以在此找到。對於鍾情砌模型或Figure的朋友，直接上4-5樓一定大有收獲。

1樓除了有格仔店，仲會展示最新熱賣商品。

2樓是動漫精品天堂。

3樓銷售模型專用的工具及油漆

結城友奈は勇者である

5樓不但出售Figure，也會展示客人的佳作。

HOBBY天國2還會配合動話播放，作周邊商品展銷。

4樓有大量模型選擇。

INFO

🏠 千代田區外神田4丁目2-10 | 📞 03-3254-1059 | ⏰ 11:00am-8:00pm | 🌐 https://www.volks.co.jp/

秋葉原信和
Gamers

Map7-1/ **A3**

②

 JR 秋葉原駅電器街口步行 2 分鐘

秋葉原 Gamers（AKIHABARAゲーマーズ本店）在秋葉原已有20年歷史，難得在疫情下仍然屹立不倒。全店樓高7層，以銷售漫畫、輕小説、動漫周邊商品、遊戲卡、電子遊戲、寫真及聲優相關商品為主，有點似香港的老牌動漫基地旺角信和。秋葉原 Gamers 不但歷史悠久，許多以秋葉原為主題的動漫，都愛以這裡為場景，所以也算是秋葉原的名勝。

秋葉原Gamers已有20年歷史。

2樓除了售賣CD及圖書。也有受歡迎動漫偶像如《偶像夢幻祭》的Collection card套裝發售。

3樓有大量漫畫及輕小説。

4樓主攻動漫周邊商品。

5樓主力銷售雜誌、寫真及影音商品，最特別是有一眾人氣聲優（動畫配音員）的商品。

INFO

🏠 千代田區外神田 1-14-7 | 📞 03-5298-8720 | 🕙 10:00am-10:00pm（1F・2F）、10:00am-9:00（3F ～ 7F）| 🌐 https://www.gamers.co.jp/

東京
模型殿堂
TAMASHII NATIONS STORE TOKYO

🚕 JR 秋葉原駅電器街口步行 1 分鐘

TAMASHII NATIONS是日本著名模型品牌，主要走高階路線，一套模型動輒3-5萬日圓。TAMASHII NATIONS STORE TOKYO是品牌首間直營店，與其説它是模型店，不如説是博物館。全店共分三區，展銷品牌的人氣動漫角式產品，由高達、軍曹、聖鬥士星矢到美少女戰士，回憶簡直返晒嚟，老土的一句，唔買都要來睇下。

INFO

🏠千代田區神田花岡町 1-1 | 📞 098-993-6093 | 🕐 10:00am-8:00pm | 🌐 https://tamashii.jp/store/tokyo/

Map7-1/ B3
(04)

秋葉原動漫總匯
秋葉原ラジオ会館

🚕 JR 秋葉原駅電器街口步行 4 分鐘

「ラジオ」即是Radio的日語，這裡早年是以賣無線電產品為主，因此而得名。秋葉原無線電會館是秋葉原著名的地標，樓高12層，有很多知名的動漫商店進駐，包括Yellow Submarine、宇宙船、K-Books和Kaiyodo（海洋堂）等，仿如一間以動漫為主題的百貨公司。

TRIO (5F) 偶像應援專門店。

著名模型店Yellow Submarine (6F)

Figure專門店海洋堂 (5F)

INFO

🏠千代田區外神田 1-15-16 | 📞 03-3526-3614 | 🕐 10:00am-8:00pm | 🌐 www.akihabara-radiokaikan.co.jp

十元八塊有交易 **Map**7-1/ **A2**
駿河屋秋葉原本館 ⑤

 JR 秋葉原駅電器街口步行 5 分鐘

要數日本知名的動漫連鎖店，當然不得不提駿河屋。單單是秋葉原一帶，駿河屋已有6間分店。當中秋葉原本館樓高8層，除了動漫精品，更有二手的遊戲機發售。這裡的精品有平有貴，最平¥100都有交易，而且擺貨比較凌亂，實在有點似動漫產品的「驚安之殿堂」。

INFO

🏠 千代田區外神田 3-11-3 | 📞 03-6634-0989 | 🕐 10:00am-9:00pm | 🔗 https://www.suruga-ya.jp/

⑥

Map7-1/ **B2**

動漫產品集中地
Animate

 JR 秋葉原駅電氣街口步行 4 分鐘

Animate 的本店在池袋，又怎會不開分店在這個動漫勝地秋葉原呢？樓高8層，最新的動漫及其周邊產品也可以在這裡找到。雖然面積不及池袋本店大，但光是漫畫及同人誌已多達10萬冊；6樓及7樓則賣遊戲軟件，而B1是售賣Cosplay產品的樓層，讓你可以逛上1小時。

INFO

🏠 千代田區外神田 4-3-2 | 📞 03-5209-3330 | 🕐 10:00am-9:00pm | 🔗 www.animate.co.jp

東京
夾公仔打機
SEGA 1-4號館

Map7-1/ **A3**

⑦

🚕 JR 秋葉原駅電器街口步行 3 分鐘

來到秋葉原，除了買電器和動漫產品外，打機也是指定活動。SEGA樓高5層，有夾公仔機又有灣岸可以玩，街機、頭D、Mario賽車，吃飽晚飯在這裡消磨一個晚上確不錯。4間館的遊戲內容略有不同，大致上每間店都有夾公仔機和音樂遊戲，不過2號館已因疫情關係在2020年結業，希望其他三間館能繼續營運，為大家繼續帶來歡樂。

這裡有多款夾公仔機。

INFO

1 號館

🏠 千代田區外神田 1-10-9 | 📞 03-5256-8123 | 🕐 10:00am-11:30 pm | 🌐 https://tempo.sega.jp

3 號館

🏠 千代田區外神田 1-11-11 外神田一丁目ビルディング | 📞 03-529?-0601 | 🕐 10:00am-11:30 pm
| 🚕 JR 秋葉原駅電器街口步行 3 分鐘

4 號館

🏠 千代田區外神田 1-15-9 B1F-4F | 📞 03-3254-8406 | 🕐 10:00am-11:30 pm | 🚕 JR 秋葉原電器街口步達

二手動漫勝地 ⑧
Map7-1/**A2**

Mandarake Complex

🚕 JR 秋葉原駅電器街口步行 4 分鐘

秋葉原的 Mandarake 樓高 8 層，有大量二手漫畫，一些更是絕版貨品，而且價錢合理，沒有把價格炒到很高，因此成為很多動漫迷的尋寶地。此外，店內也有不少的二手玩具，絕版貨亦相當多，當成玩具博物館來參觀也一樣得。這裡且有新貨發售，Cosplay 服飾和配件皆相當齊備。

舊漫畫有價有市。

這裡會勾起你好多童年回憶。

大量二手模型。

INFO

🏠 千代田區外神田 3-11-12 | 📞 03-3252-7007 | 🕐 12:00nn-8:00pm
| 🌐 www.mandarake.co.jp

Map7-1/**A2**
⑨

二手電玩
Trader

🚕 JR 秋葉原駅電器街口步行 7 分鐘

Trader 專門售賣二手 DVD、電玩遊戲及二手電玩遊戲光碟。店內樓高 6 層，1 至 2 樓是賣各款遊戲機的二手光碟，包括 XBOX、NDS、PS4、Switch，甚至更舊的 PS 和 PS2 光碟也有。此外，其他樓層分別有漫畫、電影、動畫 DVD 等二手物品發售。

INFO

🏠 千代田區外神田 3-14-10 トレーダー本店ビル 📞 03-3255-3493
🕐 11:00am-8:00pm 🌐 www.e-trader.jp

大型電器店
Yodobashi ヨドバシ Akiba

Map7-1/ **C3**

⑩

上野

秋葉原

東京巨蛋城

東京車站

銀座

🚗 JR 秋葉原駅昭和通り出口，步行 2 分鐘 / 地鐵秋葉原駅 A1 號出口步行 3 分鐘

Yodobashi 是繼 Bic Camera 的另一間大型的電器店。這裡除了賣各種電器之外，還有書店和餐廳樓層，買完後可順便吃晚飯，然後再轉戰書店。電器層由 B1 至 6F，總面積 23,000 平方呎；有隣堂書店及 Tower Record 位於 7F；餐廳是 8F 至 9F，打烊時間比較晚。

INFO

🏠 千代田區神田花岡町 1-1 | 📞 03-5209-1010 | 🕐 9:30am-10:00pm | 🌐 www.yodobashi-akiba.com

吉列炸牛排
⑩a # 京都勝牛

京都勝牛是賣吉列炸牛排定食，在京都起家，是近年日本的人氣連鎖店。他們的炸牛排先沾上薄薄的炸粉，然後放進油中炸 60 秒，接著便馬上上桌。因為用快炸的方法，所以可保持到牛肉還是嫩嫩的。吃的時候就沾上他們自家製的各式醬汁，入口更加惹味了。

因為快炸，所以牛肉裡面還是粉嫩。

上桌會附帶幾款醬料和調味，可以吃到不同的味道。

勝牛還有自製的咖喱醬。

INFO

🏠 Yodobashi ヨドバシ Akiba 8F | 📞 03-3251-0090 | 🕐 11:00am-10:00 pm | 🌐 https://katsugyu-yodobashiakiba.com

活化舊火車站　**Map**7-1/**A4**
mAAch ecute ⑪

JR 秋葉原駅電器街口步行 5 分鐘

在 JR 神田駅與 JR 秋葉原駅之間，原先有個万世橋駅，在1912年建成，但因乘客量不足而關閉，後來改建成鐵道博物館，又因太老舊而在2006年結束。2013年這裡重新翻新成為生活文化空間 mAAch，保留了外觀和結構，紅磚建築配上圓拱形支柱，跟附近的秋葉原氣氛很不一樣。現時這裡有多間生活雜貨店進駐，又有 Café 和輕食，並不時舉行文化活動和展覽，加上不定期的Pop-up Store，吸引不少愛好文創的人到來。

1912階段，是一條由1912年保留到現在的樓梯。

這條樓梯算是百年古蹟。

2樓可以看到JR火車就在眼前經過。

走高質路線的Blue Bottle Coffee進駐万世橋，形象超吻合。(一樓S3區)

プラチナフィッシュ餐廳位於舊車站月台位置，客人一邊品嘗來自各地的海產一邊欣賞列車飛馳。(2樓U1區)

INFO

🏠 千代田區神田須田町 1-25-4 | ☎ 03-3257-8910 | 🕐 商店 11:00am-8:00pm；餐廳營業至 11:00pm，星期日則至 9:00pm，不同店舖各異 | 🌐 www.ecute.jp/maach

上野

秋葉原

東京巨蛋城

東京車站

銀座

秋葉原人氣 Café
Café MOCO

Map7-1/**B3**
⑫

🚕 JR 秋葉原駅電器街口步行 3 分鐘

Café MOCO是秋葉原中少有的特色cafe，除了咖啡之外，這裡的自家製創意熱狗是很多人會點的食物，款式十分多，很多口味更是你想像不到的，因為除了有鹹食之外，還有放上忌廉的甜熱狗。每份熱狗都有一份薯片伴著享用，而且是即點即做。

INFO

🏠 千代田區外神田 1-12-2 志村無線ビル 1F | ☎ 03-3251-2108
| 🕐 11:45am-8:00pm

Map7-1/**A3**
⑬

秋葉原電器始祖
EDiON 電氣

🚕 JR 秋葉原駅電器街口步行 5 分鐘

EDiON 電氣曾經是秋葉原最大的電器連鎖店。後來 Bic Camera 和 Yodobashi 的加入，重新定位並作大規模的改革，現在於秋葉原仍然屹立不倒。本店樓高7層，每層面積過萬呎，貨品又多又齊，店內也有提供免稅服務，如果太太或女友對動漫沒興趣，也有商場逛逛解悶。

INFO

🏠 千代田區外神田 1-2-9 | ☎ 03-3257-1100 | 🕐 10:00am-7:00pm
| 🌐 www.edion.co.jp

東京巨蛋城
Tokyo Dome City

交通策略

| 目黑駅 | 日比谷駅 | 大手町駅 •••••••••••••••••••••••••••• | 水道橋駅 |

◆ 都營三田線

春日駅

| 新宿駅 | 銀座駅 | •• | 後樂園駅 |

| 東京駅 | 池袋駅 |

丸ノ內線

MAP 8-2

東京巨蛋城

一家大細都啱玩
東京巨蛋城 Tokyo Dome City

Map8-2 ①

🚕 都營地下鐵水道橋站 A2 出口 / 都營地下鐵大江戶線春日駅 6 號出口 / 地鐵 Metro 後樂園站 2 號出口 / JR 水道橋站西口

東京巨蛋城前身是後樂園遊園地，1955年建成，是當時都心的大型遊園地。東京巨蛋Tokyo Dome（東京ドーム）在1988年落成，也是日本第一個全天候多用途的場館，當然主要是用來舉辦棒球賽和演唱會。直到2003年，這裡改成一個免費進入的遊樂園，並更改名稱為東京巨蛋城遊樂園，大家只要向你想玩的遊樂設施付款就可以，就算不玩，來這裡逛逛也是一個不錯的行程。

INFO

🏠 文京區後樂 1-3-61 | ☎ 03-5800-9999 | 🕐 10:00am-9:00pm （機動遊戲）；11:00am-9:00pm（LaQua）| 🌐 www.tokyo-dome.co.jp、https://at-raku.com（遊戲設施）；https://coupon.tokyo-dome.co.jp/td/top（折扣優惠券）

戰隊 Show
Theatre G-Rosso City

現場的戰隊Show是巨蛋多年來的節目，幾十年來到今天仍然相當受歡迎，逢周末最多人的時候，就是排隊入場看戰隊Show了！看到很多家長自己從小都已經有來看過了，長大之後便帶自己的小朋友來，氣氛相當的不錯呢！

場內不得拍照，但主角會在觀眾入場時出來和大家握手。

INFO

🕐 星期六、日及公眾假期 | 💲 ¥1,900；小童（3 歲以下）¥1,750

兩大注目機動遊戲

Thunder Dolphin

刺激過山車（雲宵飛車），穿梭整個巨蛋城，再穿過摩天輪Big O，把兩項遊戲好像合二為一。有一段從最頂點直衝下來，角度差點成90度，坐在摩天輪看到的視線會覺得相當刺激。

INFO

💲 ￥1,200 | ❗ 雨天及維修日暫停

摩天輪 Big O

Big O最適合一家大小齊齊坐了，這是全日本唯一一個無中軸的摩天輪，直徑60米，所以坐在裡面的景觀視野相當不錯哦！最特別莫過於摩天輪內設有卡拉ok，當中也有中文和英文歌曲，每5部便有一部裝有卡拉ok功能，而且不另行收費。

卡拉ok有中文歌曲，但曲目比較舊。

紅色隊是排卡拉ok車廂，藍色則是普通車廂。

INFO

💲 ￥850 | 🕐 轉一圈 15 分鐘

大型 Mall
LaQua

Map8-2

　巨蛋城設有一個大型mall LaQua，有多達60間知名的商店和餐廳，商場裡面的店大多都是遊客喜愛的，如Loft、Uniqlo、WEGO、ABC Mart、無印良品、藥妝店松本清和超市成城石井等。此外還有多間餐廳，各種菜式都有，很多都適合一家大小前往。

INFO

🏠 LaQua 區 | 🕐 店舖 11:00am-9:00pm，餐廳 11:00am-11:00pm
| 🌐 www.laqua.jp

Map8-2

1b

姆明主題
Moomin Bakery & Café

　Moomin Bakery & Café 在巨蛋城開業多年，人龍依然不減。這裡分成3個部分，有Café、麵包店和賣店。賣店的範圍很小，大家主要都是到Café光顧，但如果人多不想等位，到這裡買麵包仍然是不錯的選擇。

麵包是以姆明及他的朋友來設計。

INFO

🏠 LaQua 1F | 🕐 9:00am-9:00pm | 🌐 benelic.com/moomin_cafe/tokyo_dome

日本棒球文化

野球殿堂博物館

Map8-2

「野球」即是棒球，日本的職業棒球隊在1959年成立，而這個博物館則在1988年開館，算是日本最早的棒球博物館。館內展示了從美國傳入棒球文化的歷史，並展出了多款珍貴的球衣。此外，館內設有一個名為Event Hall的部分，參觀人士可以體驗投手擊球，變身成棒球手。

變身成棒球手的Event Hall。

INFO

🏠 東京巨蛋 21 Gate 旁 |1:00pm-5:00pm，星期六日 10:00am 營業 | 💲 成人 ￥600，大學生高中生 ￥400，初中小學生 ￥200 | 🌐 www.baseball-museum.or.jp

棒球紀念品店

Map8-2

Ball Park Store

如果你是棒球迷，這裡一定不可以錯過，因為店內有齊日本兩大棒球聯盟共12個隊伍的官方紀念品。店內出售包括讀賣巨人軍、阪神虎等的商品，還有印上棒球手的簽名棒球。有些球迷在入場前，會在這裡購買打氣用品，令球賽的氣氛更加熾熱。

INFO

🏠 東京巨蛋 21 Gate 旁 | 🕐 10:00am-7:00pm

認識宇宙
TenQ

Map8-2 **1e**

TenQ是一個關於宇宙的博物館，館內設有多項的體驗活動。進場後先看一個短片，然後就會走到這個宇宙影院中。大家圍著「宇宙」，利用高4.5米以及寬20米的立體投射技術，表現了宇宙由古至今的活動，通過地板上直徑11米的洞口投射出地球俯瞰圖，所有片段來自美國NASA，並非虛構，相當震撼。

館內的互動遊戲。

在離館時，可以到影相位拍照留念。

宇宙影院。

INFO
🏠 黃色大樓6樓 | ⏰ 11:00am-6:00pm，星期六、日及假期 10:00am-7:00pm | 💲 成人 ¥1,800，大學生高中生 ¥1,500，初中小學生 ¥1,200 | 🌐 www.tokyo-dome.co.jp/tenq

Map8-2 **1f** 親子遊樂場
ASOBono!

ASOBono!室內遊樂場適合6個月至6歲的小朋友，場內主要分成5個遊戲區域，提供不同的設施，例如有波波池、充氣彈床等動態遊戲；有訓練手腦協調的拼圖、層層疊等積木遊戲；男孩子最愛的汽車、路軌；女孩子扮煮飯仔的模擬超級市場，甚至有嬰兒專區。日本人對遊樂場的安全性及抗菌皆十分講究，絕對玩得放心又開心！

INFO
🏠 Meets Port | ⏰ 10:00am-6:00pm，星期六、日及假期 9:30am-7:00pm | 💲 首小時 ¥950（大小同價） | 🌐 www.tokyo-dome.co.jp/asobono | ❗ 小學生以下的小童必須由家長陪同進場，成人須穿上襪子

東京

上野

秋葉原

東京巨蛋城

東京車站

銀座

賞櫻賞梅
小石川後樂園

Map8-2　**02**

🚕 東京 Metro 後樂園駅中央口下車步行 8 分鐘 / 都營地下鐵大江戶線飯田橋駅 C3 出口下車步行 3 分鐘

　　小石川後樂園是江戶時代初期的寬永6年（1629年），由水戶德川家的祖上賴房作為中屋敷（之後成為上屋敷）所建造，並在二代藩主光圀那代建成。庭園的樣式是以池塘為中心的迴遊式假山泉水庭。光圀在庭園建成之時，採納明朝遺臣朱舜水的意見，引入了圓月橋、西湖堤等中國風物，園名亦由舜水命名，是一個擁有豐富中國風情的庭園。

3月的時候，可以來這賞梅花。

春天這裡是賞櫻名所。

INFO

🏠 文京區後樂 1| 📞 03-3811-3015 | 🕐 9:00am-5:00pm | 💲 ￥300 | 🌐 www.tokyo-park.or.jp/park/format/index030.html

03

演唱會前後入住
東京巨蛋飯店

Map8-2

🚕 JR 水道橋駅步行 5 分鐘

酒店餐廳的自助餐 Rilssa 很適合一家人來。早餐也相當豐富。

　　東京巨蛋飯店位於東京巨蛋城旁，有43層樓高，客房相當多，而且不少都有樂園景觀的房間，在房內就可以看到東京巨蛋。假如你是帶小朋友來，入住這裡就更方便了，附近有便利店，而且有機場巴士直接前往機場，可以安排演唱會前後入住，或上機前一兩天來這裡玩。

INFO

🏠 文京區後樂 1-3-61 | 📞 03-5805-2111 | 🛏 Twin Room 由 ￥37,228 起
| 🌐 www.tokyodome-hotels.co.jp

東京車站
Tokyo Station

交通策略

品川駅	渋谷駅	原宿駅	
新宿駅	池袋駅	上野駅	JR 山手線
三鷹駅	吉祥寺駅		
中野駅	新宿駅		JR 中央線及總武線
新宿駅	銀座駅	池袋駅	丸ノ内線

東京駅

MAP9-2 東京車站

首都之門
東京車站

欲拍攝車站全景相，可到對面的丸之內大樓，乃最佳的拍攝地點。

東京車站是食買玩的熱點。

東京車站建於1914年，主體建築大致可分為兩部分，包括西側的丸之內側站房，即丸之內口，和東側的八重洲車站大樓，即八重洲口。

丸之內的部分以文藝復興式「赤煉瓦」的紅磚建造，一般遊客主要集中在這邊遊覽。購物方面，丸之內主建築一邊較為高檔，消費也相對較高；而八重洲口一帶則偏向大眾化，兩者兼備，難怪成了東京新名所。

今時今日的東京車站不但是交通樞紐，也成為東京市內食買玩的熱點，在車站一帶的熱門商場包括丸之內大樓、丸之內Oazo、Kitte丸之內及Gran Tokyo Tower等。至於地下街則有東京駅一番街、Gransta、Granroof及八重洲地下街，商店食肆密度之高，行足一天也可以。

由於第一期修復工程在二戰結束後不久，在物資短缺下未能把南北圓頂修好，後改為比較簡單的八角形屋頂代替。

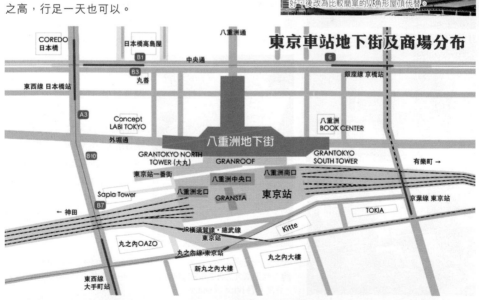

東京車站地下街及商場分布

COREDO 日本橋

日本橋高島屋

八重洲通

中央通

6

B1

B3 丸善

銀座線 京橋站

東西線 日本橋站

A3

Concept LABI TOKYO

外堀通

八重洲 BOOK CENTER

B10

GRANTOKYO NORTH TOWER (大丸)

GRANROOF

東京站一番街

八重洲中央口

八重洲南口

GRANTOKYO SOUTH TOWER

有樂町 →

Sapia Tower

八重洲北口

八重洲口

GRANSTA

東京站

京葉線 東京站

← 神田

B7

TOKIA

JR橫須賀線・總武線 東京站

Kitte

丸之內OAZO

丸之內東京站

丸之內大樓

新丸之內大樓

東西線 大手町站

東京
首都鐵道之玄關
東京車站

01

Map9-2/ **C1**

🚗 JR 東京駅直達

自1914年開業至今，東京駅都是首都的鐵道玄關，雖然部分結構曾毀於二戰之時，不過在2003年被定為國家指定重要文化財後便開展了修復工程，重現昔日原貌。美麗西洋建築，尤其是丸之內站北口的穹頂，還原當年建築師辰野金吾的設計，是人氣的打卡勝地。

INFO 🏠 千代田區丸之內 1-9-1 | 🌐 www.tokyostationcity.com

Map9-2/ **B3**

百年建築
三菱一號美術館

02

🚗 JR 東京駅丸之內南口步行 5 分鐘

三菱一號美術館是在明治27年（1894年）時建成，出自英國建築師Josiah Conder的手筆，以復古摩登的紅磚煉瓦建築風為主調。這裡是丸之內的第一幢商業建築，曾在1968年因老化而被拆卸，所幸及後由三菱商事提出重現方案，以致現在已復修成美術館，把原來的百年建築保留下來。樓高3層的美術館，1樓有知名 的1894 café 及 store 1894，2樓則有各種19至20世紀初的近代美術作品展，就連日本的浮世繪也能在館內看到，驚喜連連。

INFO 🏠 千代田區丸之內 2-6-2 | ☎ 03-5777-8600 | 🕙 10:00am-6:00pm，星期一休息 | 🌐 https://mimt.jp

東京車站美食新焦點 Map9-2/ D1
GRANSTA 八重北 ③

 JR 東京駅八重州北口

2022年開幕

　　東京車站內的 GRANSTA 飲食街，經過差不多一年的裝修，於2022年4月隆重開幕，成為東京車站一帶飲食的新焦點。GRANSTA 八重北佔地三層，分為「黑塀橫丁」、「八重北食堂」及「北町酒廠」，總計約有45家餐飲店鋪，已經陸續開幕。

INFO

🏠 千代田區丸の內 1-9-1 八重洲北口地下 1 樓 -2 樓 | 🕐 11:00am-11:00pm，每間店鋪營時會有不同 | 🌐 https://www.gransta.jp/

【 食肆推介 】

黑塀橫丁

　　來自愛知縣岡崎市的手打蕎麥麵專門店，由研磨蕎麥粉至打造麵條由工匠一手包辦，口味會按每天的溫度和濕度微調，出品的蕎麥麵無論香味、光澤和軟滑度都無可挑剔。

INFO
📞 03-6275-6760

　　接近一百年歷史的東京鰻魚料理老店。食肆由把鰻魚切片、串燒至烤鰻魚，都在客人面前處理，師傅的手藝令人嘆為觀止。這裡的鰻魚只用高炭火烤而不用蒸的，確保鰻魚皮酥脆，肉質柔軟，肥厚厚實。

INFO
📞 03-6812-2121

八重北食堂

　　由美食雜誌《 dancyu 》主理的餐廳，以日式定食為主，菜式雖然簡單，但都是最受歡迎的口味。除了定食，還有不同的酒類及下酒菜提供，是和好友淺酌吹水的好地方。

INFO
📞 03-6810-0525

北町酒廠

　　口味以美式燒烤為主，配以熱辣辣薄餅。飲料包括5種優質生啤，店家更釀造自家啤酒，限量供應。

INFO
📞 03-6256-0578

東京

屋簷之下的美食街 **Map**9-2/ **D2** ④

GranRoof グランルーフ

🚖 JR 東京駅八重州南口

GranRoof 的設計以「被光芒環繞的水晶塔及光之帆船」為概念，把各種人氣的餐廳與咖啡館都藏在它的大屋簷之下，從地下1樓至3樓都匯聚築地寿司清、北海道バル海、鳥元、名古屋的みそかつ矢場とん等，選擇非常多元化，而且都是全國知名的美食餐廳。

INFO

🏠 千代田區丸之內 1-9-1 | 📞 03-5299-2204 | 🕐 10:00am-9:00pm | 🌐 www.tokyoinfo.com/shop/mall/granroof

有超過120年歷史的老店築地寿司清。

人氣雞料理名店鳥元。

Map9-2/ **C2** ⑤

人氣手信甜品天堂

Southcourt Ecute

🚖 JR 東京駅丸之內南口或中央口

Southcourt Ecute 是個售賣手信、甜品、精品及雜貨的賣場。這裡以日本 Re-STANDARD 為概念，把所有國內引以為傲的商品都引入場內，五花八門的產品加上位置便利，讓這個賣場更添人氣。

INFO

🏠 東京車駅丸之內中央口與南口之間 | 📞 03-3212-8910 | 🕐 7:00am-11:00pm | 🌐 www.ecute.jp/tokyo

---

都內最大地下街 **Map**9-2/ **D2**

八重洲地下街 ⑥

🚖 JR東京駅八重洲中央口、八重洲南口、八重洲北口直達

從東京車站便能直通八重洲地下街，這裡可以找到潮流的服飾、手袋配件、生活雜貨、藥妝美容產品及餐廳等，集結了接近180間店，非常熱鬧。由於地面設有前往成田空港及周邊酒店的 Tokyo Shuttle、The Access Narita 巴士站，還有前往迪士尼的 JR Highway 巴士站，所以不少人在出發之前會在地下街消磨時間。

炸豬排名店和幸。

牛舌料理牛たんねぎし

INFO

🏠 中央區八重洲 1 | 📞 03-3278-1441 | 🕐 商店 10:00am-8:00pm、餐廳 11:00am-10:00pm、咖啡廳 7:00am-9:00pm，不同店舖各異 | 🌐 www.yaechika.com

咖哩名店街 ⑦ Map9-2/ D2
TOKYO CURRY QUARTET

2022年開幕

🚕 JR東京駅步行2分鐘

眾所周知，日本人熱愛咖哩，不但創出自我風格的日系咖哩，也熱衷品嘗來自世界各地的咖哩。剛於2022年2月開業的TOKYO CURRY QUARTET，一次過匯聚日本、印度及南美的口味，咖哩迷絕對不可錯過。

INFO

🏠 中央區八重洲2丁目1番（八重洲地下街 南1號）
| 🕐 11:00am-10:00pm，每間店鋪營時會有不同 | 🌐
https://www.yaechika.com/

宗谷黑牛漢堡排。

咖哩包有6種口味，同樣不可錯過。

元祖カツカレー（咖哩炸豬排）。

咖哩豬排三文治。

奧芝商店

來自北海道的湯咖哩店「奧芝商店」，馳名以大量鮮蝦煮出「海老出汁湯咖哩」湯頭。必試以北海道宗谷黑牛所製的漢堡排，肉質鮮嫩多汁，配上濃濃的湯咖哩，是奧芝的人氣商品。

銀座スイス

創店超過75年，主打歐風咖哩，咖哩炸豬排口感酥脆，據聞是棒球巨星千葉茂的至愛。而咖哩豬排及牛排三文治也是遠近馳名，在銀座威足大半個世紀。

ヌードルライス（咖哩麵條）。

キーマカレー（咖哩肉醬飯）。

タンドリーチキン（乳酪烤雞）。

バターチキンカレー（牛油咖哩雞）。

コロンビア8（Columbia8）

來自關東的「コロンビア8」，賣點卻是南美風的哥倫比亞咖哩。咖哩混合超過30種香料調配，味道刺激而複雜，無論配飯或麵都是很好的配搭。

SITAARA DINER

來自東京青山區的SITAARA，以正宗的印度風咖哩而揚名。店內提供7種不同口味的咖哩，有辛辣亦有甘甜，當中的牛油咖哩雞味道清爽溫甜，特別受女性歡迎。

東京

窺探皇族秘境

皇居

Map9-2/ **A1** ⑧

🚗 都營地鐵三田線、東京 Metro 千代田線、東西線、丸之內及半藏門線大手町駅 C13a 出口步行 5 分鐘可至大手門

在東京車站附近的皇居，是現在日本天皇居住的地方，前身也是幕府時代德川將軍所居住的江戶城，現在的皇居還有部分區域會開放給民眾參觀。平日的話，皇宮外苑及東御苑是毋須預約也可參觀，但若想看看內苑的部分，則需要提前在官網預約導覽團，主要設有兩個時段：上午10點或下午1點半，走完行程約1小時。每逢櫻花季或紅葉季，東御苑便會熱鬧起來，聚集一眾賞花的人士及攝影愛好者，喜歡追櫻、追楓的朋友可千萬不要錯過。

富士見多聞
Fujimi-tamon
(Defence House)

INFO

🏠 千代田區千代田 1-1 | 📞 ： 03-5223-8071 | 🕐 9:00am-5:00pm，逢星期一及五休息 | 💲 免費，需事前於網站預約 | 🌐 http://sankan.kunaicho.go.jp/index.html

丸之內 Brick Square

丸之內最舒適處 **Map**9-2/**B2** ⑨

 JR 東京駅丸之內南口步行 5 分鐘

丸之內 Brick Square 以成為「丸之內最舒適處」為理念，場內商店的裝潢講究時代品味，進駐的不是人氣餐廳便是時尚商品，除了日本各地的知名食店外，還有富格調的洋式餐館，為丸之內創造了可喧鬧亦可恬靜的休憩場所，難怪每逢假日商場便熱鬧非常。

INFO

🏠 千代田區丸之內 2-6-1 | 📞 03-5218-5100 | 🕐 商店 11:00am-9:00pm，星期日及假期營業至 8:00pm；餐廳 11:00am-11:00pm，星期日及假期營業至 10:00pm | 🌐 www.marunouchi.com/top/bricksquare

大丸東京店

⑩ **手信便當大賣場**

Map9-2/**D1**

 JR 東京駅八重洲北口直達

毗鄰東京車站的大丸東京店，樓高 13 層，每逢周日便聚滿逛街的人潮。場內有逾 140 家國際品牌及本地品牌的服飾商店、美妝品牌店、雜貨生活用品店、手信店及餐廳食肆等，地下 1 樓更有超市及美食廣場，雲集五十多家洋菓子名店，絕對是選購手信的好地方，方便又快捷。

INFO

🏠 千代田區丸之內 1-9-1 | 📞 03-3212-8011 | 🕐 10:00am-8:00pm | 🌐 www.daimaru.co.jp/tokyo

上野
秋葉原
東京巨蛋城
東京車站
銀座

與東京車站相連
丸之內大樓　Map9-2/ B2 ⑪

🚕 東京 Metro 丸之內線東京駅地下道直達

丸大樓與東京車站相連，場內店舖林立，從地下1樓的食品、家品、雜貨賣場，乃至1至4樓，都匯聚了各種日本原創品牌及歐美設計品牌精品。35、36樓設有高雅的觀景餐廳，另外13樓還設有觀景台，免費對外開放，讓大家能俯瞰東京的璀璨夜色。

丸之內大樓外望東京車站。

INFO

🏠 千代田區丸之內 2-4-1 丸ビル | ☎ 03-5218-5100 | 🕐 11:00am-9:00pm | 🌐 www.marunouchi.com| ✏
丸之內大樓正進行階段性整修翻新，預計至 2023 年春季完工。

典雅都會風
⑪ₐ Beams House

這間Beams House也算是旗艦店規模，店內走著與丸大樓一致的高雅質感格調，連服飾選擇也是以沉穩典雅的都會風格為多，無論男裝、女裝乃至西裝及配件飾品等都有提供，當中不乏令人眼前一亮的獨特款式，還有些店內限定的精品款式可供選購。

INFO

🏠 丸大樓 1F | ☎ 03-5220-8686 | 🕐 11:00am-9:00pm，星期日至 8:00pm | 🌐 www.beams.co.jp

上野 · 秋葉原 · 東京巨蛋城 · 東京車站 · 銀座

自然派化妝品牌
MARKS & WEB (11b)

MARKS & WEB 自從2000年創立至今，是年輕女士喜愛的藥妝品牌，店內主張「Choice for your everyday life」，既然是每天都要用的產品，自然選擇健康天然的較好，正如店內所提供的產品都標榜溫和安全，價格亦合理，所供應的種類款式非常豐富，難怪至今仍是場內人氣品牌店之一。

INFO
🏠 丸大樓 4F | 📞 03-5220-5561 | 🕐 11:00am-9:00pm | www.marksandweb.com

Map9-2/ A2
(12)
匯聚品牌名店
丸之內 My Plaza

🚕 JR 東京駅丸之內南口步行 5 分鐘

2004年開幕的丸之內 My Plaza，是一幢以創造優質生活為主題的商場，匯聚了各地知名的品牌的專門店，當中也包括在地的設計品牌，在衣食住行上都能滿足各類客人所需，便利大眾生活。

商場內的「銀座ハゲ天」是百年老店，以天婦羅馳名。（B1）

INFO
🏠 千代田區丸之內 2-1-1 | 📞 03-3283-9252 | 🕐 10:00am-8:00pm | 🌐 www.myplaza.jp

東京

上班族的綠洲

Map9-2/ **C1**

丸之內 Oazo

⑬

🚕 東京 Metro 丸之內線東京駅地下通道直達

Oazo 在世界語中蘊含著「休憩之地」的意思，為附近的上班族提供城市中的綠洲，讓大家好好靜心下來購物逛街，舒緩平日緊湊的節奏。場內匯集了購物商店、餐廳食肆，以及辦公空間，是一座複合式大樓，而且著名的東京老店——丸善書店亦在其中。

INFO

🏠 千代田區丸之內 1-6-4 OAZO | 📞 03-5218-5100 | 🕐 9:00am-9:00pm | 🌐 https://www.marunouchi.com

東京老牌書店

⑬a **丸善 • 丸之內本店**

丸善是由福澤諭吉的弟子早矢仕有的在1870年時於日本橋創立的，是一家主張推廣西洋科學及文化的老牌書店。丸之內分店的藏書最多且選書範圍廣泛，1樓是經營、政治的類型，2樓是雜誌、文學消閒類別，3樓是語言文學、建築、漫畫及兒童書類別，4樓則是洋書、文具及Gallery 的部分，知名的 M& C Café 也在這樓層。

INFO

🏠 Oazo 1-4 樓 | 📞 03-5288-8881 | 🕐 9:00am-9:00pm
| 🌐 www.maruzenjunkudo.co.jp

元祖級燉牛肉飯

M&C Café

⑬b

據説早矢仕有的是燉牛肉飯的始祖，早在明治初年便曾親手製作來宴客。而在丸善書店4樓的這家 M&C Café 專售元祖燉牛肉飯，店內的款式很多元化，而傳統版本的早午仕飯只售千元，當中較有人氣的是燉牛肉及黑咖喱奄列飯，雙重的醬汁享受，配上嫩滑香甜的滑蛋奄列，讓這款餐點更添滋味。

早矢仕燉牛肉及黑咖喱奄列飯，附有沙律。

INFO

🏠 Oazo 4 樓 | 📞 03-3214-1013 | 🕐 9:00am-9:00pm | 🌐 https://clea.co.jp/shop/mc-cafe

超過200種選擇 Map9-2/ C2
駅弁屋 祭 ⑭

 JR 東京駅丸之內中央口

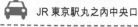

駅弁屋祭是日本國內有名的鐵路便當專門店，在這裡可以買到全國200種以上的鐵路便當，當中也不乏各地的人氣便當口味。而且，東京車站的款式更是眾多分店中最為齊全的一家，單是一天便能銷售過萬個便當，極受旅客歡迎。

INFO

🏠 東京駅丸之內中央口附近改札內 1F | 📞 03-3213-4352 | 🕐 5:30am-11:00pm | 🌐 www.nre.co.jp/ekiben/tabid/227/Default.aspx

⑮

Map9-2/ D1
Shopping 必到 東京一番街

 JR 東京駅八重洲中央口直達

東京一番街是車站內八重洲口附近的商店區，街內有著名的「東京動漫人物街」、「東京拉麵街」及「東京美食區」等，從美食、角色精品乃至手信都一一齊合於這裡，無論是遊客還是當地居民都愛到這裡遊逛，而拉麵街更是上班族下班後覓食的場所之一。

INFO

🏠 東京駅一番街 B1F-2F | 📞 03 3211 7007 | 🕐 10.00am-9:00pm，不同店舖各異 | 🌐 www.tokyoeki-1bangai.co.jp

東京
東京動漫人物街
TOKYO
Character Street

INFO

🕐 10:00am-8:30pm

どんぐり共和國

與其他的どんぐり共和國分店一樣，這裡也提供一系列Studio Ghibli作品的周邊商品、禮物組合包等，包括大家喜愛的龍貓、天空之城、崖上的波兒、千與千尋等產品都一應俱全。

B1-C12

MOOMIN SHOP MINI

MOOMIN SHOP也是一番街上的人氣小店，店內售賣官方推出的各系列姆明家族精品，商品種類齊全，還有車站店內限定的姆明精品，每次去都能有不同的驚喜。

B1-C11

SNOOPY TOWN MINI

史努比迷真的不能錯過這家Snoopy Town，店內集齊了史努比及其他角色的周邊精品，雖然分店規模較小，但是勝在該有的都有，無論是文具精品，乃至家品雜貨及食品都有發售，當中也不乏東京車站限定款式。

B1-C10

THE BEAR'S School JACKIE'S DREAM

這間名叫小熊學校的小店，便是Jackie Bear的官方專門店，店內售賣繪本中出現的角色精品，款款得意趣致，當中有不少是其他地方少見的款式。

B1-C9

NHK Character Shop

這裡是專賣NHK所出品的作品的專門店，包括他們的代言人——Domo君的周邊產品，還有當季人氣大河劇及自家製動畫的角色商品。

B1-C19

JUMP Shop

提起動漫角色又怎能不提 Jump Shop 呢！這裡提供多部人氣動漫如《Onepiece》、《排球少年》、《龍珠》及《周刊少年 Jump》等熱門人物的周邊產品，店內還有集英社的限量版精品可供選購，動漫迷絕對不能放過大好機會！

B1-C6

Rilakkuma Store

在一番街內也有鬆弛熊的專門店，店內提供大量雜貨類商品，如文具、飾品、寵物用品等，甚至還有店內限定的鬆弛熊精品，每期限定的款式及種類都不同，有時候還設有購物滿額可換領非賣品的活動。

B1-C21

TV Asahi

這家 TV Asahi 的分店是繼六本木本部外的第2間直營店，店內售賣該電視台的當紅劇集產品，包括演員及作品的周邊產品，還有動漫如《多啦A夢》、《我們這一家》和《蠟筆小新》的店內限定精品，都是只此一家。

B1-C17

上野

秋葉原

東京巨蛋城

東京車站

銀座

Miffy Style

Miffy Style內售賣大量的Miffy公仔，造型打扮多得令人眼花繚亂，甚至還有東京車站限定的服飾公仔。此外，還有售賣各系列的家品雜貨，例如便當盒、袋、收納用品、文具及配件裝飾等，全都是百變的Miffy造型，非常可愛。

B1-C20

ウルトラマンワールド M78

以咸蛋超人的故鄉命名的專門店「ウルトラマンワールドM78」，是東京都內唯一一家直營店，店內專門售賣咸蛋超人的周邊產品，還有多代角色「SoftVinyl」的商品，當中也不乏東京車站限定款式。

B1-C23

TBS Store

這是TBS TV的第二家分店，店內擺滿了當期人氣的日劇明星周邊商品，還有TBS東京站長的原創角色——BooBo的原創產品，款款設計都可愛有趣，還是站內限定的款式。

B1-C15

Pokémon Center

Pokemon Center也進駐一番街了！這家分店規模雖小，但勝在交通便利，而且提供的商品數量也達2,500之多，是Pokémon迷的血拼之地，店內還有多款東京站限定的產品呢！

B1-C26

クレヨンしん ちゃん蠟筆小新店

人氣動漫《蠟筆小新》的官方專門店，亦是全球首間常設專門店。店內售賣可愛的小新及其家人與朋友的周邊商品，選擇五花八門，小新迷絕對不容錯過！

B1-C3

東京拉麵街 15b

東京一番街除了購物，也是美食天堂。不單有傳統和式美食，還特設東京拉麵街，邀請東京8間著名拉麵店進駐，讓客人一次過嘗盡頂級拉麵。

ソラノイロ・NIPPON

被選為2015年東京《米芝蓮》必比登美食家，首創全素食拉麵，好味之餘更講究健康。

塩らーめん專門 ひるがお

來自著名拉麵店「世田屋せたが屋」的分店，清甜的湯底來自雞、乾貝、昆布及魚乾的精華，也來自嚴格的水質要求。

B1-R2

B1-R4

東京煮干し らーめん玉

湯底以雞肉和沙丁魚乾的黃金比例熬製而成，配上大片叉燒及鰹魚片，色香美俱全。

B1-R1

前東京中央郵便局
Kitte

(16) **Map**9-2/ **B2**

🚕 JR 東京駅丸之內南口步行約 1 分鐘 / 東京 Metro 東京駅
地下道直達 / 東京 Metro 二重橋前駅步行約 2 分鐘

Kitte 的前身是1931年的東京中央郵便局，場內設計出自名設計師隈研吾之手，並取郵票的日文同音字來名命。從地上一樓至六樓，進駐了逾百家店舖，每層皆以不同的主題劃分，除了時裝品牌如 Urban Research、Muji 等外，還有其他人氣的餐廳及日式料理店，單是地下一樓的 Kitte Granche 便是一個大型的便當賣場，超過30多家店可選，難怪成為新一代東京站必訪商場。

INFO

🏠 千代田區丸之內 2-7-2 JP タワー KITTE 丸之內 | ☎ 03-3216-2811
| 🕐 11:00am-9:00pm，星期日及假日至 8:00pm | 🌐 http://jptower-kitte.jp

最受歡迎
(16a) 東京中央郵政局

位於一樓的東京中央郵便局，每天從早到晚都擠滿人潮，因為在店內能買到各種新推出的且東京郵局限定或 KITTE 限定的商品，包括名信片、資料夾、信紙、紙膠帶、吊飾等等，幾乎都是此店限定的款式，令人難以忍手。

INFO

🏠 KITTE 丸之內 1F | ☎ 03-3217-5231 | 🕐 7:00am-9:00pm
| 🌐 www.post.japanpost.jp

上野

秋葉原

東京巨蛋城

東京車站

銀座

設計精品小市場
Spiral Market (16b)

這家店以「標準」為主題，從世界各地搜羅了各種優質的設計產品，種類五花八門，多達6萬多件，而且店家亦會隨季節而精選不同的限定商品，把各地獨一無二的設計商品帶到客人的眼前，融入生活品味之中。

INFO
🏠 KITTE 丸之內 1F | 📞 03-6273-4606 | 🕐 11:00am-7:00pm | 🌐 www.spiral.co.jp/shop_restaurant/spiral_market

必到景點
(16c) 舊郵便局長室

在KITTE的4樓是舊郵便局長室，現在已免費開放給大家作休憩及參觀之用。在這裡大家可以以近距離欣賞到東京車站的日與夜的繁華景致，是絕佳的拍照打卡之位。

INFO
🏠 KITTE 丸之內 4F | 🕐 11:00am-9:00pm

傳統工藝品 (16d)
Hacoa KITTE 丸之內店

Hacoa的品牌營運商是位於福井縣鯖江市的山口工藝，主要是從事越前傳統工藝品漆器的老店，而Hacoa亦同樣是走傳統工藝品的品牌，主要售賣由專業職人手工雕琢的生活器物，商品線條簡約且擁有獨一無二的木材紋路，實用得來每件都風格獨特。

INFO
🏠 KITTE 丸之內 4F | 📞 03-6256-0867 | 🕐 11:00am-8:00pm | 🌐 www.hacoa.com

天然日本護膚品
北麓草水

　　北麓草水是主要研發由日本原生野草和有用植物而製的護膚品，尤其強調天然與補濕的重要性。品牌的包裝設計也以簡約自然風為主調，淡淡的木系色調與店內裝潢互相呼應，難怪有不少人也稱其為「無印風草本品牌」，無論是從頭皮到身體，乃至食品及雜貨都有作販售，頗多元化。

INFO
🏠 KITTE 丸之內 4F ｜ 📞 03-6256-0815 ｜ ⏰ 11:00am-8:00pm ｜
🌐 www.hokurokusousui.com

老牌雜貨
16f 中川政七商店

　　中川政七商店創業於奈良的麻品屋，從1716年至今已有300多年的歷史，是一間非常地道的品牌老店。雖然現在已沒有再做麻製品，但是店內還是搜羅了很多日本的工藝作品與生活雜貨，從服飾、廚具、彩妝、乃至食品和雜貨等產品都應有盡有，而且很多都是本地原創的品牌 Made in Japan 的商品。

INFO
🏠 KITTE 丸之內 4F ｜ 📞 03-3217-2010 ｜ ⏰ 11:00am-9:00pm

現代的生活 16g
CLASKA Gallery & Shop "DO"

成立於2008年的CLASKA Gallery & Shop "DO"由總監大熊健郎以「現代的生活」為設計的靈感基礎，圍繞著衣、食、住而設計，還以 Made in Japan 為副軸，選品範圍從工藝品到新銳作家的原創作品，例如熊本縣肥後守小刀、九谷燒、箸勝利休筷、野田琺瑯、皆川明設計的嬰兒用品等，每件都精美得讓想帶回家。

INFO

🏠 KITTE 丸之內 4F | 📞 03-6256-0835 | 🕐 11:00am-9:00pm | 🌐 http://do.claska.com

優良設計獎專門店
GOOD DESIGN STORE TOKYO by NOHARA
16h

這裡是全日本第一間專門售賣「優良設計獎」（Good Design Award）的專門店，能獲得這個獎品的產品都是官方認定的「好設計」。而店內便陳列了400多件得獎的產品，例如東京老街工匠的玻璃工藝、和紙產品等，還有充滿現代感且能便利生活的設計產品等。

INFO

🏠 KITTE 丸之內 3F | 📞 03-5220-1007 | 🕐 11:00am-9:00pm | 🌐 http://gdst.nohara-inc.co.jp

銀座
Ginza

交通策略

上野駅　秋葉原駅　東京駅			JR 山手線	新橋駅
渋谷駅　原宿駅　新宿駅　池袋駅				有樂町駅
渋谷駅　新橋駅		銀座線		
秋葉原駅　上野駅　淺草駅				銀座駅
池袋駅　東京駅　新宿駅		丸ノ内線		
中目黑駅　六本木駅				
秋葉原駅　上野駅		日比谷線		
池袋駅　豊洲駅		有樂町線		銀座一丁目駅

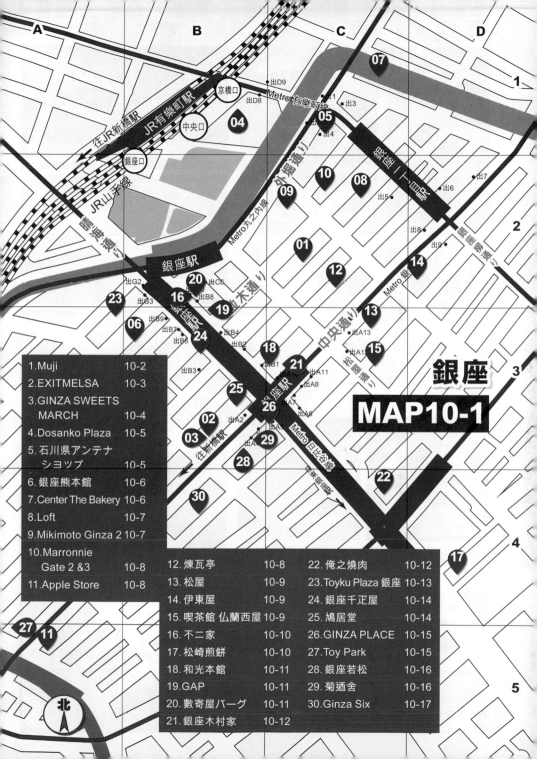

銀座
MAP10-1

2020年開幕

無印食堂(B1)匯聚全國最新鮮、優質食材，套餐訂價由￥500起，豐儉由人。

超市(1F)集中搜羅關東與附近各縣市出產、當季有機的農產品。

無印全球旗艦店 Map 10-1/ C2
無印良品 銀座 ⑪

東京 Metro 銀座一丁目駅 5 號出口步行 3 分鐘 /
銀座駅 B4 出口 步行 3 分鐘

　　樓高10層的無印良品銀座店，不單是日本、更是全球的旗艦店。銀座店於2020年開幕，集家品食材零售、時裝、餐廳、酒店以及文創基地於一身，絕對是無印迷的天堂。

樓層簡介	
6/F	ATELIER MUJI GINZA：複合式文創空間
5/F	寢具及清潔用品
4/F	Muji Book、家品
3/F	文具雜貨、美妝保養
2/F	男女衣飾
1/F	食品、麵包
B1/F	無印食堂

男女衣飾 (2F) 以天然材料為基礎，穿脫舒適的日常生活服裝。

文具控一定不可錯過 (3F) 的文具工房。

每日精選便當。

6樓另設WA餐廳，提供較精緻的和式套餐。

Muji Book位於4F。

6樓的文創空間，會不定期舉行文創產品的展銷。

貫徹簡約路線的 Muji Hotel(6-10F)。

INFO

🏠 中央區銀座 3-3-5 | 📞 03-3538-1311 | ⏰ 11:00am-9:00pm
| 🔗 https://shop.muji.com/jp/ginza/

新舊融合
EXITMELSA

Map 10-1/ **B3**

 東京 Metro 銀座綫銀座駅 A2 出口步行 2 分鐘

自從 GINZA SIX 注目登場之後，跟它一街之隔的 EXITMELSA 好像被大家遺忘。不過，開業多年的 EXITMELSA 有百年老店文明堂、銀座谷川餐廳，也有很受女士歡迎的生活雜貨店 Plaza，加上大熱的 GINZA SWEETS MARCH，為商場挽回不少人氣。。

🏠 中央區銀座 5-7-10 中村積善会ビル | ☎ 03-3573-5511 | 🕐 11:00am-8:00pm，餐廳至 11:00pm | 🌐 www.exitmelsa.jp

百年老店
2a 文明堂

文明堂有上百年的歷史，以賣蜂蜜蛋糕而聞名，本店在長崎。這種蜂蜜蛋糕在日本叫 Castella/カステラ，他們在蜂蜜蛋糕的底部再加上特別的砂糖顆粒，吃下去口感相當特別。蛋糕以傳統製法，口感綿密，面頭烤焗得微微焦香，配上一口清香綠茶就最適合不過。

綿蜜的蛋糕配上焦香的外表，不錯的下午茶之選。

他們的包裝很可愛，小包裝很適合用來送人。

這裡還有 café，餐後甜品可以加配 Castella。

🏠 EXITMELSA 1F | ☎ 03-3574-7202 | 🕐 11:00am-8:00pm | 🌐 www.bunmeido.co.jp

東京

甜品激戰區 ③ Map10-1/ B3

GINZA SWEETS MARCH

🚕 東京 METRO 銀座駅 A2 出口徒步 2 分鐘

日本人對甜品的狂熱舉世聞名，剛於2022年4月開業的 GINZA SWEETS MARCH，位於EXITMELSA的一樓，嚴選13家日式及西式甜品店進駐，引發了連場「甜蜜風暴」。

INFO

🏠 中央區銀座 5-7-10 EXITMELSA 1F | 🕐 11:00am-9:00pm，每間商店營業時間不同 | 🌐 http://www.exitmelsa.jp/

JÉRÔME cheesecake GINZA

由米芝蓮星級主廚 Jérôme Quilbeuf 主理，選用西班牙原味巴斯克（Basque）芝士配北海道牛乳製作芝士蛋糕。外表雖然平平無奇，濃滑的味道與口感卻令人驚為天人。

INFO

🌐 https://jerome-cheesecake.com/

Petitrier

日本著名網上甜品店首次開設實體店，以蛋白芝士撻名揚甜品界。其他出品如馬卡龍及蛋白糖霜曲奇也是熱買產品。

INFO

🌐 https://www.petitrier.com/

金田屋

人氣新派大福店，在傳統的大福上放上當造新鮮水果，外觀既鮮艷又高貴，呃 Like 一流。

INFO

🌐 https://kanadaya.co.jp/

日向利久庵

來自宮崎縣的名店，以栗子餡料的甜品馳名，而焦糖燉蛋也是該店的名物。

INFO

🌐 https://hyugarikyuan.co.jp/

北海道土產
Map10-1/ **B1**
Dosanko Plaza ④

🚕 JR 有樂町駅步行 1 分鐘 / 東京
Metro 有樂町駅步行 3 分鐘

在銀座有許多日本的縣份都設有物產店，北海道也不例外，這裡主要出售北海道產的食材，牛乳、海產農產應有盡有。提起北海道名物，當然少不了近年風靡港台的馬油，還有六花亭和柳月的三方六蛋糕。而且由北海道政府經營，品質有一定保證。

在北海道很受歡迎的六花亭土多呻梨本古力。

帶廣名物三方六，近年也可以在這裡買到。

INFO

🏠 千代田區有樂町 2-10-1 東京交通会館 1F | 📞 03-5224-3800 | ⏰ 10:00am-8:00pm | 🌐 www.dosanko-plaza.jp

---

Map10-1/ **C1** ⑤ 石川縣特產店
石川県アンテナショップ

🚕 東京 Metro 銀座一丁目駅 4 號出口 / JR 有樂町駅步行 4 分鐘

除了北海道Dosanko Plaza，石川県アンテナショップ亦是其中一間土產店，大家不用去到金澤，在東京一樣可以吃到石川名物，金箔雪糕。此外，店內亦有人氣的味噌醬、手工藝品和雜錦年糕等。這裡1樓和B1F賣土產，2樓是Café，這裡還會不定期舉行不同的工作坊！

INFO

🏠 中央區銀座 2-2-18 TH銀座ビル | 📞 03-6228-7177 | ⏰ 10:00am-8:00pm | 🌐 http://100mangokushop.jp

熊本物產店
銀座熊本館

Map10-1/ **B3**

🚕 東京 Metro 銀座駅 B9 出口步行 1 分鐘 /
JR 有樂町駅數寄屋口步行 5 分鐘

熊本館是其中之一間人氣的物產店。這裡樓高兩層，1樓是販售熊本的物產，很多在熊本縣內人氣的東西，這裡都可以買到。2樓則是ASOBI Bar，你可以在這裡喝到球磨燒酎和一些熊本的特色美食。

可愛的KUMAMON造型日本酒，買來做手信肯定不會錯。

INFO

🏠 中央區銀座 5-13-6 | 📞 03-3572-1147 | 🕐 (1F 賣 (2FASOBI Bar) 11:00pm-8:00pm，星期日及一休息（實際時間請到官網查閱）| 🌐 www.kumamotokan.or.jp

---

Map10-1/ **C1**　　　高級 Toast 專門店
 Center The Bakery

🚕 JR 有樂町駅步行 3 分鐘 / 東京 Metro 有樂町駅步行 3 分鐘

檯墊上有英文説明，各款Toast的最佳食法。

建議大家選 Set C Jam & Butter（¥1,500），有3款不同的牛油加上6款果醬。

果醬的款式會不時更換，沒有固家。

涉谷人氣麵包店 VIRON 的姊妹店 Center The Bakery，分有堂食和外賣部份，無論是哪一邊都會出現人龍。Caf é 內提供了不同的 Toast 食法，大家可以3款 Set 中選2款或者3款 Toast，價格略貴，最便宜都要 ¥1,000（包一杯飲品）。此外，Toast 是由客人自己烘熱，多士爐亦是自己選擇。

多士爐也由客人自選。

INFO

🏠 中央區銀座 1-2-1 東京高速道路紺屋ビル 1F | 📞 003-3562-1016 | 🕐 10:00am-7:00pm

上野　秋葉原　東京巨蛋城　東京車站

銀座

30周年旗艦店
Loft
Map10-1/ **C2** (08)

🚕 JR 有樂町駅中央口步行 4 分鐘 / 東京 Metro 銀座駅 C8、C9 出口步行 3 分鐘 / 東京 Metro 銀座一丁目駅 5 號出口步行 1 分鐘

原先Loft的銀座店和Muji共用同一幢建築，在2017年的時候，Loft決定在銀座開設旗艦店作為慶祝30周年。這裡樓高6層，佔地達過千坪以上，雖然不及涉谷店好逛，但這裡人流就比那邊少，基本上大路的產品都有，文具部份還設了一個Pencil Bar，文具控看到一定大開眼界。

INFO

🏠 中央區銀座 2-4-6 1F-6F | 📞 03-3562-6210 | 🕐 11:00am-9:00pm
| 🌐 www.loft.co.jp/lp/ginzaloft/firstanniversary

Map10-1/ **C2**
珍珠老店
(09) # Mikimoto Ginza 2

銀座

🚕 東京 Metro 銀座一丁目駅 8 號出口步行 2 分鐘 / 東京 Metro 銀座駅 C8 出口步行 3 分鐘

Mikimoto 御木本珍珠在日本很出名，創辦人御木本幸吉在三重縣的伊勢起家，發明了獨家的珍珠養殖方法，有「日本珍珠之父」之稱。銀座店的設計也配合了珍珠的概念，產品也很迎合年輕人及上班族的口味。這裡的建築由日本建築大師伊東豐雄所設計，外牆如海中採集珍珠的氣泡，令人印象難忘。

INFO

🏠 中央區銀座 2-4-12 MIKIMOTO Ginza2 | 📞 03-3535-4611 | 🕐 11:00am-7:00pm | 🌐 http://ginza2.mikimoto.com

女士最愛 ⑩ Map10-1/ C2

Marronnier Gate 2 & 3

東京 Metro 銀座一丁目駅 4 號出口步行 2 分鐘 / JR 有樂町駅
中央口步行 4 分鐘 / 東京 Metro 銀座駅 C8 出口步行 3 分鐘

Marronnier Gate 1 本身以美食餐廳及 Tokyu Hands 為主打，而 2 & 3在2017年建於它的旁邊，補充了 Gate 1的不足。Gate 2 以百貨公司的姿態出現，有齊各種名牌化妝品、服飾和生活雜貨等等。而 Gate 3則是以女性 Salon 為主，1樓有Banana Republic，3者加起來就相等於一間完整的百貨公司了。

INFO
🏠 中央區銀座 3-2-1 | 🕐 11:00am-9:00pm | 🌐 www.marronniergate.com

Map10-1/ A5

⑪ 即場退稅

Apple Store

東京 Metro 銀座駅 A3 出口步行 8 分鐘

雖然香港也有 Apple Store，但銀座店是亞洲第一間 Apple Store，佔地5層，除了售賣不同 Apple 的產品如 iPhone、iPad、iMac、Macbook外，還有不少的周邊商品發售，而且款式更多。最重要的是店內有退稅服務，購買滿 ￥5,000以上便可退稅。

INFO
🏠 中央區銀座 8-9-7 HULIC &New GINZA 8 | 📞 03-4345-3600 | 🕐 10:00am-9:00pm | 🌐 www.apple.com/jp

百年洋食店 ⑫

煉瓦亭 Map10-1/ C2

東京 Metro 銀座駅 B5 出口 /
JR 樂町駅銀座口步行 5 分鐘

煉瓦亭起源於日本大正時期，它是日本炸豬排的始祖。招牌菜「豚勝」（TONKATSU）即是把洋食的炸豬排改良，搭配椰菜絲，並淋上特製的豬排醬汁再配上白飯。豬排很厚且充滿肉汁，炸得非常香脆，有味噌及咖喱等口味選擇。此外，他們的元祖蛋包飯也是名物之一。

元祖蛋包飯。

INFO
🏠 中央區銀座 3-5-16 | 📞 03-3561-3882| 🕐 11:15am-2:30pm、4:40pm-8:30pm

百貨老店
松屋

Map10-1/ **C3** ⑬

🚕 東京 Metro 銀座駅直達

松屋銀座店於1925年開業，是日本著名的大型老牌百貨公司之一，這裡翻新後增加時代氣息，而這裡最為人所認識的，就是位於地庫的甜品層，有來自法國的洋菓子 La Mere Poulard，吸引大批甜品愛好者品嘗名物「鹽caramel cream」，喜歡吃甜品的人不妨來這裡走一圈。

INFO
🏠 中央區銀座 3-6-1 | 📞 03-03567-1211 | 🕐 10:00am-8:00pm，8 樓餐飲層 11:00am-10:00pm | 🌐 www.matsuya.com

---

西式文具老店
Map10-1/ **D2** ⑭ # 伊東屋

🚕 JR 有樂町駅中央口步行 5 分鐘 / 東京 Metro 銀座駅 A13 出口步行 2 分鐘

伊東屋有自己出品的文具。

伊東屋（Itoya）創立於1904年，已有過百年歷史，店內提供超過15萬種各式各樣的文具，既有日本產的「万年筆」，即是近年流行的鋼筆，款式相當多，亦有由歐美進口的貨品。

INFO
🏠 中央區銀座 2-7-15 | 📞 03-3561-8311 | 🕐 10:00am-8:00pm，星期日及公眾假期至 7:00pm | 🌐 www.ito-ya.co.jp

---

英式早餐喫茶店 **Map**10-1/ **C3**
喫茶館 仏蘭西屋 ⑮

🚕 JR 有樂町駅中央口步行 6 分鐘 / 東京 Metro 銀座駅 A12 或 13 出口步行 1 分鐘

銀座的仏蘭西屋本來是一家喫茶店，是英式餐廳英國屋的姊妹店，他們有提供簡單的早餐，幾百日圓就可以吃到從昭和時代便很受歡迎的早餐，他們的餐具也甚有英倫風味，光看相片不會相信幾百日圓就可以享用得到。

他們的茶杯也很有英倫風味。

簡單的Toast、雞蛋和香腸，是一個不錯的早餐之選，¥650。

INFO
🏠 中央區銀座 3-7-16 銀座 NS ビル B1 | 📞 03-3564-0462 | 🕐 8:00am-10:30pm，星期五至 11:00pm，星期六日至 10:00pm | 🌐 http://cafe-eikokuya.jp

東京
牛奶妹
不二家

⑯

Map10-1/ **B2**

🚗 JR 有樂町駅中央口步行 6 分鐘／ 東京 Metro 銀
座駅 B10 出口步行 1 分鐘

不二家在1910年創業，代表人物可愛的牛奶妹
Peko陪伴了很多日本人成長，現時在日本全國都有多
家不二家的分店，而銀座數寄屋橋店除了有商品販賣
外，2樓更是和洋風的餐廳。其實不二家是一家老字號
的糕餅店，店內販賣泡芙、朱古加和曲奇餅等，亦把
不二家糖果分銷到世界各地去。

泡芙是他們的人氣糕點之一。

INFO

🏠 中央區銀座 4-2-12 銀座クリスタルビル 1F | 📞 03-3561-0083
| 🕐 11:00am-9:00pm| 🌐 www.fujiya-peko.co.jp

他們也跟上潮流出品芝士撻。

MATSUZAKI SHOTEN

⑰

川端康城煎餅

松崎煎餅

Map10-1/ **D4**

🚗 東京 Metro 東銀座駅 3 號出口步行 2 分鐘

日本大文豪川端康城的大作中，曾經出
現了松崎煎餅，這種煎餅用上了小麥粉和雞
蛋製作，滿滿的蛋香經過了烘焙後非常酥
脆，而且還會帶一點微微的蜜糖清香。川端
康城曾在小説裡的一幕中，描寫故事中的女
兒提醒前往銀座的母親，記著要買松崎煎餅
給父親手信，可見當時的日本，買松崎煎餅
當手信是很流行的事。

INFO

🏠 中央區銀座 4-13-8 岩藤ビル 1 階 | 📞 03-6264-6703
| 🕐 10:00am-7:00pm | 🌐 https://matsuzaki-senbei.com

銀座地標
和光本館　Map10-1/ C3 (18)

🚕 東京 Metro 銀座駅 B1 出口直達

通常看到關於銀座的地標，都會用一幢很有歐陸味道的鐘樓來做代表，這就是位於銀座4丁目交界的和光百貨。和光百貨從1947年創業以來，售賣的都是貴價首飾、皮製品、手提包、鐘錶等，來到銀座也別忘了在此拍照留念。

INFO

🏠 中央區銀座 4-5-11 | 📞 03-3562-2111 | 🕐 10:30am-7:00pm | 🌐 www.wako.co.jp

INFO

🏠 中央區銀座 4-2-11 | 📞 03-5524-8777 | 🕐 10:00am-8:00pm | 🌐 http://gap.co.jp

日本旗艦店
(19)
Map10-1/ B3　GAP

🚕 東京 Metro 銀座駅 B8 出口即見 / JR 有樂町駅步行 5 分鐘

GAP 的銀座店是日本旗艦店，簡潔玻璃外牆，外觀設計也相當注目，樓高4層佔地1,500平方公尺。日本GAP價格比香港便宜，又不時有折扣優惠，在一月及七月的大減價季節更是大手入貨的時候。

鐵板漢堡扒 Map10-1/ B2
數寄屋バーグ (20)

🚕 東京 Metro 銀座駅徒步 5 分鐘

銀座的中高級餐廳比較多，不過，只要在JR站找一下，火車站附近總有便宜的美食。在JR有樂町駅附近，便有一間專門吃鐵板漢堡扒的餐廳，1,600日圓便有交易了！這裡是一間人氣店，曾錄得一個月有6,000人來光顧，標榜用國產牛肉，而且百分百用人手製作，難怪大家都喜歡。

INFO

🏠 中央區銀座 4-2-12 銀座クリスタルビル 1F | 📞 03-3561-0688 | 🕐 11:00am-10:30pm，星期三休息 | 🌐 www.sukiyaburg.jp

小飯漢堡扒加月見之せ（半熟雞蛋）¥1,620。

漢堡扒由 ¥1,500起，按大小而不同價錢，醬汁另計。

東京
麵包老店　**Map**10-1/ **C3**
銀座木村家　㉑

東京 Metro 銀座駅 A9 出口直達

木村家於創業1869年，而銀座店更是總店，樓高8層，地下是麵包店，2至4樓是Cafe及餐廳，8樓則是麵包工場，所以這裡出品的麵包都是最新鮮的。木村家用日本傳統的酒種酵母配西式麵包方法，成功做出日本第一個紅豆餡麵包。直到現在已發展出6種不同口味，可單個購買，值得買一個來試。

INFO

🏠 中央區銀座 4-5-7 | 📞 03-3561-0091 | 🕐 10:00am-8:00pm | 🌐 www.kimuraya-sohonten.co.jp

Map10-1/ **C4** ㉒「一頭牛」燒肉
俺之燒肉 銀座4丁目店

東京 Metro 東銀座駅 A2 出口

一般的黑毛和牛，這份是上カルビ（肋骨旁的肉）。

牛舌是吃燒肉時不得不點的食物之一。

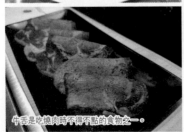

松阪牛六種盛合也只是￥6,980六足名兩人專用。

俺之燒肉之所以人氣，就是他們推出限定的「一頭牛」烤肉，幾千日圓就可以一試牛的各個部位，但由於是限定，很多人下午4點來排隊。不想浪費時間，其實這裡的單點品更是值得一試。店家不時會引進日本各地和牛，如松阪牛和近江牛，￥5,680(600g) 就可以吃到。一般的黑毛和牛併盤便宜得用￥3,000多就可以品嘗了。

INFO

🏠 中央區銀座 4-10-10 銀座山王ビル B1F | 📞 03-6260-6537 | 🕐 11:30am-3:00pm、5:00pm-10:30pm | 🌐 www.oreno.co.jp/restaurant（可網上預約訂檯）

銀座新商場
Toyku Plaza 銀座 ㉓

Map10-1/ **A3**

🚕 東京 Metro 銀座駅 C2、C3 出口步行 1 分鐘 /
JR 有樂町駅銀座出口步行 4 分鐘

　　繼原宿的 Tokyu Plaza 注目登場後，銀座的 Tokyu Plaza 在 2016 正式開業。它的設計採用了傳統工藝江戶切子（日本雕花玻璃）為外觀的主題，非常注目。商場內集合了 125 間店舖，主打高檔名牌店舖，如 Hamilton、Emporio Armani、Pandora 等。餐廳方面有來自北海道的超人氣壽司店根室花まる，不想排隊又不介意立食的話，這裡是不錯選擇。此外，這裡更有 Tokyu Hands 的全新概念店 HANDS EXPO Culture Mall，為大家帶來很多與日本傳統文化有關的設計產品，值得一到。

根室花まる在東京駅KITTE 的店舖經常大排長龍，而 Tokyu Plaza 店則採用立食設計，因此客人亦吃得較快，容易等到位。(10F)

HANDS EXPO 除了有很多和日本傳統有關的設計產品外，還有不少設計師和手作人的商品。(7F)

Hands 的全新概念店 HANDS EXPO Culture Mall。

INFO

🏠 中央區銀座 5-2-1 | 🕐 11:00am-8:00pm，不同店舖各異 | 🌐 http://ginza.tokyu-plaza.com

東京

水果蛋糕
銀座千疋屋

 東京 Metro 銀座駅 B5 出口即見

Map10-1/ B3
㉔

千疋屋是賣高級的水果蛋糕，已經有120多年歷史。銀座店還有出售品質不錯的高級水果禮盒、果醬和果汁，很多公司都喜歡到這裡訂購水果產品送給客人。這裡有一款很人氣的水果三文治，在麵包中間夾了時令水果和新鮮的忌廉，買來當早餐是不錯選擇了。

INFO

🏠 中央區銀座 5-5-1 | 📞 03-3572-0101 | 🕐 11:00am-7:00pm，星期六日及公眾假期 11:00am-6:00pm | 🌐 https://ginza-sembikiya.jp

㉕
Map10-1/ B3

老字號和紙店
鳩居堂

 JR 有樂町銀座駅步行 6 分鐘

鳩居堂本來來自京都，於1663年創業，主要售賣日本的文房四寶及和紙工藝品，手工精緻具特色，來到東京便成了買日本傳統特色文具的好地方。隨著時代的轉變，鳩居堂以保育日本傳統文化為使命，推出有趣又實用的商品，希望和紙手工得以延續。這裡還設有鳩居堂畫廊，不時舉辦書展等展覽會。

INFO

🏠 中央區銀座 5-7-4 | 📞 03-3571-4429 | 🕐 11:00am-7:00pm | 🌐 www.kyukyodo.co.jp

複合式商場
GINZA PLACE

Map10-1/ **C3** ㉖

 東京 Metro 銀座綫銀座駅 A4 出口直達 /
JR 有樂町駅銀座口步行 10 分鐘

銀座近年作出大改造，有很多新的Shopping Mall建成，變成另一番新氣象，GINZA PLACE是其中之一，於2016年開幕。這裡的1樓及2樓是日產汽車的陳列室，當然少不了展出他們最新款的私家車吧！在4至6樓則有SONY的Showroom，同時也有商店和各式餐廳，是銀座其中一個注目商場。

SONY Showroom在4至6樓。

NISSAN 的陳列室。

INFO

🏠 中央區銀座 5-8-1 | 🕐 11:00am-8:00pm，不同店舖各異
| 🌐 https://ginzaplace.jp

Map10-1/ **A5**
㉗ 小朋友天堂
博品館 Toy Park

 東京 Metro 銀座駅 A2 出口步行 7 分鐘

博品館Toy Park樓高四層，設各種專區，分別售賣世界各地的玩具、電玩、模型及日本芭比娃娃Licca等約20萬件商品，更在1986年一度成為日本最大的玩具店。雖說是小朋友的天堂，可是大人們來到這個大型玩具庫，隨時會童心爆發，瘋狂購物。只要購物滿￥5,000以上，持護照即可到專屬櫃枱辦理退稅。

INFO

🏠 中央區銀座 8-8-11 | ☎ 03-3571-8008 | 🕐 11:00am-8:00pm | 🌐 www.hakuhinkan.co.jp

東京

傳統甜品
銀座若松

㉘

Map10-1/ **B3**

🚕 東京 Metro 銀座駅 A4 出口直達 /
JR 有樂町駅銀座口步行 10 分鐘

　　銀座真的是老店集中地，隨意走過都可以找到一間，若松是日式蜜豆甜品的老店之一，於明治27年創業。あんみつ是一種日式傳統甜品，翻譯過來可以叫做日式蜜豆，就是利用北海道紅豆加入糖來製作出的蜜豆，店家還會加些許鹽來控制甜度，絕不過甜。

INFO

🏠 中央區銀座 5-8-8 銀座コアビル 1F | 📞 03-3571-0349 | 🕐 11:00am-5:30pm，星期一休息 | 🌐 http://ginza-wakamatsu.co.jp

---

㉙

江戶菓子
菊迺舍

Map10-1/ **B3**

🚕 東京 Metro 銀座駅 A4 出口直達 /
JR 有樂町駅銀座口步行 10 分鐘

　　菊迺舍一樣是百年老店，明治23年創業，專門賣正宗的江戶時代和菓子，多年不變。店內有他們的名物炸饅頭，香酥的饅頭讓人一吃上癮。此外，店內也有米果、煎餅和黑豆等小吃發售，而且還有禮盒裝，用來當手信也是不錯，比東京香蕉更代表到東京的手信。

INFO

🏠 中央區銀座 5-9-17 銀座あづまビル 1F | 📞 03-3571-4095 | 🕐 9:30am-6:00pm，星期六日及假期至 5:30pm | 🌐 www.ginza-kikunoya.co.jp

草間彌生的作品點綴了商場的中庭。

注目商場
Ginza Six

Map10-1/ **B4**

㉚

東京 Metro 銀座駅 A3 出口步行 2 分鐘 /
JR 有樂町駅銀座口步行 10 分鐘

　　Ginza Six 於2017年開幕，旋即成為了東京的話題性地標，因為不單止有多個注目品牌進駐，不少更是第一次來到銀座，再加上還有蔦屋書店和草間彌生的作品在這裡，馬上把商場成了一個藝術文化和購物結合的地方。這裡由日本知名建築師谷口吉生及法國設計師 Gwenael Nicolas 負責，設計高貴典雅，難怪成了注目建築。

京都的辻利茶舖也有進駐這裡。

商場內設有遊客中心，提供行李寄存服務。

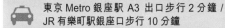

佔地約4千平方米的GINZA SIX花園是銀座最大之屋頂庭園。

地下三樓設有「觀世流」能樂堂，積極保育及推廣日本傳統能樂。

INFO

🏠地址：中央區銀座 6-10-1 | 🕐（商店）10:30am-8:30pm；（餐廳）11:30am-11:00pm | 🌐 https://ginza6.tokyo/

上野
秋葉原
東京巨蛋城
東京車站
銀座

Ginza Six 推薦商店

文化藝術共聚一爐
蔦屋書店

Ginza Six 蔦屋書店分為兩區，第一大區主要是雜誌、藝術、設計及攝影書籍，另有日本唯一搜集了約50本重達40kg 的大型藝術書專區。第二大區域主要圍繞日本文化，有售日本茶酒、雜貨、及藝術家奈良美智、村上隆、草間彌生等商品。店內有瑞士名錶 Richard Mille 史上第一間概念 Showroom，亦一如概往有 Starbucks 專區，但這個 Starbucks Reserve Bar，除了一般咖啡，也是日本首家提供氮氣冷萃咖啡，更有酒精飲料選擇！

Starbucks Reserve Bar。

大型藝術書專區。

INFO

🏠 Ginza Six 6/F | ☎ 03-3575-7755 | 🕐 9:00am-11:30pm | 🌐 http://store.tsite.jp/ginza/

銀座限定抹茶芭菲驗
30b
Map10-1/ B3 中村藤吉本店

Ginza Six 限定甜品芭菲「別製まるとバフエ」。

來自京都的中村藤吉在關東的第一間店，裝潢用上製作研茶石磨的御影石作地板、漆器特色設計的桌子、重現從前審茶場感覺的黑色牆身。雖然香港都有分店，但這裡卻有 Ginza Six 限定甜品，就是芭菲「別製まるとバフエ」。抹茶忌廉下是特製抹茶雪糕、抹茶戚風蛋糕、白玉等，用上高級的碾茶及多重生茶、濃茶，極具層次。

INFO

🏠 Ginza Six 4/F | ☎ 03-6264-5168 | 🕐 10:30am-8:30pm | 🌐 http://www.tokichi.jp

六本木
Roppongi

新宿駅 •••••••••••••••••••••••••• 赤羽橋駅
都營大江戶線

六本木駅

上野駅　銀座駅 •••••••••••••••••••
日比谷線

六本木

MAP11-2

矚目當代設計藝術館 Map11-2/B1
21_21 Design Sight 01

🚕 都營大江戶線六本木駅 / 東京 Metro
六本木駅或乃木坂駅步行約 5 分鐘

　「21_21」取自英美俗語「20/20 vision」，意指視力正常及具洞察能力的意思。建築物的設計是由日本建築大師安藤忠雄 (Tadao Ando) 以及服裝設計大師三宅一生 (Issey Miyake)、平面設計師佐藤卓 (Taku Satoh)、產品設計師深澤直人 (Naoto Fukasawa) 及資深傳媒工作者川上典李子 (NorikoKawakami) 等人一起創作，是一個大師級的作品。館內定期舉行不同主題的特色藝術展，提供一個純粹的展示平台推廣出色的當代藝術作品。

🏠 港區赤坂 9-7-6 東京ミッドタウン ミッドタウン·ガーデン內　| ☎ 03-3475-2121　🕐 10:00am-7:00pm，逢星期二休息 | 💲 成人￥1,200、大學生￥800、中學生以下免費　| 🌐 www.2121designsight.jp | 🚩 展覽場內不准拍照及錄影，手提電話不得發出聲響，亦不能使用手提電話；為保護展覽品版權，不能使用任何工具抄寫

Map11-2/B2　攝影發燒友集結地
02　Fujifilm Square

🚕 都營大江戶線六本木駅 8 號出口直達 / 東京 Metro 丸ノ內線 / 日比谷線，4A 出口步行至都營大江戶線 8 號出口

Fujifilm Square 底層設有 Gallery「Photo is」，定期推出不同的攝影主題展，同場還設有最新款式的數碼相機展示區「Fujifilm Photo Salon」，供大家隨意試用各種相機型號。另外，一旁還設有「Fujifilm Photo Museum」的相機歷史長廊，讓大家細看不同年代的機型轉變。

🏠 港區赤坂 0 7 0 | ☎ 00-0271-3350 | 🕐 10:00am-7:00pm | 🌐 http://fujifilmsquare.jp | 💲 免費入場

東京

六本木地標
森 タワー　Mori Tower

Map11-2/**B4**　(03)

🚕 都營大江戶線六本木駅步行4分鐘 /
東京 Metro 六本木駅 1C 出口直達六本木山內

　　森大樓由地下6樓至地面合共有54層。低層主要是購物中心的部分，而中層則是商業用辦公室及會員設施。而旅客最愛去看夜景的 Tokyo City View、村上隆粉絲必到的森美術館也分別設在52和53樓，是絕對不容錯過的景點之一。

INFO

🏠 六本木 6-10-1 | 📞 03-6406-6496 | 🕐 10:00am-10:00pm| | 🌐 www.mori.co.jp

(3a) 最高美術館
Mori Art Museum

　　森美術館位於森大樓的頂層，是世界上最高的美術館。館內的展覽主題以現代藝術為主，題目選材極具創意與前瞻性，而且除了本地的藝術家外，還時有國外的藝術家來此舉辦特色展覽。與其他美術館不同，森美術館開放至晚上10點，藉以讓大家能有更多時間欣賞到各種藝術作品，大力推廣藝術文化這部分。

INFO

🏠 53F | 📞 03-5777-8600 | 🕐 10:00am-10:00pm，星期二至 5:00pm，閉館前半小時停止入場 | 💲 成人 ￥1,800、大學 / 高中生 ￥1,200、小童 ￥600、4 歲以下免費 | 🌐 www.mori.art.museum

360俯瞰東京日與夜
Tokyo City View

(3b)

　　森大樓的53層展望台能夠以360度的視角俯瞰東京的繁囂市景，全層都裝上落地大玻璃，除了東京鐵塔，還能同時看到晴空塔。而再走上一層的「SKY DECK」，是關東最高的露天式展望台。

INFO

🏠 52 至 53F | 📞 03-0460-6000 | 🕐 10:00am-11:00pm，星期五、六及假期前至 1:00am，閉館前一小時停止入場；Sky Deck 11:00am-8:00pm | 💲 平日成人 ￥2,000、大學 / 高中生 ￥1,300、小童 ￥700、4 歲以下免費 | 🌐 www.roppongi-hills.com/tcv/jp/

日本首家Book&Cafe風書店
Tsutaya Tokyo Roppongi

④

都營大江戶線六本木駅步行4分鐘 /
東京 Metro 六本木駅步行約 15 分鐘

六本木

　　六本木的蔦屋書店是日本首家走Book&Cafe相容的書店，店內除收集了四萬五千多冊的國內、外精選書籍及雜誌外，1樓設有 Starbucks 及 Stationary 區，提供傳統和革新的文具用品及精品供選購。2樓則設有 Collection Lounge 和 Cinema & Music，前者擺賣了店家精選的工匠作品，後者則是收藏了各種當代與跨時代經典名作影音產品。

INFO

🏠 港區六本木 6-11-1 六本木ヒルズ 六本木けやき坂通り | ☎ 03-5775-1515 | 🕐 7:00am-11:00pm | 🌐 http://real.tsite.jp/ttr

⑤
Map11-2/**A2**

青山

代官山

日本第一大美術館
國立新美術館

都營大江戶線六本木駅 7 號出口步行4分鐘 / 東京 Metro 丸ノ內線六本木駅 4A 出口步行 5 分鐘 / 地鐵千代田線乃木坂 6 號出口直達

　　國立新美術館是日本最大型的美術館。館內分設4層，主要是展覽場地、Art Library、Café 與餐廳，配套相當完善。美術館的建築結構採用玻璃，周圍也種滿各種嫩綠植物，予人一種置身於藝術森林的感覺。不少知名的藝術家都會在這裡特設展覽，例如新海誠、安藤忠雄等的人氣展覽也曾在此舉辦。

中目黑

自由之丘

吉祥寺、三鷹

INFO

🏠 港區六本木 7-22-2 | ☎ 03-5777-8600 | 🕐 (展覽及 Café)11:00am-6:00pm；(Art Library)11:00am-6:00pm；(餐廳)10:00am-10:00pm，星期二休息 | 💲 視乎各展館而定，亦有部分免費 | 🌐 www.nact.jp

🚗 東京 Metro 六本木駅 1 號出口步行 5 分鐘

朝日電視台由1957年創立，在2003年總部便搬到六本木 Hills 內的新大樓，而1樓的大廳是開放給遊客免費參觀的。來到這裡別忘了跟朝日的一哥——《多啦A夢》及《蠟筆小新》等展覽品合照；另外亦放滿當季人氣的綜藝和戲劇節目的海報與看板，歡迎大家一起合照。此外，這裡可以買到電視台限定的周邊商品，走得累了，還可以去旁邊的露天 Cafe Chez Madu 休息。

INFO

🏠 港區六本木 6-9-1 テレビ朝日本社ビル 1F | 📞 03-6406-1111 | 🕐 (TV Asahi Shop)10:00am-7:00pm，甜品店至 8:00pm | 🌐 www.tv-asahi.co.jp/hq

東京都內文化之首
六本木 Hills Map11-2/B4 **07**

🚗 都營大江戶線六本木駅 3 號出口步行 4 分鐘 /
東京 Metro 六本木駅 1C 出口直達

六本木Hills集結了多達200間來自世界各地的品牌商店與餐廳，鄰近還設有大型的藝術裝置，比如村上隆特意為這裡設計的吉祥物「ロクロク外星人家族」，以及地標性10米高的巨型蜘蛛，都是旅客拍照打卡的熱點。

地標性10米高的巨型蜘蛛。

INFO
🏠 港區六本木 6-10-1 | ☎ 03-0460-6000 | 🛍 商店 11:00am-9:00pm，餐廳至 11:00pm，不同店鋪各異 | 🌐 www.roppongihills.com

雞蛋主題西餐廳
7a Eggcellent

Eggcellent採用的雞蛋是來自山梨縣的黑富士農場——日本首家培育出有機雞蛋的農場，標榜新鮮健康的食材。店內提供輕食如班尼迪蛋系列、土司系列和鬆餅系列，全都離不開美味的蛋，就連店內的裝潢也是清一色的雞蛋造型。

INFO
🏠 HILL SIDE ヒルサイド B1F | ☎ 03-3423-0089 | 🕐 8:00am-9:00pm | 🌐 www.eggcellent.co.jp

人氣串炸餐廳
串の坊 **7b**

串炸是把食材如海鮮或雞肉等串在竹籤上，再裹上粉去炸，便成了一串串惹味香脆的小食。串の坊是一家人氣的串炸餐廳，在六本木Hills中也有分店，價格實惠，且提供三十多款串炸食材，還有逾150種的酒品可供選擇，非常適合聚會小酌。

INFO
🏠 WEST WALK ウエストウオーク 5F | ☎ 03-5771-0094 | 🕐 11:00am-2:30pm、5:00pm-11:00pm，星期六、日及公眾假期 11:00am-11:00pm | 🌐 www.kushinobo.co.jp

六本木

青山

代官山

中目黑

自由之丘

吉祥寺、三鷹

米芝蓮三星廚師
L'Atelier de Joël Robuchon ⑦c

由已故法國名廚 Joël Robuchon 所開的餐廳，他在39歲時首次獲得了米芝蓮三星，旗下餐廳擁有合共31顆米芝蓮星星。他擅長利用純樸簡約的食材創造出令人驚豔的料理，尤其是法式甜品更是極受當地女士歡迎。

INFO

🏠 HILL SIDE ヒルサイド 2F | 📞 03-5772-7500 | 🕐 12:00nn-2:30pm、6:00pm-9:00pm | 🌐 www.robuchon.jp

年輕人熱捧漢堡店
⑦d AS CLASSICS DINER

AS CLASSICS DINER 的裝潢走60年代美式復古風，也是拍照打卡的好地方。跟平常吃到的日式漢堡店不同，這裡的牛肉漢堡所選用的是100%牛肩肉，並不是豬與牛的混合漢堡肉，而且店家在製作料理時也特意調節熟度以保留鮮嫩的口感。店內漢堡的麵包選用天然酵母製成的酒種麵包，煙韌美味。

INFO

🏠 Hollywood Plaza ハリウッドプラザ B1F | 📞 03-6721-1581 | 🕐 11:00am-9:00pm | 🌐 www.asclassics.co.jp

自然尊貴版便利店 ⑦e
Natural Lawson

Natural Lawson是精品版的Lawson便利店，由於店內主張積極保護環境，所以支持它的客人也越來越多。店裡可以找到各種食物、個人護理產品、小家品、飲品等，大部分都是主張有機的又或是使用由原產地直送的原物料所製成的商品，都是以健康有益為原則。

INFO

🏠 WEST WALK ウエストウオーク 4F | 📞 03-5775-3555 | 🕐 7:00am-11:00pm | 🌐 www.lawson.co.jp

心意卡與小物專門店 ⑦f
Paper Mint

Paper Mint是一家專門販賣文具紙品的連鎖店，以365天都是紀念人為概念，希望藉此喚醒大家寄送卡片與信件給朋友傳達心意的傳統做法。店內的商品非常多元化，單是原創款式商品便達300種之多，還有其他小物雜貨可供大家選購。

INFO

🏠 WEST WALK ウエストウオーク 4F | 📞 03-5411-0139 | 🕐 11:00am-9:00pm | 🌐 http://papermint.jp

六本木

青山

代官山

中目黑

自由之丘

吉祥寺、三鷹

UCHINO旗下毛巾品牌
TOUCH

7g

Touch是生活品牌UCHINO旗下的毛巾品牌店，店內商品以最貼近肌膚的毛巾為主。毛巾皆採用頂級棉織品，例如海島棉、新疆棉等等，以輕柔舒適為原則，既適合自用亦可作送禮。

INFO

🏠 WEST WALK ウエストウオーク 4F | 📞 03-5786-9611 | 🕐 11:00am-8:00pm
| 🌐 http://touch-e.com

日本媽媽喜愛童裝賣店
7h Ribbon Hakka Kids

Ribbon Hakka Kids是一家童裝品牌店，店內的童裝都以質材柔軟舒適而廣受媽媽們歡迎，而且款式與造型也新穎有趣，價格合宜，是日本媽媽們喜愛的童裝賣店之一。

INFO

🏠 HILL SIDE ヒルサイド B2F | 📞 03-5786-7710
| 🕐 11:00am-9:00pm | 🌐 www.hakka-group.co.jp

六本木Hills限定商品
Roppongi Hills Art & Design Store

7i

想買到六本木Hills的專屬限定商品，就一定要來這店，它的商品種類繁多，例如食物、衣飾、文具及雜貨家品等，全都印有六本木圖案的限定商品。當然，還有人氣插畫家村上隆、奈良美智所設計的商品，極具收藏價值。

INFO

🏠 WEST WALK ウエストウオーク 3F | 📞 03-6406-6280
| 🕐 11:00am-9:00pm | 🌐 www.macmuseumshop.com

六本木新地標之一
Tokyo Midtown

Map11-2/**C1**

08

都營大江戶線六本木駅 8 號出口直達 / 東京 Metro
六本木駅 4A 出口步行到都營大江戶線的 8 號出口

Tokyo Midtown 原址是防衛廳的舊址，現在卻變成與海外多名設計名師策劃而成的時尚大型購物休閒場所，除了商店食肆以外，還有寫字樓、酒店、公園及美術館等進駐其中，可算是一獨立的文化藝術小社區。

INFO

🏠港區赤坂 9-7-4 | ☎03-5413-0050 | 🕐商店 11:00am- 9:00pm、餐廳
至 12:00mn，不同店舖各異 | 🌐 www.tokyo-midtown.com

8a 經典馬卡龍

patisserie Sadaharu AOKI paris

Tokyo Midtown 地下一樓匯聚世界著名的甜品店，包括法國朱古力大師 JEAN-PAUL HEVIN、日本知名和菓子老店「虎屋」，與及日本甜點大師青木定治的甜品專門店。青木定治的馬卡龍及朱古力，不但外表滿分，更堅持使用法國進口頂級食材，令每一口都充斥著濃濃的正宗法式浪漫情懷。

INFO

🏠位置：Tokyo Midtown Galleria B1F | ☎03-5413-7112 | 🕐 11:00am-
8:00pm | 🌐 http://www.sadaharuaoki.co.jp/

發覺生活中之美
Suntory 美術館

8b

Suntory 美術館承襲「發覺生活中之美」的理念，館內的設計出自建築師隈研吾之手，以「都市之中的生活空間」為設計理念，透過俐落的格狀設計把柔光傾注在美術館之中，格外有溫婉的和風氣息。

INFO

🏠 Tokyo Midtown Galleria 3F | ☎03-3479-8600 | 🕐 10:00am-6:00pm，星期
二休息 | 💲視乎展覽內容而異 | 🌐 www.suntory.co.jp/sma

六本木
青山
代官山
中目黑
自由之丘
吉祥寺、三鷹

日式筷子專門店
箸長

(8c)

箸長是一家日式筷子專門店，店面雖然不大，但是筷子的款式卻是千變萬化，多得令人眼花繚亂。這裡每雙筷子的風格、長短、材料都不盡相同，每一對都是獨一無二作品，當中更有融合日本傳統工藝漆器的高級筷子，樣式選擇也是繁多。

INFO

🏠 Tokyo Midtown Galleria 3F | 📞 03-5413-0392 | 🕐 11:00am-8:00pm

500年和菓子老店
(8d)
虎屋茶寮

虎屋茶寮是一家已有五百多年歷史的和菓子老店，它的招牌產品是羊羹，味道也有上百種的選擇。店家與時並進，除了著名的羊羹外，還有該店限定發售的甜食商品，一旁也設有Café可供室內用餐。

羊羹是一種經中國傳入再加以改良的甜品，以寒天將餡料凝固而成。

INFO

🏠 Tokyo Midtown Galleria B1F | 📞 03-3408-4121 | 🕐 7:00am-9:00pm | 🌐 www.toraya-group.co.jp

酒粕漬魚品牌
鈴波　(8e)

　鈴波是承襲大和屋傳統工法而推出的酒粕漬魚品牌，而大和屋也是在名古屋非常有名的店舖。把肥美的鱈魚、甘鯛、三文魚放進特製的味醂酒粕醬之中，再作醃製，讓肉質變得煙韌惹味。

INFO

🏠 Tokyo Midtown Galleria B1F | 📞 03-5413-0335
| 🕐 11:00am-8:00pm | 💻 www.suzunami.co.jp

---

(09)

賞櫻賞銀杏好去處
Map11-2/C4　毛利庭園

🚕 都營大江戶線六本木駅 3 號出口步行 4 分鐘 /
東京 Metro 六本木駅 1C 出口直達

　在六本木 Hills 內也能找到寧謐優雅的休憩區——「毛利庭園」，這裡面積達4,300平方公尺，以水池為中心，繼而能找到瀑布與潺潺的溪流，還有櫻花樹與銀杏樹，難怪到了春秋二季便會聚滿賞花與賞銀杏的人潮。

INFO

🏠 港區六本木六丁目 10-1 | 📞 03-6406-6000
| 🕐 全日開放 | 💻 www.mori.co.jp

六本木

青山

代官山

中目黑

自由之丘

吉祥寺、三鷹

城市地標 **Map**11-15
東京鐵塔 ⑩

🚕 都營地下鐵大江戶線赤羽橋駅步行5分鐘

東京鐵塔建於1958年，參照了當時的巴黎鐵塔，在未建成Skytree前是全日本最高地標。最初建立東京鐵塔，是為了負責替東京多家電視台和電台發射電波。東京鐵塔的展望台分兩個部分，150公尺是大展望台，到了250公尺的位置是特別展望台，兩層都有360度景觀，可以俯瞰東京市，特別是12月24日平安夜，有好多情侶專誠來這裡度過平安夜。

INFO

🏠 港區芝公園4-2-8 | 📞 03-3433-5111 | 🕐 9:00am-11:00pm | 💲 大展望台￥1,200、特別展望台＋大展望台￥2,800 | 🌐 www.tokyotower.co.jp

東京鐵塔在冬季和夏季都有不同的點燈，圖為冬季感覺較黃的溫暖燈光。

每年3月底時，從赤羽橋走來，就會看到一些早開的櫻花。

東京鐵塔代言人 Noppon 兄弟。

青山

代官山

中目黑

自由之丘

吉祥寺、三鷹

MAP 11-15

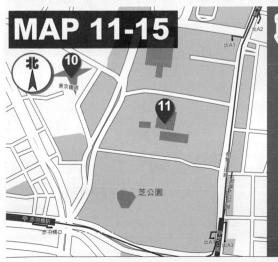

東京鐵塔

買手信必到

10a

TOKIO 333 / 東京おみやけたとん

TOKIO 333和東京おみやけたとん在東京鐵塔的2樓，這裡你可以買到東京流行的手信，例如東京Banana、Hello Kitty、綠球藻人等等。此外，你還可以在此找到東京鐵塔的吉祥物Noppon兄弟相關產品，是一個不錯買手信的地方。

INFO

🏠東京鐵塔 2F | 🕐 10:30am-7:00pm，星期六日通宵營業

10b

官方限定商品

Tokyo Tower Official Gallery Shop

想買到東京鐵塔官方出的限定商品，可以到這裡來。東京鐵塔和日本國內外的著名品牌，共同開發不同的產品，算是一種不錯的手信。他們賣的除了一般的土產外，也有不少生活雜貨，如筆、File、毛巾和小朋友餐具。此外還有多款不同以東京鐵塔造型的瓶裝水。

東京鐵塔另一吉祥物T333T君

INFO

🏠東京鐵塔 2F | 🕐 9:30am-10:00pm

10c

巴基斯坦咖哩
Siddique palace Tokyo Tower

　　日本有大量日式咖哩專門店，但要吃其他地方口味的選擇卻不多。2022年初在東京鐵塔開業的Siddique palace，以正宗巴基斯坦咖哩招徠食客。餐廳的咖哩香料皆來自巴基斯坦，食材卻選用日本優質的食材，例如一道咖哩牛肉，就選用北海道的牛肉及薯仔，再以鑄鐵鍋慢慢煮40分鐘而成。另外，食肆亦有牛肉、羊肉、海鮮和雞肉咖哩烤肉串，香味四溢，令人難以抗拒。

雞肉香飯。
咖哩牛肉鍋。

INFO

🏠 東京鐵塔 2F | 📞 03-6403-1808 | 🕐 11:00am-9:00pm
| 🌐 http://www.siddique.co.jp

卡通動漫精品
Animate

10d

　　近年東京鐵塔好像和動漫拉上關係，連Animate都開設分店在東京鐵塔內。這裡主要售賣一些比較大眾化的動漫商品，針對外國人，種類算是很齊，達2,000款之多。這裡當然還有些東京鐵塔的限定產品發售，動漫迷來到東京鐵塔，記得要來這裡逛一下。

INFO

🏠 東京鐵塔 3F | 🕐 11:00am-9:00pm

六本木

青山

代官山

中目黑

自由之丘

吉祥寺、三鷹

全日本最大電競場
RED° TOKYO TOWER

六本木

青山

代官山

中目黑

自由之丘

吉祥寺、三鷹

剛於2022年4月開幕的RED° TO-KYO TOWER，號稱全日本最大的電競公園。園內率先引入科技運動系統「HADO」，客人只要穿戴VR頭盔及感應器，就能進行最多3對3的對戰，以能量球擊倒對方。除了「HADO」，場內還有20多款電競遊戲，有動又有靜，由VR擊球遊戲到德州撲克通通有齊。

電競以外，RED° 另於一樓開設兒童遊樂區，波波池、跳彈床，甚至嬉沙池一一齊備，無論你的「小老闆」是幾歲還是十幾歲，都會樂而忘返。

緊張刺激的「HADO」。

全場有20多項電競遊戲選擇。

像真度極高的賽車。

1F的兒童遊樂區同樣令小朋友盡興。

INFO

🏠東京鐵塔 1（兒童遊樂區）、3、4-5F（電競公園） | 📞 0120-210-519 | 🕐 10:00am-10:00pm | 💲 平日 3 小時票 成人 ¥3,000，大學高中生 ¥2,400，中小學生 ¥1,500 | 🌐 https://tokyotower.red-brand.jp/ | ✒ 網上預訂有優惠，晚上 7 時後另設 1 小時門票

跨年神社
增上寺

Map11-15
⑪

 JR 或東京單軌電車浜松町駅步行 10 分鐘 / 都營御成門駅步行 3 分鐘 / 都營赤羽橋駅步行 7 分鐘

增上寺是東京人每年初詣的首選寺廟之一，除夕夜這裡擠得水泄不通，而東京鐵塔也會因為除夕倒數時熄燈，平日可以看到增上寺旁的就是東京鐵塔了。增上寺是江戶時代德川幕府所整修的，當時只有德川幕府每打勝仗一次，便會花大錢整修這裡，因此，成了關東地區的佛教中心。後來因為神佛分離令，使境內大部分的寺院都被消毀，包括了德川家的靈廟。

INFO

🏠 港區芝公園 4-7-35 | 📞 03-3432-1431
| 🕐 24 小時 | 🌐 www.zojoji.or.jp

青山
Aoyama

交通策略

| 池袋駅 | 東新宿駅 |
| 新宿三丁目駅 |

🚇 副都心線

明治神宮駅　表參道駅

| 淺草駅 | 上野駅 |
| 銀座駅 | 新橋駅 |

🚇 銀座線

青山一丁目駅

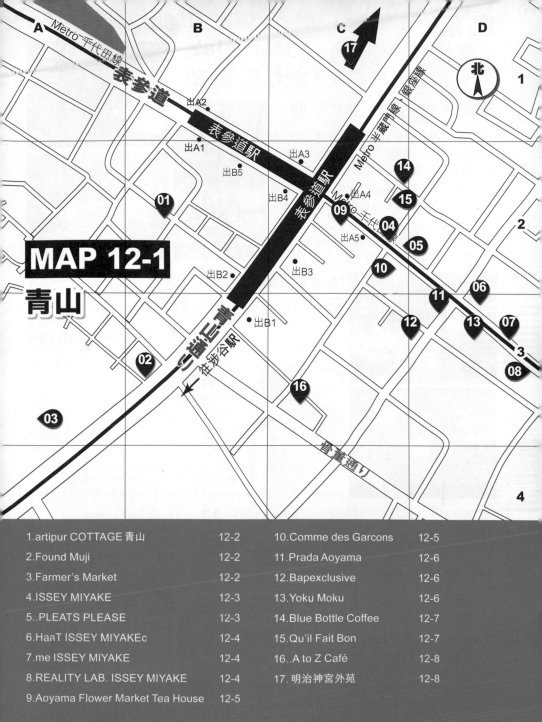

MAP 12-1
青山

六本木

青山

代官山

中目黑

自由之丘

吉祥寺、三鷹

小物控尋寶地 ① Map12-1/ B2

artipur COTTAGE 青山

🚕 東京 Metro 表參道駅 A2 出口步行 1 分鐘

東京 KANKAN 在 2016 年春天開設的生活雜貨品牌店。店家以古老與新潮、西洋與東洋為商品主題，店內裝潢雅致且富復古格調，各種小家具、家品、配件飾品都有發售，絕對是雜貨控、小物控尋寶的好地方。

INFO

🏠 港區北青山 3-9-5 岡本ビル 1F | 📞 03-3499-1910 | 🕐 11:00am-7:00pm | 🌐 www.kankan.co.jp

Map12-1/B3

②

無印第一店
Found Muji

🚕 東京 Metro 表參道駅 B2 出口步行 2 分鐘

青山 Found Muji 是無印良品的第一間店。除了有無印自家的產品，更搜羅日本各地的工藝品及土產，例如佐賀的嬉野茶、福島的紅牛工藝品和東京今戶一帶的今戶燒等，致力保留原有精髓及美好的傳統。

INFO

🏠 中島ビル 1 - 2 F | 📞 03-3407-4666 | 🕐 12:00nn-8:00pm，星期六日 11:00am 營業 | 🌐 www.muji.net

大學裡的周末市集 Map12-1/ A3

Farmer's Market ③

🚕 東京 Metro 表參道駅 B2 出口步行 5 分鐘

每逢星期六及星期日，青山國際連合大學前的廣場會舉行農夫市集，約有 70 家攤位，有農家來擺賣，也有與農家合作的副產品，當然少不了一些職人產品，還有餐車，小小的空間裡擠滿有共同理想的店家，氣氛相當不錯。

INFO

🏠 涉谷區神宮前 5-53-7 | 🕐 10:00am-4:00pm | 🌐 http://farmersmarkets.jp

日牌衝出國際
ISSEY MIYAKE

Map12-1/ **C2** (04)

 東京 Metro 表參道駅 A4 出口步行 1 分鐘

ISSEY MIYAKE（三宅一生）最受歡迎的 BAO-BAO 手袋及香水你一定認識，他們不停開發可以展示到穿衣者個性的服裝，現時由宮前義之管理。青山是 ISSEY MIYAKE 的世界，因為他們在這裡設立了不同系列的專門店，例如由高橋悠介負責的男士系列，主打機能性，偏向輕便。

INFO

🏠 港區南青山 3-18-11 | 📞 03-3423-1408 | ⏰ 11:00am-8:00pm | 🌐 www.isseymiyake.com

Map12-1/ **C2** (05) 實用性強
PLEATS PLEASE

 東京 Metro 表參道駅 A4 出口步行 1 分鐘

PLEATS PLEASE 是於 1993 年成立的系列，以獨特縫製技術成為招牌式的「三宅褶皺」，美觀及修飾身材得來，又不失功能性和實用性；穿著舒適，毋須熨燙乾洗同時也易於攜帶，所以深受國內外女士歡迎。

INFO

🏠 港區南青山 3-17-14 | 📞 03-5772-7550 | ⏰ 11:00am-8:00pm

六本木

青山

代官山

中目黑

自由之丘

吉祥寺、三鷹

印度民族系列 ⑥ Map12-1/ D3
HaaT ISSEY MIYAKE

🚕 東京 Metro 表參道駅 A4 出口步行 2 分鐘

HaaT 由三宅一生前紡織總監皆川魔鬼子所負責。「HaaT」在東南亞代表了村鎮市集，寓意超越國界，融合各種科技工藝、材料和日本美學概念。其次，HaaT 和英文 Heart（心）及印度語 Haath（手）的發音相似，表示了品牌極度關注日本高品質紡織業的發展，及堅持傳統印度工藝的結合。

Spring-Summer 2018
Garden Story

INFO
🏠 港區南青山 4-21-29 | ☎ 03-5785-0400 | 🕐 11:00am-8:00pm

Map12-1/ D3 ⑦ 輕量和色彩為主
me ISSEY MIYAKE

🚕 東京 Metro 表參道駅 A4 出口步行 2 分鐘

me 這個系列於 2001 年創立，以輕量和易穿為概念，設計簡潔得來，仍有多種顏色給客人選擇。衣服的質料採用具全方向伸縮性 Stretch Pleats 技術，使不同身形的客人都可以穿出個人風格。

INFO
🏠 港區南青山 4-21-24 | ☎ 03-3479-3133 | 🕐 11:00am-8:00pm

最新最齊 BAO BAO ⑧ Map12-1/ D3
REALITY LAB. ISSEY MIYAKE

🚕 東京 Metro 表參道駅 A5 出口步行 6 分鐘

這一間店原本是為了展示三宅一生的革新產品理念，於 2013 年開設的概念店。由設計師吉岡德仁負責裝修，採用自然光，空間感極強。不過，這分店之所以被許多人認識，是因為他們推出的一個手袋系列「BAO BAO」，這分店就有最多及最新的手袋發售。

INFO
🏠 港區南青山 5-3-10 | ☎ 03-3499-6476 | 🕐 11:00am-8:00pm

BAO BAO 運用了三角片網紋縫合，把手袋用不同方式放置，三角片會隨著變化，形成不同造型，因此於國際間大受歡迎。

花園 Café
Aoyama Flower Market Tea House

(09) **Map**12-1/ **C2**

 東京 Metro 表參道駅 A5 出口步行 1 分鐘

Aoyama Flower Market 是在東京到處都可見的連鎖花店，他們在青山開設了一間以花園為主的 Caf é，獲得了許多雜誌報道，如果周末來到恐怕便要預留時間等位了。這裡以花茶和藥草茶為主，也有不少用花來製作的甜品。店內裝潢也很配合主題，猶如置身美麗的花園一樣。

養生藥草茶是店家的人氣飲品，隨飲品會附上蜜糖，這樣可減少一點草青味。

🏠 涉谷區南青山 5-1-2 | 📞 03-3400-0887 | 🕐 11:00am-8:00pm，星期日及公眾假期至 7:00pm | 🌐 www.afm-teahouse.com/aoyama

不慣喝藥草茶，可點果茶或人氣甜品。這款 Beauty Sweets 用上玫瑰花，充滿骨膠原又低卡路里。

Map12-1/ **C2** **(10)** 潮爆國際品牌
Comme des Garcons

 東京 Metro 表參道駅 A5 出口步行 1 分鐘

Comme des Garcons 是法文「Like Boys」的意思，由川久保玲在 1973 年創立，總壇就位於青山。想找到最齊款式當然要來到青山總店，這裡有齊了人氣的 Aoyama Shop Origin 和直營店的 Origin 兩個系列，還有 Homme、Homme Plus 和 Play 系列，讓你一次過可以買到心頭好。

🏠 涉谷區南青山 5-2-1 | 📞 03-3406-3951 | 🕐 11:00am-8:00pm | 🌐 www.oommo doo garoono.oom

東京
亞洲旗艦店　**Map**12-1/ **D3**
Prada Aoyama ⑪

 東京 Metro 表參道駅 A5 出口步行 3 分鐘

很多人都會專誠來青山的旗艦店門前留個紀念，為的就是這幢注目的建築。由國際知名的建築商 Herzog & de Meuron 設計，當年德國世界杯會場之一的 Allianz Arena 都是由他們負責。這裡總面積達2,800平方米，全店樓高7層，菱形半透明的玻璃外牆甚為注目，多次獲得外國建築界的稱讚。

INFO

🏠 涉谷區南青山 5-2-6 | 📞 03-6418-0400 | 🕐 11:00am-8:00pm | 🌐 www.prada.com

---

Map12-1/ **D3** 限定獨家商品
⑫ Bapexclusive

 東京 Metro 表參道駅 A5 出口步行 4 分鐘

Bape 在原宿青山一帶都總佔一席位，而 Bapexclusive 顧名思義專賣獨家產品，例如和其他品牌的聯乘或者限定商品，大部分都不會在香港分店找到。此店以男裝為主，樓高兩層，2F 則是賣 Foot Slider 運動鞋，雖然 Bape 不復當年勇，但總有人還是對它情有獨鍾！

INFO

🏠 涉谷區南青山 5-5-8 | 📞 03-3407-2145 | 🕐 11:00am-8:00pm | 🌐 www.bape.com

---

地道東京菓子　**Map**12-1/ **D3**
Yoku Moku ⑬

 東京 Metro 表參道駅 A5 出口步行 3 分鐘

Yoku Moku 在東京已創業了50年，招牌出品是雪茄蛋捲，用上日本上白糖、高級薄力粉和北海道牛油來製作，配料是經他們多番研究出來的黃金比例，乃不錯的東京手信。此外，青山店除了賣餅，還有一家餐廳「Blue Brick Lounge」。

INFO

🏠 涉谷區南青山 5-3-3 | 📞 03-5485-3330 | 🕐（店舖／餐廳）星期日至三 10:00am-7:00pm，星期四至六 10:00am-6:30pm、7:00pm-10:00pm | 🌐 www.yokumoku.co.jp | 📝 星期四至六晚市須訂位

咖啡界 Apple ⑭ **Map**12-1/ **C2**
Blue Bottle Coffee

🚕 東京 Metro 表參道駅 A5 出口步行 3 分鐘

Blue Bottle Coffee 當年進駐東京清澄白河時，成為了當時日本咖啡界的神話，來到今天，大家都不用再排隊了。他們用上單一產地的有機咖啡豆，而堅持在 48 小時內烘焙出來，保證新鮮，有提供機沖的意式咖啡和手沖咖啡兩種。店內採用開放式設計，在手沖咖啡製作時，客人更可欣賞咖啡師的沖泡手藝。

Latte ￥520

INFO

🏠 涉谷區南青山 3-13-14 カバンドズツカ南青山 | 📞 059-445-8700 | 🕐 8:00am-7:00pm | 🌐 https://bluebottlecoffee.jp

---

Map12-1/ **C2**
⑮

人氣水果撻
Qu'il Fait Bon

🚕 東京 Metro 表參道駅 A5 出口步行 3 分鐘

Qu'il Fait Bon 水果撻非常有人氣，雖然青山店位處於一個巷弄之中，但每天開店時都已有人在門外等候。走入店內有一個特大的展示櫃，裡面有十多款色彩繽紛的水果撻和蛋糕。青山店還有 Café，對於遊客而言，可以在店內馬上享用會比較方便。

INFO

🏠 涉谷區南青山 3-18-5 | 📞 03-5414-7741 | 🕐 11:00am-8:00pm | 🌐 www.quli-fait-bon.com

東京

奈良美智

A to Z Café

Map 12-1/ **C3**

⑯

🚕 東京 Metro 表參道駅 B1 出口步行 3 分鐘

A to Z Café 以奈良美智為主題，其實是2006年奈良美智和家具店graf合作舉行的一個藝術展，而這個展覽的名稱就叫做：A to Z。後來在南青山就開了這家Café 一直至今，店內有一些奈良美智的作品，不定期會舉行音樂會。一份午餐定食約￥1,000，非常平易近人。

INFO

🏠 涉谷區南青山 5-8-3 equbo ビル 5F | 📞 03-5464-0281 | 🕐 11:30am-9:00pm，星期六、日及假期由 11:00am 開始營業 | 🌐 https://www.dd-holdings.jp/

Map 12-1/ **C1**

⑰

明治神宮外苑

銀杏樹名所

🚕 東京 Metro 外苑前駅或青山一丁目駅明治
神宮外苑出口步行 8 分鐘

一踏入秋天就是賞楓季節，為了紅葉，其實不用老遠跑到郊外去，在明治神宮外苑都可以欣賞到壯觀的銀杏樹了。這裡每年會舉辦銀杏祭（11月中至12月初），走完300米的銀杏樹大道之後（イチョウ並木），廣場前就會有許多小吃攤檔讓你吃個夠。

INFO

🏠 新宿區霞ケ丘町 2 | 📞 03-5155-5658 | 🕐 24 小時 | 🌐 www.jingugaien-ichomatsuri.jp

代官山
Daikanyama

LOG ROAD
DAIKANYAMA

交通策略

涉谷駅　中目黑駅　自由が丘駅 ・・・・・・・・・・・ 代官山駅

 東横線

MAP13-2

代官山

往渋谷駅

東急東横線

北口

西口

代官山駅

東口

正面口

八幡通り

駒沢通り

代官山注目地標
Hillside Terrace ①

Map13-2/ **B5**

🚗 東急東橫線代官山駅正面口步行約 6 分鐘

Hillside Terrace是近年代官山注目的新商場，由日本知名建築師槇文彥所策劃的項目，建了將近30年才真正完工，整體線條簡潔俐落，充滿個性與獨創性。為了配合Hillside Terrace給予迷人高雅格調，場內進駐的商店都是以個性風小店為主，著重對生活格調的追求，販售的產品也以有質感與品味為原則。

INFO

🏠 涉谷區猿樂町 29-18 | 📞 03-5489-3705 | 🕐 不同店舖各異
| 🌐 www.hillsideterrace.com

1a 聖誕節飾物專門店
Christmas Company

Christmas Company是日本首間以聖誕節為主題的飾品專門店，只此一家設在代官山，在店內全年365日都是聖誕節，滿滿都是節日的歡愉。店內的裝飾品皆是店主從歐洲及美國搜羅回來的，無論是傳統的聖誕裝飾還是新穎有趣的新鮮小物都能找到，當中還不乏人氣插畫家的原創作品。

INFO

🏠 Hillside Terrace C 棟 1F | 📞 03-3770-1224 | 🕐 11:00am-7:00pm
| 🌐 www.christmas-company.com

京都人氣蘋果批
松之助 N.Y ⑴b

松之助的老闆是日本有名的烘焙家——平野顯子，創業自京都，及後在代官山開設了分店，全日本也只有兩家店。店內主打的甜品便是蘋果批，甜而不膩，而且每一口都有蘋果的香氣，餅底鬆脆，難怪深受女士喜愛。堂食的話還會附有雪糕球，價格比外賣的貴百多日圓。

INFO

🏠 Hillside Terrace D-11 | 📞 03 -5728-3868 | 🕐 9:00am-9:00pm，星期一休息 | 🌐 www.matsunosukepie.com

六本木
青山
代官山
中目黑
自由之丘
吉祥寺、三鷹

代官山潮流匯聚地 **Map**13-2/ **C2** ②

LOG ROAD Daikanyama

🚕 東急東橫線代官山駅北口步行約 8 分鐘

LOG ROAD Daikanyama 自2015年開幕後，便成了代官山的潮流匯聚地。這裡利用東橫線地下化所留下的路面鐵道空間改建而成的複合式商場，狹長的空間進駐了4至5家店舖，包括KIRIN Beer 與 Spring Valley Brewery合作的SVB Tokyo、來自美國西岸的Fred Segal，以及源自鎌倉的Garden House Crafts 等，都是富品味與格調的餐廳小店。

INFO

🏠 涉谷區代官山町 13-1

🖥 www.logroad-daikanyama.jp

一次試勻6款啤酒
②a SVB TOKYO

KIRIN Beer 與 Spring Valley Brewery合作的 SVB Tokyo，原來源自橫濱，是該區人氣的餐酒館。店內擺放了數座大型的釀酒槽，方便客人觀看職人釀酒的身影。在這裡可以喝到新鮮現榨的生啤酒，基本款式有齊6種口味，建議可點ビアフライト，只需¥1,300便可試盡6款，每杯200ml。

INFO

📞 03-6416-4975 ｜ 🕐 9:00am-11:00pm，星期日及假日 9:00am-10:00pm｜🖥 www.springvalleybrewery.jp

來自鎌倉的有機佳餚
Garden House Crafts ②b

Garden House是　家來自鎌倉的人氣餐廳，室內的空間明亮且溫馨，主要推廣清新健康的有機飲食，為大家帶來元氣滿滿且新鮮有益的餐點。店內採用都是有機的當季食材，強調新鮮與自然，而且也希望大家更注重「飲食」這回事，懂得藉著「吃」來提升生活格調。

INFO

📞 03-6452-5200 ｜ 🕐 8:30am-6:00pm

🖥 gardenhouse-crafts.jp

六本木

青山

代官山

中目黑

自由之丘

吉祥寺、三鷹

友善先生？好人先生？ **Map**13-2/ **C2**
Mr. Friendly Café ③

 東急東橫線代官山駅北口步行約 5 分鐘

Mr. Friendly Café 是已經開業超過25年的人氣咖啡廳，也是日本唯一一家主題餐廳，店內裝潢溫馨舒適，主打的食品就是 Mr. Friendly 的餐點及周邊商品，款式造型可愛得讓人愛不釋手。餐廳的甜品是縮小版的 Mr. Friendly 鬆餅，口味選擇很多，例如原味配焦糖醬、朱古力味配蜂蜜、水果口味配忌廉等，時會推陳出新品，每次去都會有新鮮感呢！

香蕉忌廉口味的 Mr. Friendly 鬆餅，口味清甜。

INFO

🏠 涉谷區惠比壽西 2-18-6SP ビル 1F | 📞 03-3780-0986 | 🕐 11:00am-8:00pm | 🌐 www.mrfriendly.jp

---

Map13-2/ **B5** ④ 鑄鐵鍋專賣店
VERMICULAR HOUSE

 東急東橫線代官山駅正面口步行 5 分鐘

鑄鐵鍋除了港人熟悉的 Le Creuset 外，創立於1936年，來自名古屋的琺瑯鑄鐵鍋品牌 VERMICULAR，在日本也是家喻戶曉。VERMICULAR 屢獲 Red Dot Design、GOOD DESIGN AWARD 等設計大獎，既美觀又實用。2021年底，品牌在代官山開設樓高三層的專門店，既展銷產品，同時附設餐廳及外賣服務，令顧客除了靠觸感，更以味蕾全面了解產品。

鑄鐵鍋有不同大小，最大的直徑由10-28厘米。

INFO

🏠 涉谷區猿樂町 28-14 | 📞 03-6433-7405 | 🕐 10:00am-7:00pm，星期六日及假日 9:00am 開始營業，星期三休息 | 🌐 https://www.vermicular.jp/house/

餐廳內的料理，當然是用 VERMICULAR 完成。

除了傳統的鑄鐵鍋，品牌亦推出 IH 電子鑄鐵鍋，與時並進。

生活雜貨店 ⑤ **Map**13-2/ **C3**

Johnny jump up

🚕 東急東橫線代官山駅北口步行約 3 分鐘

Johnny jump up 是一家生活雜貨店，上至飾品、配件，下至文具、玩具、居家用品等都分門別類地擺放，款款都色彩鮮豔，造型別致，現場甚至有店員製作小飾品，還有店主在別國搜羅回來的精品及擺設，相信總能尋到心儀的物品。

INFO

🏠 涉谷區代官山町 18-3 | 📞 03-5458-1302 | 🕐 12:00nn-8:00pm | 🌐 johnnyjumpup.net

⑥

Map13-2/ **B4**

法國服飾品牌 A.P.C.

🚕 東急東橫線代官山駅正面口步行 5 分鐘

來自法國的 A.P.C 是代官山具代表性的服裝品牌，在這區內設有男裝的 HOMME 和女裝的 FEMME。HOMME 是由舊倉庫改建而成，所以比女裝店的裝潢更添復古的味道。店內商品款式繁多，風格也是走優雅時尚的感覺。

INFO

代官山 FEMME 🏠 涉谷區猿樂町 11-9 | 📞 03-5489-6851
代官山 HOMME 🏠 涉谷區猿樂町 25-2 | 📞 03-3496-7570 | 🕐 12:00nn-8:00pm | 🌐 www.apcjp.com

代表性話題書店 Map13-2/ A5
蔦屋書店 ⑦

🚕 東急東橫線代官山駅正面口步行 6 分鐘

代官山蔦屋書店的設計出自創辦人增田宗昭及日本大師級設計師原研哉之手，而獨特的白色立體編織外觀由英國建築師事務所KDa所設計，曾獲得美國著名文娛網站評選為「全球20間最美書店」之一。

書店是由三棟兩層樓的主體建築並透過空中走廊相連。店內空間寬敞，裝潢有型且舒適，藏書量亦多達60萬冊，分為「人文文學」、「藝術」、「建築」、「汽車」、「料理」和「旅遊」六項專門領域，圖書以外亦有大量影音產品。

書店設有兩間不同風格的食肆，除了常見的星巴克咖啡外，2樓的Anjin Library & Lounge 收藏大量1960-70年代的雜誌，客人可以一邊嘆咖啡邊翻閱。

書店藏書達60萬冊。

除了圖書也有大量影音產品。

店內設有座位；歡迎客人「磨書釘」。

Anjin Library & Lounge

INFO

🏠 涉谷區猿樂町 17-5 | 📞 03-3770-2525 | 🕐 11.00am 8:00pm，星期六日及假期 9:00pm 開始營業
| 🌐 http://tsutaya.tsite.jp

中目黑
Naka-meguro

交通策略

上野駅 秋葉原駅		
銀座駅 六本木駅	🅜 日比谷線	中目黑駅
自由が丘駅 渋谷駅	🚇 東横線	

A B C D

MAP 14-1

中目黒

蔦屋書店

中目黒駅

LONCAFE

北　山手通

東京

美食新據點

Map14-1/ **C4**

中目黑高架下 01

🚕 東京 Metro、東急東橫線中目黑駅直達

日本人很懂得利用每一寸空間，例如中目黑以屋頂共用的概念，把橋下打造成接近30家餐廳和商店的消閒地方。中目黑高架下全長約700m，店舖沿中目黑車站附近的高架橋下而設，部分食肆更營業至凌晨，是許多夜鬼的天堂。

INFO

🏠 目黑區上目黑 一至三丁目 | ⏰ 11:00am-10:00pm，不同店舖各異 | 🌐 https://nakame-koukashita.tokyo/

最美的書店
中目黑 蔦屋書店

🚕 東京 Metro、東急東橫線中目黑駅步行 1 分鐘

被譽位「全球最美書店」的蔦屋書店也有在中目黑高架下插旗，營業時間由早上7時至晚上10時，服務非常到位。在店內休閒區，你可坐在沙發上一邊品嚐咖啡，一邊沉醉書海，渡過非常有文青氛圍的中目黑日與夜。

 1a

INFO

🏠 中目黑區上目黑 1-22-12 | ☎ 03-6303-0940 | ⏰ 7:00am-10:00pm | 🌐 https://store.tsite.jp/nakameguro/

法式吐司專門店 1b
LONCAFE STAND NAKAMEGURO

🚕 東京 Metro、東急東橫線中目黑駅步行 2 分鐘

LONCAFE 就在蔦屋書店後面，全店以藍色為主調，非常易找。LONCAFE源自湘南海岸，就算進駐繁華的東京，仍保留藍天碧海的清新氣氛。必試法式吐司，外表焦香，裡面濕潤，充斥著蛋香和奶香，絕對是一級傑作。

INFO

🏠 中目黑區上目黑 1-22-12 | ☎ 03-6303-0308 | ⏰ 10:00am-8:00pm | 🌐 https://loncafe.jp/

美味沾麵
三ツ矢堂製麵

Map14-1/ C4

(02)

🚗 東京 Metro、東急東橫線中目黑駅南口直達

　　三ツ矢堂製麵是以沾麵為主,沾麵即是把麵和湯分開,吃的時候把麵浸到湯頭中再吃,最後可請店員加湯或熱水把湯頭喝下。他們的湯頭是用上了大量蔬菜、豬骨、魚乾等熬煮,而且首創4種溫度可選,還推出不少特色的沾麵,如很受女士歡迎的芝士沾麵和柚子風味沾麵。

三ツ堂製麵在中目黑算是人氣麵店,午餐時候門外總是有人等位。

INFO

🏠 目黑區上目黑 3-3-9 第二牡丹ビル 1F | ☎ 03-3715-0079 | ⏰ 11:00am-1:30am | 🌐 http://idc-inc.jp

---

Map14-1/ C4

(03)

老屋咖啡店
ONIBUS COFFEE

🚗 東京 Metro、東急東橫線中目黑駅步行 2 分鐘

　　ONIBUS COFFEE 的老闆坂尾篤史曾經在澳洲名店學習沖調咖啡,他的店會引入非洲不同莊園的咖啡豆,而且老闆每年也會到莊園走一次,親自了解原材料。

地下有少量座位,其實建築的 2樓有桌椅供客人使用。

這裡的咖啡由 ¥280起。

INFO

🏠 目黑區上目黑 2-14-1 | ☎ 03-6412-8683 | ⏰ 9:00am-6:00pm | 🌐 www.onibuscoffee.com

---

超級市場
Tokyu Store

Map14-1/ C3

(04)

🚗 東京 Metro、東急東橫線中目黑駅步行 2 分鐘

　　Tokyu Store 是一家很有在地特色的超市,除了一般新鮮蔬果外,也有熟食販賣,而且營業到晚上12點,想省一點錢吃晚餐,也可以到這裡購買。

INFO

🏠 目黑區上目黑 1-21-12 東光ビル　1 F | ☎ 03-3714-2456 | ⏰ 9:00am-12:00mn | 🌐 www.tokyu-store.co.jp

六本木
青山
代官山
中目黑
自由之丘
吉祥寺、三鷹

東京

手帳專門店 ⑤ Map14-1/ B4
Traveler's Factory

🚕 東京 Metro、東急東橫線中目黑駅步行 5 分鐘

Traveler's Factory由創意文具公司「MIDORI」營運，以皮革筆記本Traveler's Notebook最為人熟悉。這裡樓高兩層，1樓是販賣各種旅人的文具雜貨；2樓是Coffee Shop，你可以買杯咖啡坐坐，整理一下自己旅程，有時這裡也會舉行一些活動，把旅人和文青都聚集起來。

店內有各種設計很酷的文具外，還有一些古老的車票發售。

🏠 目黑區上目黑 3-13-10 | ☎ 03-6412-7830 | 🕐 12:00nn-8:00pm，星期二休息 | 🔍 www.travelers-factory.com

---

⑥ 賞櫻名所
Map14-1/ C3 目黑川

🚕 東京 Metro、東急東橫線中目黑駅步行 5 分鐘

目黑川全長8公里，兩旁都是個性小店，平日很寧靜，但每年的3月下旬到4月上旬，這裡就變成賞櫻名所，從池尻大橋到目黑的亀の甲橋是全長3.8公里的櫻花步道，被媒體選為「全國花見1,000景」的第一位。

🏠 目黑區上目黑 一丁目

快樂的雞蛋布甸 Map14-1/ B2
うれしいプリン屋さんマハカラ ⑦

🚕 東京 Metro、東急東橫線中目黑駅步行 6 分鐘

這家店沒有很注目的招牌，賣的是很簡單的雞蛋布甸，雖然只做外賣，但門口有一些椅子可以讓人即買即吃。布甸用的雞蛋全是經過嚴格挑選，味道濃郁又香甜，布甸全都用上玻璃小瓶盛載，吃完後可交回店內回收。

原味最受歡迎。¥400

🏠 目黑區青葉台 1-17-5 メゾン青葉 101 | ☎ 03-6427-8706 | 🕐 11:00am-6:00pm，星期二休息 | 🔍 www.happypudding.com

個性古書店 Map14-1/ **B2**
Cowbooks ⑧

🚕 東京 Metro、東急東橫線中目黑駅步行 6 分鐘

Cowbooks 把地區個性小店潮帶到中目黑，創辦人是日本文化界的名人松浦彌太郎，他本身就是日本老牌雜誌《生活手帖》的總編輯，也因此懂得賦予一家店的個性。Cowbooks 現在藏書約2,000本，當中不少文化藝術的絕版書，而且價錢合理，吸引不少人前來尋寶。

這裡設有座椅，你可以拿這裡的書來慢慢看。

他們也有出產自己的產品。

INFO

🏠 目黑區青葉台 1-14-11 | ☎ 03-5459-1747 | 🕐 12:00nn-7:00pm，星期一休息 | 🔍 www.cowbooks.jp

Map14-1/ **A2** 史努比主題餐廳
⑨ PEANUTS Café

🚕 東京 Metro、東急東橫線中目黑駅步行 8 分鐘

餐廳位於目黑川旁，環境寫意。

為慶祝《花生漫畫》65周年，日本方面於中目黑開設了 PEANUTS Café，以美國西岸做主題，1樓是 Café 和售賣限定紀念品的地方；2樓則是結合了 Café、Snoopy 玩具和古董的展示區。食物方面當然少不了以 Snoopy 作題材的食物，還有多款家庭份量料理，適合一家大小或成班朋友前來。

2樓有很多Peanuts漫畫任大家閱讀。

這裡的紀念品好多都是店內限定，粉絲一定不能錯過。

INFO

🏠 目黑區青葉台 2-16-7 | ☎ 03-6452-5882 | 🕐 10:00am-10:00pm | 🔍 www.peanutscafe.jp | ⚠ 請先於網上預約座位

The Goose Eggs Sliders，Snoopy迷你四式漢堡包，薯條蘸花生醬來吃，味道出奇地夾。

店員推介的 Root Float Beer，其實沒有酒精，飲品是炭酸飲料。

六本木
青山
代官山
中目黑
自由之丘
吉祥寺、三鷹

自由之丘
Jiyūgaoka

あきそら

交 通 策 略

渉谷駅　代官山駅　中目黒駅 • • • • • • • • • • • • 自由が丘駅

東横線

北

MAP 15-1
自由之丘

往東立大

東急東横線

東急大井町線

北口

正面口

自由が丘駅

自由が丘駅

南口

東京

靠韓流重生 ⓿1 **Map**15-1/**D4**

自由が丘 Sweet Forest

 東急自由が丘駅南口步行約5分鐘

2022年開幕

自由が丘 Sweet Forest 於 2003年11月開業,是東京著名的甜品勝地。可惜 Sweet Forest 不敵疫情,於2021年9月光榮結業。好彩不足一年,Sweet Forest 已浴火重生。新的 Sweet Forest 仍繼續行少女夢幻路線,更揉合哈韓路線,一口氣引入多間韓國人氣甜品店,出品美味之餘又 IGable,繼續延續 Sweet Forest 的傳奇。

INFO

🏠 目黑區綠が丘 2-25-7 ラ・クール自由が丘 | 🕐 10:00am-8:00pm | 🌐 www.sweets-forest.jp

Sweet Forest8大甜品店

Montheim

主打可愛青BB的薄荷專門店,包括薄荷朱古力、薄荷芝士蛋糕及薄荷蛋白曲奇,薄荷控不可錯過,在炎夏份外清涼。

薄荷芝士蛋糕¥700

Atmosphere

主打港女至愛馬卡龍,在韓國的本店時常擠得水洩不通。馬卡龍造型可愛,顏色鮮艷,肯定是相機先食之作。

花形忌廉馬卡龍¥580

MND Coffee

另一人氣韓國過江龍,招牌出品「Wave Toast」,把粉紅及藍色忌廉芝士塗上多士,味道是否一絕可能見仁見智,不過肯定勁吸睛。

 波浪多士¥800

如果怕淨食甜品不夠飽,可以幫襯 Chicone 買件窩夫。Chicone 鹹甜口味都有,其中雞肉及蝦仁混合鹹甜醬汁,味道獨特又飽肚。

Chicone

 烤雞肉窩夫¥750

首爾火鍋

外脆內軟的烤餅,採用來自韓國的精製麵團發酵而成,配上惹味醬汁,再裁以心心的外形,健康又好味。

 心形烤餅¥650

北海冰水

 雪花チーズピンス(乳酪刨冰)¥1,150

北海冰水把煉乳和楓糖漿等幾種原料混合快速冷凍,然後用特制的機器將它們磨成冰粉,口感非常特別。

來自韓國的冷萃咖啡專門店,採用10種最優質的咖啡豆,並以最佳混合比例萃取,品味獨一無二。

Snowing

下雪拿鐵/冷萃咖啡 (ICE)¥600

日本的甜品代表,以可愛的蛋糕造型吸引顧客,熱賣的罐頭蛋糕,造型特別又攜帶方便,帶回香港做手信最啱!

Cake JP

 漫畫芝士蛋糕¥500

免費巴士 ② Map15-1/ B4

Thanks Nature Bus

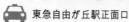

東急自由が丘駅正面口

行走自由が丘的巴士，採用回收食用油作燃料，非常環保。路線分八雲線及駒沢公園線。

INFO

☎ 03-5729-2511 | 🕐 12:00nn-9:00pm | 💲 免費 | 🌐 www.thanksnaturebus.org

自由が丘女神

在自由が丘車站對面，聳立了這個女神像，原來因為從前的居民有感前人爭取自由的努力，所以於1961年請來雕刻家澤田政廣製作。從1973年起，這裡附近一帶，於8月上旬、10月中旬的周六日及12月聖誕節都會舉行不同的自由が丘女神祭典，氣氛相當熱鬧。

Map15-1/ A5 ③ 活化舊車庫

Trainchi

東急自由が丘駅南口步行 2 分鐘

這個舊電車車庫由東急投資，活化後取名為「Trainchi」（電車之家），開業已有12年之久，當中的店舖大部分都是以售賣生活雜貨的店舖為主，價格又不高，所以吸引很多女士來購物。

INFO

🏠 目黑區自由が丘 2-13-1 | ☎ 03-3477-0109 | 🕐 8:00am-7:00pm，不同店舖各異 | 🌐 https://www.trainchi.com/

推薦店舖

人氣麵包店

ASANOYA 淺野屋 ③a

淺野屋在1933年便創業，當時就已經受到很多名媛紳士的喜愛，很快便在長野紅起來。這裡設有caf é，堂食可以先到1F買麵包或三文治，然後拿到2F再點飲料，是不錯的早餐之選。

INFO

☎ 03-5731-6950 | 🕐 8:30am-8:00pm | 🌐 www.b-asanoya.com

歐洲風生活雜貨 ③b
Natural Kitchen &

Natural Kitchen & 以歐洲風格的生活雜貨為主，而且價格一點都不貴，大部分貨品在 ¥108 至 ¥1,080 之間，更有不少是 Made in Japan 和 Made In EU 的貨品，是日本女生的人氣商店。

如果沒有標價，大多都是 ¥108 的商品。

¥300 就可以買到歐洲做的玻璃杯。

Made In Japan 的小匙也只是 ¥108。

INFO

📞 03-3721-7111 | 🕙 10:00am-8:00pm
| 🌐 www.natural-kitchen.jp

Map15-1/**B3**　簡約森林系
④ Pual Ce Cin

🚕 東急自由が丘駅正面口步行 3 分鐘

Pual Ce Cin 是 Nice Claup 的副線，主打森林系風格的女裝，簡約清新，除了服裝外，還有手袋、飾物和鞋履。自由が丘店是關東唯一的路面店，深受不少年輕女性的歡迎。

INFO

🏠 目黑區自由が丘 2-10-2 平本ビル | 📞 03-6421-2471
| 🕙 11:00am-8:00pm | 🌐 http://pualcecin.jp

人氣蛋糕店 **Map**15-1/ **B3**
MONT BLANC ⑤

🚕 東急自由が丘駅正面口步行 2 分鐘

　　MONT-BLANC 於 1933 年已在自由が丘營業，算是這一帶老字號的甜品店。這裡天天都擠滿了人，招牌商品是結合了日本和西洋做法的栗子蛋糕，栗子泥做得相當綿密，而且甜度來自栗子本身，不會感到太膩。

INFO

🏠 目黑區自由が丘 1-29-3 | 📞 03-3723-1181
| 🕙 10:00am-7:00pm | 🖱 www.mont-blanc.jp

Map15-1/ **B3**
⑥
Toy Cam 菲林專門店
Popeye Camera ポパイカメラ

🚕 東急自由が丘駅正面口步行 2 分鐘

　　Popeye Camera 在自由が丘的總店已創立了 80 年，近年專賣玩具相機和菲林，單是菲林的種類已有數十款，無論是最新的相機、中古舊機、LOMO 菲林相機及各式雜貨周邊產品都可找到。這裡更有提供沖曬服務，旅行中用菲林相機拍的相片，可以馬上拿到這裡沖曬。

還有用來拍照的道具，如拍食物常用的木盤。

這裡有不少相機的周邊配件，如相機繩和背包。

INFO

🏠 目黑區自由が丘 2-10-2 | 📞 03-3718-3431 | 🕙 12:00nn-7:00pm，星期三休息 | 🖱 www.popeye.jp

六本木　青山　代官山　中目黑　自由之丘　吉祥寺、三鷹

六本木

青山

代官山

中目黑

自由之丘

吉祥寺、三鷹

家具大雜燴
Hotch Potch

Map15-1/ **B3** ⑦

🚕 東急自由が丘駅北口步行3分鐘

店內有上千種不同的生活雜貨，各種Style都有，很多都是從外國搜羅回來，有家具和燈飾，同時也有不少布藝和廚具用品。此外，店內有一個兒童產品貨架，滿足不同人士的需要。

這裡也有不少設計不錯的文具。

INFO

🏠 目黑區自由が丘 1-26-20 | 🕐 11:00am-7:30pm | 🌐 http://hpjiyuugaoka.jp

---

Map15-1/ **B4**　　設計書Cafe
⑧　# Bibliotheque

🚕 東急自由が丘駅北口直達

咖啡堅持使用時令有機咖啡豆，而咖啡師亦曾於有名咖啡店Third wave受訓。

Pancake在客人下單後，才由甜品師即時製作。

Bibliotheque的老闆是一家來自大阪的設計公司，所以店內提供了許多設計的書籍和雜誌供客人免費閱讀。他們的概念是希望透過Café，將自家設計的家具產品呈現出來，把產品推廣；另一方面又可以為客人製作好味的食物。

Pancake用上新鮮水果，相當有人氣。

蛋糕也很受歡迎。

INFO

🏠 目黑區自由ケ丘 1-11-7 ETOMO 自由ケ丘 | ☎ 03-5726-8172 | 🕐 11:00am-9:00pm，星期六日 9:00am | 🌐 www.bibliotheque.ne.jp

片假名
Katakana

Map15-1/ **C5**
⑨

 東急自由が丘駅南口步行 3 分鐘

日文「片假名」是日本傳統和外國文化的結合，Katakana 正想表達這個意思。店長搜羅了不少日本各縣的特色工藝品、食品和富有本土設計的商品，也有從外國引入的生活小物。商品價格不高，而且盡顯店長的心思，不是坊間一般的雜貨店容易買到。

由職人手工製作的廚用清潔刷，耐用度甚高。

店內簡潔，除了生活雜貨，還有衣飾品。

INFO

🏠 目黑區自由が丘 2-16-29 | 📞 03-5701-7555 | 🕐 11:30am-8:00pm，星期六、日及假期由 11:00am 開始營業 | 🌐 www.idee.co.jp

---

Map15-1/ **A3**
⑩
設計生活
IDEE Shop

🚕 東急自由が丘駅正面口步行 5 分鐘

IDEE Shop專門搜羅各國家居精品，在很多地方都有分店，當中自由之丘店是他們的旗艦店，樓高4層，款式亦是眾多分店中最多。店內有一個部分是專賣園藝設計產品；1樓是賣雜貨和手工藝品，3樓為展覽區。此外，這裡更有Café，提供輕食及自家烘焙糕點，買完家品可以歎一個下午茶。

INFO

🏠 世田谷區奧沢 5-20-21 第一ワチビル 1F | 📞 03-5731-0919 | 🕐 11:00am-8:00pm | 🌐 http://katakana-net.com

東京

CIBONE 旗下的生活雜貨店 **Map**15-1/ **A3**
Today's Special ⑪

 東急自由が丘駅正面口步行5分鐘

除了歐洲風的餐具，這裡也有日本傳統的餐具。

一樓還有很多歐風的食品發售。

　Today's Special是以現代風格為主的家居生活雜貨店，大部分商品都是從歐洲入口。這裡樓高3層，1樓主要是售賣廚房用品為主；2樓則以簡約風為主的家具；3樓則是CAFÉ「TODAY'S TABLE」。他們搜羅的餐具都是時代感十足，很受年輕人喜歡。

INFO
🏠 目黑區自由が丘 2-17-8 | 📞 03-5729-7131 | 🕐 11:00am-9:00pm | 🌐 www.todaysspecial.jp

---

⑫
來自北海道
Map15-1/ **A3**　Shiro

🚕 東急自由が丘駅正面口步行5分鐘

　Shiro是一個來自北海道的香水品牌，他們的產品原材料都是用上有機的北海道小豆、昆布和酒粕，標榜天然無添加。自由之丘店除了有齊店子旗下的所有產品之外，還有Café，假期這裡一定會擠滿了年輕女士。

INFO
🏠 目黑區自由が丘二丁目 9-14 アソルティ 1F-B1F | 📞 03-5701-9146 | 🕐 10:00am-8:00pm | 🌐 https://shiro-shiro.jp

---

法式生活雜貨
quatre saisons
Map15-1/ **B3**
⑬

🚕 東急自由が丘駅正面口步行2分鐘

　quatre saisons第一間店在1965年於巴黎開業，後來於1987年把這法式品味帶到日本。他們日本分店的產品會把法式和日式混合起來，強調高品味而且實用性，多為簡約設計，反而少用鮮豔色調，現在於日本的分店已有十多間，可見其受歡迎程度。

INFO
🏠 目黑區自由が丘 2-9-3 キャトル セゾン トキオ | 📞 03-3725-8590 | 🕐 11:00am-7:30pm | 🌐 www.quatresaisons.co.jp

吉祥寺、三鷹
Kichijoji、Mitaka

交通策略

| 東京駅 | 新宿駅 | 中野駅 | ‥‥‥‥‥‥‥‥ | 三鷹駅 | 吉祥寺駅 |

JR 中央線

| 渋谷駅 | 下北沢駅 | ‥‥‥‥‥‥‥‥ |

KEIO 井の頭線

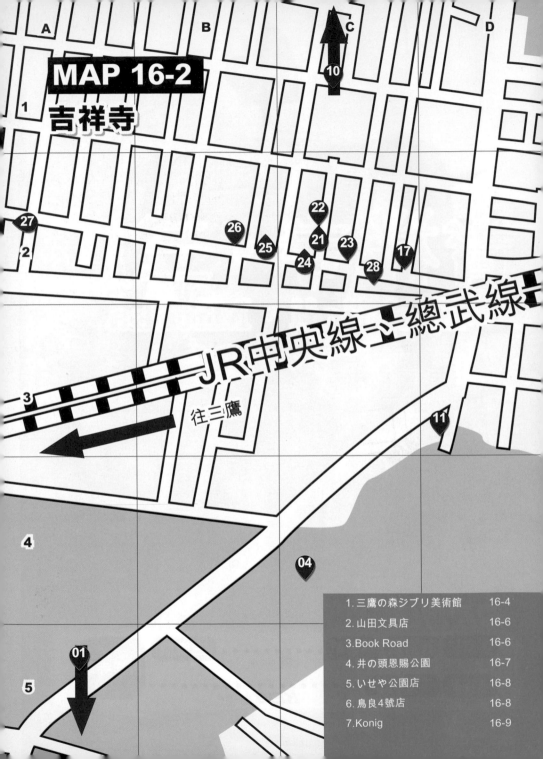

MAP 16-2
吉祥寺

JR中央線・總武線

往三鷹

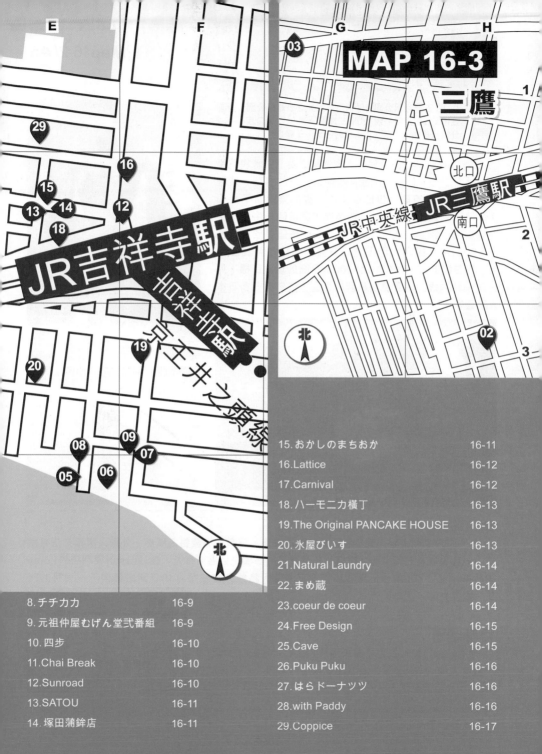

E   F   G   H

03

MAP 16-3

三鷹

1

北口

JR中央線　JR三鷹駅

南口

2

29

16

15

14

13

18

12

JR吉祥寺駅

京王井之頭線

19

3

02

北

20

09

08

07

05   06

北

宮崎駿迷必到
三鷹の森ジブリ美術館

Map16-2/ **A5**

01

六本木

青山

代官山

中目黑

自由之丘

吉祥寺、三鷹

從 JR 吉祥寺駅公園口沿指示牌經井之頭恩賜公園步行前往，約 20 分鐘；或於 JR 三鷹駅下車，從南口步行約 2 分鐘到車站，有前往美術館的巴士「三鷹 City Bus」

三鷹の森ジブリ美術館，大家都稱之為「宮崎駿美術館」，「ジブリ」（Ghibli）是宮崎駿工作室的名稱。這裡是2001年由宮崎駿親自監督建成，雖然美術館不是很大，但至少要花兩至三小時的時間。宮崎駿先生會不定期創作影像館「土星座」內的短片，是最值得欣賞的部分。2021年，因為入場人數銳減兼美術館需要資金翻新，遂在網上舉行籌款，而1000萬日圓的籌款目標，竟在24小時內達成，可見宮崎駿的作品，依然獲很多日本人所喜愛。

只要細心一點，就會發現這裡隱藏了好多驚喜。

守護兵是室外部分，這裡可以讓大家影個夠。

購票方法

由於館方限制入場人數，所以採取預售方法，沒有即場發售入場券。外國人購票方法有兩種，一種是在自己國家的認可旅行社購買，另一種是抵達東京後，在 Lawson 便利店的 Loppi 機購票。雖然在 Lawson 購買比較便宜，但因為館方會在每月10日開始預售下一個月的門票，對於外國人甚為不便。

香港購票

香港的認可旅行社為日航天地及 Klook，外國人的門票是不限制入場的時段（在當地要選定入場的時段，一天分成四段），不過就要選定入場的日子。

INFO

⚠ 疫情原因美術館至 2022 年 11 月底才重新開放，截稿前尚未知悉海外購票的有關訊息。

室內的部分全部不可拍攝。本書在館方協助下才允許在館內拍照。

這些地方是否熟口熟面？

館內展示了珍貴的手稿。

INFO

🏠 三鷹市下連雀 1-1-83 （都立井の頭恩賜公園西園內）| 📞 0570-05-5777 | 🕙 10:00am-6:00pm，指定入場時間：10:00am、12:00nn、2:00pm、4:00pm；星期二休館 | 💲 成人 ￥1,000、中學生 ￥700、小學生 ￥400、4歲以上兒童 ￥100 | 🌐 www.ghibli-museum.jp

如何從三鷹駅前往美術館？

三鷹駅發

於三鷹駅下車後，從南口出閘步行約2分鐘。在車站門口有前往美術館的「三鷹City Bus（みたかシティバス）」。

如果你只是乘單程，則只要上車入錢便可，可用IC Card付車費。假如打算回到三鷹駅再到其他地方，建議購買往復割引乘車券（來回車票），在巴士站旁的售票機便可買到。

- 單程車費：大人 ￥210、小童 ￥110；來回：大人 ￥320、小童 ￥160
- 巴士服務時間：7:20am-8:00pm，每10分鐘一班

吉祥寺駅發

從吉祥寺駅走到美術館一點也不困難，在井之頭恩賜公園中，都設有許多清楚指示牌，告訴你往美術館的方向和剩餘距離，只要跟著走便可以了。建議離開美術館後，從公園散步到吉祥寺。

優質文具 **Map**16-3/ **H3**
山田文具店 ㉂

🚗 JR 三鷹駅南口步行 8 分鐘

山田文具店跟後面介紹的四步是同一家公司，這裡除了有許多歐美的優質文具外，還有不少很有日本懷舊風味的小物和文具。此外，也有售賣日本各家設計師所設計的文具，文具控怎麼都一定要來一次。

INFO

🏠三鷹市下連雀 3-38-4 三鷹產業プラザ 1 階 | 📞 0422-38-8689 | ⏰ 11:00am-6:00pm，星期六、日及假期至 7:00pm，星期三休息 | 🌐 https://yamadastationery.jp

Map16-3/ **G1**　無人古本屋
㉃ **Book Road**

🚗 JR 三鷹駅北口步行 15 分鐘

古本屋即是二手書，這是一家無職員看舖的二手書店。客人如找到心水的書，書後面有價格，只要去選跟書價目相同顏色的扭蛋機，入錢後會跌出膠袋，你便可以袋著你的心頭好回去。這裡也歡迎大家「打書釘」，不過一定要好好保護書籍，看完後放回原位去。

INFO

🏠武蔵野市西久保 2-14-6 | ⏰ 24 小時 | 🌐 https://twitter.com/bookroad_mujin

假日好去處
井の頭恩賜公園 **Map**16-2/ **C4**

🚕 京王井の頭公園駅直達 / JR 吉祥寺駅公園口
步行 10 分鐘

　　井之頭恩賜公園在1917年正式對公眾開放，春天時水池周邊的櫻花樹開得非常燦爛，秋天的紅葉也不遜色，是一年四季都可到的好地方。這裡曾經有很多日劇都在此取景，如《跟我説愛我》和電影《挪威的森林》等。星期六、日更有熱鬧的跳蚤市場，表現出相當豐富的文化氣息。

INFO

🏠武蔵野市御殿山 1-18-31 | 📞 0422-47-6900 | 🕐 24 小時 | 🌐
www.kensetsu.metro.tokyo.jp/seibuk/inokashira/index.html

吉祥寺曾經被選為「最理想的居住地」，井之頭恩賜公園功不可沒。

這裡供奉了一位女神仙，聽説如果情侶和夫婦前來拜祭，女神會妒忌。

公園內設有Blue Sky Coffee咖啡店，經常有媒體採訪。

咖啡杯由老闆親自設計，也曾獲得設計雜誌的報道。

六本木

青山

代官山

中目黑

自由之丘

吉祥寺、三鷹

東京
串燒居酒屋
いせや公園店

Map16-2/ **E4** ⑤

🚕 JR 吉祥寺駅步行 5 分鐘，在井之頭公園口

　　いせや（伊勢屋）是吉祥寺的居酒屋老店，在1928年創業，就在井之頭恩賜公園的其中一個入口旁，無人不識。這裡的串燒價錢非常便宜，大部分都只售 ￥100一串。午餐時間會很多人，建議於12時左右前來；另總本店也在附近，人多時可試試去總本店光顧，比較容易有位。

沒頭緒可先點一人一份MIX鳥串燒（ミックス燒き鳥），由廚師為客人選4串燒物。

ミックス焼き鳥（4本） （レバ、ハツ、ひたどり、シロ）	MIX 鳥串燒4串 （肝、心、雞肉、腸）	￥400
つくね	雞肉丸	￥100
ねぎ	日本葱	￥100
鳥皮	雞皮	￥100
とうもろこし	粟米	￥300
冷奴	凍豆腐	￥300
ウーロン茶	烏龍茶	￥200

INFO

🏠 武蔵野市吉祥寺南町 1-15-8 | 📞 0422-43-2806 | 🕐 12:00nn-10:00pm，星期一休息 | 🌐 www.kichijoji-iseya.jp | 💲 ￥1,000 起

輕輕火炙表面，入面還是生的雞肉，雞の炙りモモたたき。

名物手羽先，即是雞翼，一人前有5隻，￥500。

雞腎也做得相當不錯，鶏砂肝のごま塩和え。￥638。

INFO

🏠 武蔵野市吉祥寺南町 1-21-1 井の頭パークサイドビル B1 | 📞 050-5595-3804 | 🕐 11:30am -11:30pm | 🌐 https://sfpdining.jp/brand/toriyoshi

Map16-2/ **E4** 雞料理
⑥ **鳥良4號店**

🚕 JR 吉祥寺駅步行 4 分鐘

　　鳥良在昭和59年已創業，而這家4號店近年才在吉祥寺開張，專門提供雞料理。午餐時間這裡常坐滿人，但不要點午市的定食，因為這裡吃雞才是重點。除了手羽先是人氣超高之外，也可試吃雞刺身，因為肉質上乘，吃下去不會有腥味，店家自信得連調味也不下，在東京不是常常可以吃到。

得獎德國香腸
Konig **Map**16-2/ **F3** (07)

🚗 JR 吉祥寺駅公園口步行 6 分鐘

Konig 的師傅曾經在德國接受訓練，利用埼玉縣的優質豬肉，製成自家的德國風味香腸。他們的德國香腸更曾在國際大賽中獲得過獎項。這裡有超過30款不同的德國香腸，很多人都喜歡買一份香腸或熱狗，然後帶到井之頭恩賜公園享用。

INFO

🏠武藏野市吉祥寺南町 1-17-1 1F | 📞 0422-49-4186 | 🕐 11:00am-8:00pm | 💲 熱狗 ￥600、香腸 ￥400

Map16-2/ **E4** 民族風雜貨店
(08) チチカカ

🚗 JR 吉祥寺駅公園口步行 6 分鐘，在井之頭公園口

チチカカ（Titicaca）售賣各式生活雜貨及服裝，以民族風為主題，在日本已有許多分店。他們的貨品從美國、印度、中國、韓國、意大利等15個國家嚴格挑選，很多都是來自獨立的設計師或手作人，款式獨特而且每件數量不多，最適合喜歡與別不同的朋友。

INFO

🏠武藏野市吉祥寺南町 1-15-7 パークサイドしげかわ 1F | 📞 0422-48-5195 | 🕐 11:00 am-8:00pm，星期六、日及假期至 9:00pm | 🌐 www.titicaca.jp

---

外國進口 (09) **Map**16-2/ **F3**
元祖仲屋むげん堂弎番組

🚗 JR 吉祥寺駅公園口步行 6 分鐘，在井之頭公園口

在チチカカ旁邊的元祖仲屋むげん堂弎番組，是間平民百貨店，同樣是賣外國入口貨品，有衣服、飾物和家居用品，分別來自印度、尼泊爾、西藏等地。店內更有印度的小食和大量東南亞地區的精品售賣，款式特別之餘價錢非常大眾化。

弎番組是第2分店的意思，本店則在高円寺。

門口地下的小箱子中，好多時都會找到便宜貨。

INFO

🏠武藏 野市吉祥寺南町 1-15-14 | 📞 0422-47-3334 | 🕐 11:30am-7:45pm

文青最愛古物店 ⑩
四步　Map16-2/ C1

🚗 JR 吉祥寺駅步行 10 分鐘

　　古物和古董不一樣，古物多數都有不同程度的瑕疵，這些反而是古物愛好者喜歡的歷史感。四步除了有搜羅到餐具外，這裡也有家庭擺設和木造的櫃，碰不上東京的古物市集，這裡是個不錯的地方。

INFO

🏠 武藏野市吉祥寺北町 1-18-25 | 📞 0422-26-7414 | 🕐 11:30am-8:00pm，星期四休息 | 🌐 www.sippo-4.com

Map16-2/ D3　印度茶 Café
⑪　Chai Break

🚗 JR 吉祥寺駅步行 5 分鐘

　　「Chai」是印度奶茶的名稱，老闆曾經到過印度旅行，而對印度奶茶有過深入的認識，之後就把這種特殊的茶文化帶回日本，開設這間以茶為主的 Café。這裡會為客人現煮印度奶茶，客人下單才開始煮茶，所以要花多一點時間等候。

INFO

🏠 武藏野市御殿山 1-3-2 | 📞 0422-79-9071 | 🕐 9:00am-7:00pm，星期六、日及公眾假期由 8:00am 開始營業，星期二休息 | 🌐 www.chai-break.com

本地人最愛商店街 ⑫
Sunroad　Map16-2/ F2

 JR 吉祥寺駅北口步行 1 分鐘

　　Sunroad 早在1971年建成，近年再有大規模翻新，主打平民市場，因此可以體驗到居民的日常。這裡有大家熟悉的 ABC-Mart、藥妝店、一蘭等，也有不少地道小店，是吉祥寺人日常常去的地方。

INFO

🏠 武藏野市吉祥寺本町 | 🕐 10:00am-10:00pm，不同店鋪各異 | 🌐 http://sun-road.or.jp

六本木　青山　代官山　中目黑　自由之丘　吉祥寺、三鷹

平價松阪牛肉球
SATOU

 ⑬ **Map**16-2/ **E2**

🚕 JR 吉祥寺駅北口步行 2 分鐘

平時在日本吃一口和牛至少要幾百元，現在只要付出僅¥220，就吃到新鮮的炸松阪牛肉球。松阪牛在日本人心目中比神戶牛還要高級，因此Satou門口每天都有人龍在排隊。如果有時間坐下來，可到2樓餐廳，一份最便宜的午餐黑毛和牛定食¥1,500起，視乎牛的大小而定。

🄸🄽🄵🄾
🏠 武蔵野市吉祥寺本町 1-1-8 | 📞 0422-22-3130 | 🕙 10:00 am-7:00 pm（炸牛肉球於 10:30am 開始發售）| 🌐 www.shop-satou.com

這裡有多款不同口味的魚餅，如果酒店有微波爐可買回去翻熱吃更滋味。

Map16-2/ **E2** 得獎魚蛋
⑭  塚田蒲鉾店

🚕 JR 吉祥寺駅北口步行 3 分鐘

日本人的「蒲鉾」即是魚板或魚糕，也是日本家庭的必備餸菜，這裡的蒲鉾曾獲「農林水產大臣賞」和「都知事受賞」，魚由靜岡縣浜名湖直送，店內即造即炸，很多人都會等有新鮮炸起才買。

🄸🄽🄵🄾
🏠 武蔵野市吉祥寺本町 1-1-8 | 📞 0422-22-4829 | 🕙 10:00am-6:30pm
| 🌐 www.tsukada-satsuma.com

抵買菓子店
おかしのまちおか

Map16-2/ **E2**
⑮

🚕 JR 吉祥寺駅北口步行 2 分鐘

おかしのまちおか是東京一家以售賣廉價菓子為主的連鎖店，他們的零食大多是在半年內到期，因此可以從供應商低價入貨，大部分都是一、二線的日本零食，大約是市價的5至8折。

🄸🄽🄵🄾
🏠 武蔵野市吉祥寺本町 1-2-4 | 📞 0422-21-1559 | 🕙 10:00am -9:00pm | 🌐 www.machioka.co.jp

¥300店

Map16-2/ **F2**

Lattice ⑯

 JR 吉祥寺駅北口步行 3 分鐘

Lattice 其實是 3 COINS 的姊妹店,店內大部分耳環、手鏈、戒指和髮飾等都是均一價 ¥300(連稅 ¥324),款式甚多,很多 OL 都愛光顧。此外,店內還有絲巾、帽、眼鏡、化妝袋和手袋等配件發售,由 ¥500 至 ¥2,000 不等。

INFO

🏠武蔵野市吉祥寺本町 1-15-3 | ☎ 0422-28-7851 | 🕐 10:00am-9:00pm | 🌐 www.lattice-web.jp

Map16-2/ **C2** 進口貨超市

⑰ **Carnival**

 JR 吉祥寺駅步行 4 分鐘

Carnival 專賣外國貨,主打家品和食品類。你可以在這裡找到很多從外國入口的食品、食材及副產品,門口擺放的是特價品,分分鐘可以買到價格廉宜的貨品。

INFO

🏠武蔵野市吉祥寺本町 2-10-12 | ☎ 0422-22-3302 | 🕐 10:30am-8:30pm | 🌐 www.liberty-feel.co.jp

口琴横丁
ハーモニカ横丁

 JR 吉祥寺駅步行 3 分鐘

Map16-2/ **E2**

口琴横丁是一條小巷，因為好像口琴的吹口又窄又細，因此而得名。現在ハーモニカ横丁已經註冊成為了商標，細小的横丁集合90家店舖，充滿了懷舊味道，小心錯過。

INFO

🏠武藏野市吉祥寺本町 1-1 | 📞 0422-22-3302 | 🕐 10:00am-1:00am，不同店舖各異

Map16-2/ **F3** ⑲ 美式口味

The Original PANCAKE HOUSE

🚕 JR 吉祥寺駅公園口步行 1 分鐘

The Original PANCAKE HOUSE 來自於美國的波特蘭市，來到日本同樣大受歡迎，這裡之所以不遜於近年流行的梳乎厘Pancake，原因是因為這裡除了有十多款美式Pancake之外，還有比利時和法式口味，一店可以試勻世界各地不同的味道。

INFO

🏠武藏野市吉祥寺南町 1-7-1 丸井吉祥寺店 1F | 📞 0422-26-6378 | 🕐 10:30 am -8:00 pm | 🌐 www.pancake-house.jp

---

人氣刨冰店　Map16-2/ **E3**
氷屋びいす
⑳

 JR 吉祥寺駅南口步行 5 分鐘

這家刨冰店的客人絡驛不絕，很多日本的雜誌都有報道過，他們的刨冰非常綿密，用上當天新鮮的水果在店內打成醬汁，再配以新鮮水果。店內不時推出限定或者季節刨冰，有時外形更設計得非常可愛。

水蜜桃刨冰。

這是萬聖節的特別版。

INFO

🏠武藏野市吉祥寺南町 1-9-9 吉祥寺じぞうビル 1F | 🕐 10:00am-8:00pm；星期一休息 | 🌐 www.instagram.com/lovely.peace

六本木

青山

代官山

中目黑

自由之丘

吉祥寺、三鷹

自然簡樸 (21) Map16-2/ C2
Natural Laundry

🚗 JR 吉祥寺駅北口步行 10 分鐘

Natural Laundry 的服飾以自然簡樸為概念，多選圓點、格仔等簡單圖案，材料以麻和棉為主，走日系簡約路線，設計自然樸實，價錢屬中等，而且不易跟別人撞款。

INFO

🏠 武藏野市吉祥寺本町 2-18-15 | ☎ 0422-20-0399 | 🕐 11:00am-7:00pm；星期三休息 | 🌐 www.naturallaundry.com

---

(22) 歐風咖喱
Map16-2/ C2 まめ蔵

🚗 JR 吉祥寺駅北口步行 8 分鐘

餐廳於1978年開業，算是這一帶的老店，老闆南栓栓是位韓日混血兒，他以咖喱與咖啡為主題，所烹調的咖喱是歐洲風，所以帶一點辣。午餐時間的咖喱套餐（ランチセット），連咖啡也只是￥1,000，難怪居民都愛光顧。

INFO

🏠 武藏野市吉祥寺本町 2-18-15 | ☎ 0422-21-7901 | 🕐 11:00am-9:00pm | 🌐 www.kuu-kuu.com/mamezo/index.html

---

歐洲風生活雜貨 Map16-2/ C2
coeur de coeur (23)

🚗 JR 吉祥寺駅北口步行 5 分鐘

coeur de coeur 在吉祥寺已有十多年歷史，老闆從歐洲搜羅英國和法國製的生活雜貨，單是店外的裝潢已很有法國小鎮的風情。近來店內也多了很多北歐風格的產品，而姆明更佔據了許多地方。

北歐風的產品佔了店內不少位置。

INFO

🏠 武藏野市吉祥寺本町 2-17-14 | ☎ 0422-22-6472 | 🕐 11:00am-6:00pm

姆明當然佔了很重要的席位。

生活雜貨店 Map16-2/ C2
Free Design ㉔

 JR 吉祥寺駅北口步行 6 分鐘

Free Design 的概念是「為大人而開的雜貨店」，於不同地方搜羅了以設計為題的生活雜貨，每一件都會有它背後的故事，而且不少日本雜誌都有介紹。除了北歐風的家品，還有 Fire King 的杯、日本傳統的瓷器等。

日本版的 Fire King 杯。

INFO

🏠 武藏野市吉祥寺本町 2-18-2 2F0 | ☎ 0422-21-2070 | 🕐 11:00am-8:00pm | 🌐 http://freedesign.jp

㉕ 青蛙主題二手店
Map16-2/ B2　Cave

🚕 JR 吉祥寺駅北口步行 6 分鐘

Cave 以青蛙做主題，店主搜羅許多青蛙的東西，如雨靴、掛飾、提袋、擺設等等。除了青蛙的商品，這裡也有很多中古的東西，例如昭和時代出品的杯碟，懷舊味十足，價錢亦不貴，很多喜歡古物的朋友都會來尋寶。

店主搜羅的青蛙產品。

店內的中古物品，有些從外國搜羅回來。

INFO

🏠 武藏野市吉祥寺本町 2-26-1 | ☎ 0422-20-4321 | 🕐 11:30am-8:00pm，星期四休息 | 🌐 www.cave-frog.com

六本木
青山
代官山
中目黑
自由之丘
吉祥寺、三鷹

百年前食器
Puku Puku

Map16-2/ **B2**
㉖

🚕 JR 吉祥寺駅北口步行 6 分鐘

Puku Puku在吉祥寺有多間分店，他們專門搜羅有百年歷史的和式餐具，餐具不一定是完好無缺，可能會帶點缺陷，但大多都要細心看才會發現。他們會在每件貨品上，寫明了生產年份，並標明價錢，有些貨品有較明顯的瑕疵，¥100就有交易。

INFO

🏠 武蔵野市吉祥寺本町 2-26-2 |
📞 0422-27-1636| 🕐 11:30am-7:30pm
| 🖥 http://pukupukukichi.blogspot.com

Map16-2/ **A2**
㉗

豆乳冬甩
はらドーナッツ

🚕 JR 吉祥寺駅北口步行 10 分鐘

はらドーナッツ在日本有多間分店，食品特別受女士喜歡。他們的冬甩跟市面上的連鎖店冬甩很不一樣，他們是用上豆腐來製作冬甩，而且不加任何防腐劑和添加劑，又不會下太多調味料，所以讓人吃得放心同時也吃到原始的味道。

INFO

🏠 武蔵野市吉祥寺本町 4-13-15 | 📞 0422-22-0821 | 🕐 10:00am-7:00pm | 🖥 http://haradonuts.jp

---

墨西哥口味快餐
with Paddy

Map16-2/ **C2**
㉘

🚕 JR 吉祥寺駅北口步行 3 分鐘

這家with Paddy以墨西哥菜為概念，把口味改良過來，竟然很受這一帶的年輕人歡迎。他們以墨西哥卷最具人氣，餡料中加入大量新鮮蔬菜，配以各款不同口味的肉類，而且不下醬汁，客人在吃時才自行添加。

墨西哥卷會切開並包卡紙以避免弄髒手。薯條也是必吃之選。¥800起。

INFO

🏠 武蔵野市吉祥寺本町 2-11-9 1F | 📞 0422-21-6532 | 🕐 11:30am-3:00pm、5:00pm-9:00pm，星期一休息

綜合商場
Coppice
Map16-2/ **E1** ㉙

🚕 JR 吉祥寺駅北口步行 3 分鐘

Coppice分成A館和B館,以前這裡主打親子主題,現在卻是以生活雜貨為主,5樓是媽媽樓層,集中了幾個兒童品牌;商場內還有HMV的黑膠店,有大量的黑膠供大家選擇。此外還有不少流行品牌,如 Goble Work、B shop、BEAUTY & YOUTH 及 Camper等。

HMV的黑膠店在A館2F。

這裡買黑膠可以辦理免稅手續。

頂層的BB空中花園。

INFO

🏠 武蔵野市吉祥寺本町 1-11-5 | 📞 0422-27-2100 | 🕐 10:00am-9:00pm | 🌐 www.coppice.jp

㉙a

人氣蛋包飯
ポムの樹

ポムの樹(蘋果樹)是日本著名的蛋包飯專門店,口味主要分為「茄汁類」、「咖喱類」、「混合類」及「焗製類」,至於配料更是多得令人有選擇困難。食肆出品要合乎嚴格的標準,例如如何混合雞蛋,加熱程度和半熟程度,確保蛋皮的柔軟和粘稠度十足。

INFO

🏠 Coppice 商場 A 棟 B1F | 📞 0422-27-5598 | 🕐 11:00am-10:00pm | 🌐 https://www.pomunoki.com/

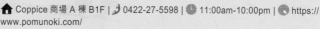

六本木 青山 代官山 中目黑 自由之丘 吉祥寺、三鷹

鎌倉
Kamakura

鎌倉之交通

前往鎌倉

從東京前往鎌倉，最方便的方法就是從新宿乘小田急電鐵前往。小田急電鐵有普通急行線，或乘小田急浪漫特快。前者車費￥640，每小時約有兩至三班直達藤沢駅；而後者則是特急列車，除了車費本身的￥640外，還要付特急料金券￥750，車費共￥1,390。兩車全程所花的時間是一樣的，不過浪漫特快唯一的好處是有指定座位，相對較為舒適。

可以買到小田急周遊券的新宿旅客中心

究竟要在哪個站下車？

如果想先乘江之電，便要在藤沢駅下車，否則，可直接乘小田急到鎌倉駅。如果想直接乘車到鎌倉駅，除了在新宿乘小田急線之外，還可以在東京或品川駅，乘JR橫須賀線前往JR鎌倉駅。

小田急電鐵網頁：www.odakyu.jp

如果乘坐小田急浪漫特快，而手上就算買了小田急的周遊券，也要在月台上補買特急券。

小田急浪漫特快的特急券￥750

小田急浪漫特快列車

江之島—鎌倉周遊券

小田急線為了方便遊客，推出了「江之島—鎌倉周遊券」，遊客可在當天內搭乘新宿至藤澤駅的小田急普通列車來回各一次，自由乘搭小田急線（藤沢駅-片瀬江ノ島駅）、小田急線區間（出發車站-藤沢駅）及江之電全線，售價成人￥1,640，兒童（6~12歲）￥430，若乘小田急浪漫特快需另加特急料金券￥750。如果一天來回新宿與鎌倉，就算不前往江之島，也能抵回票價。

江之電 1 日車票

如果不是乘小田急線往鎌倉，也可選擇「江之電1日車票」，成人￥800，兒童￥400，可全日任搭江之電全線，另外在江之島展望燈塔、新江之島水族館、長谷寺以及其它住宿設施和餐飲店可享受特別優惠。

除了1日票，江之電還推出了多項優惠套票，包括「鎌倉、江之島Afternoon Pass」（交通＋景點套票）、「江之島1day passport」（景點套票），方便遊客作不同的安排。

INFO

🌐 https://www.enoden.co.jp/tc/tourism/ticket/noriorikun/

MAP 17-2

長谷

北

江之島電鐵　長谷駅

江龠 江之電路線圖

MAP 17-2B

JR東海道本線

藤澤

本鵠沼駅

石上

柳小路

鵠沼

鵠沼
海岸駅

湘南海岸公園

江之島

腰越

片瀬江ノ島駅

鎌倉高校前

七里濱

江之島電鐵

稻村崎

極樂寺

長谷

由比濱

和田塚

鎌倉

JR橫須賀線

鎌倉

MAP 17-3

江之島

MAP 17-4

小田急江之島線

片瀬江之島駅

湘南モ

湘南江之島駅

江之島駅

江之島大橋

北

百年歷史路面電車
江之電

　　江之電全名是「江之島電鐵線」，是一條連接鎌倉市與藤沢市的路線，於1902年已開始行走。它全長10公里，全程約34分鐘，是日本現存其中一條行走於民居之間的路面電車，以「和田塚駅」一段最接近民居，幾乎伸手就能觸摸到，是一個不錯的體驗。

江之電一日乘車券，單是來回藤沢跟鎌倉已差不多抵回成本。如果再到多一個車站便已賺了。

從小田急線走到江之電線，約步行10分鐘。先要走過小田急百貨一樓，在自助售票機便可購得江之電一日乘車券。

車站	景點
長谷駅	長谷觀音、鎌倉大佛
鎌倉駅	鶴岡八幡宮
江之島駅	江之島

在藤沢和鎌倉駅這兩個總站的路軌終端放有可愛的青蛙，代表「歡迎歸來」的意思。

江之電線共有15個車站。

道路上的風景，會不會令你聯想起某齣日劇？長谷寺駅是少有的雙軌車站，去參觀大佛時不妨留意一下。

INFO

💲 採用區間收費，從藤沢駅前往鎌倉駅，車費為 ￥350

🌐 www.enoden.co.jp

Map17-2/ **C1**

01

日本三大佛
鎌倉大佛高德院

🚗 乘江之電於長谷駅下車，步行7分鐘

　　日本三大佛像為鎌倉大佛、奈良大佛及飛鳥大佛，鎌倉大佛高13.35米，重93噸，屬於露天的阿彌陀佛青銅像。大佛的鑄造年份不詳，最早記載可追溯到1252年鎌倉時代，即是至少有七百多年的歷史。鎌倉大佛坐落於大異山，全名是大異山高德院清淨泉寺。

佛的內部可供參觀，入場費￥20。

「大佛的草鞋」，長1.8米，寬0.9米，重45公斤，乃戰後1951年製作。

INFO

🏠 神奈川縣鎌倉市長谷4-2-28 | 📞 04-6722-0703 | 🕐 4月至9月 8:00am-5:30pm，10月至3月 8:00am-5:00pm | 💲 大人￥200，小學生或以下￥150 | 🌐 www.kotoku-in.jp

千年觀音寺

長谷寺觀音

Map17-2/ **B2** ⑫

🚗 乘江之電於長谷駅下車，步行 7 分鐘

長谷寺建於西元736年奈良時代，距今已有一千二百多年歷史。寺裡供奉著一尊9.18公尺的十一面觀世音菩薩，大家都稱其為「長谷觀音」，也是日本現存最大的木刻佛像。長谷寺跟鎌倉大佛的高德院一樣屬於淨土宗，正式名稱為「海光山慈照院長谷寺」，開山祖師為德道上人。兩者同樣值得參觀，遊客務必預留時間前往。

寺內有不同的觀音，需要祈求甚麼可找相應的觀音。

長谷寺的觀音御守。

觀音堂內供奉的十一面觀音像同時擁有地藏菩薩和觀音菩薩的力量。堂內不准拍照。

兒童樣貌的地藏菩薩像是用作供奉不幸夭折的嬰兒。

從觀音堂外可以俯瞰鎌倉的市景，也是看日落的名所。

INFO

🏠 神奈川縣鎌倉市長谷 3-11-22 | 📞 04-6722-6300 | 🕐 4 月至 6 月 8:00am-5:00pm；其餘月份 8:00am-4:30pm | 💲 大人 ￥400，12 歲以下 ￥200 | 🌐 www.hasedera.jp

---

Map17-2/ **B2** ⑬ 不只小樽獨有

鎌倉オルゴール堂（鎌倉音樂堂）

🚗 乘江之電於長谷駅下車，步行 5 分鐘，可在遊覽長谷寺後順道前往

鎌倉音樂堂位於長谷寺的出口處，也是北海道小樽店的分店。店內有很多用鎌倉作主題的音樂盒，最受歡迎的是可DIY屬於自己的音樂盒。這裡還擺放了一座1860年在瑞士製造的古董音樂盒，加上超過一千款不同種類的音樂盒，活像一座音樂盒博物館。

這裡有很多不同造型的音樂盒，非常可愛。

INFO

🏠 神奈川縣鎌倉市長谷 3-10-33 | 📞 04-6761-1885 | 🕐 9:00am-6:00pm | 🌐 www.otaru-orgel.co.jp

鎌倉甜品 Map17-2/ C2
鎌倉いとこ ④

🚕 乘江之電於長谷駅下車,步行 3 分鐘

除了鴿子餅,鎌倉還有一種手信叫「きんつば」,中文即「金鍔燒」。雖然並不是獨有的點心,但鎌倉いとこ把它改良,成為了獨有的口味。金鍔燒主要用的是いとこ醬,而這個醬是採用南瓜或紅薯,再配合不同的豆類製成,非常香甜。本身「いとこ」一詞日語可解作「表兄弟姊妹」的意思,以這個來命名,也代表了親切之感。

想淺嘗可散買,¥250/個。

特別的櫻花味(左)和白朱古力味(右)。

除了菓子,這裡的布丁也不可錯過。

INFO

🏠 神奈川縣鎌倉市長谷 3-10-22 | 📞 04-6724-6382 | 🕐 10:30am-5:30pm(賣完即止)| 🌐 www.kamakura-itoko.com

---

窗前的座位是值得等待的。

Map17-2/ D3
⑤
海邊 Café 麻心 Magokoro

🚕 乘江之電於長谷駅下車,步行 5 分鐘

麻心的位置可以眺望一望無際的湘南海岸,因此客人都願意花時間排隊等位。「麻心」中的「麻」,是代表了可降血壓的亞麻籽。而「心」則是代表了「真心」,意即店主真心真意立定決心留在鎌倉為人們服務。店內選用有機食材,以蔬菜為主,配上鎌倉最新鮮的魚類,所以午餐的精選菜單每天不同,更甚者是每位客人都不同。

廚師精選午餐。

這裡有一個角落售賣一些關於麻的產品。

INFO

🏠 神奈川縣鎌倉市長谷 2-8-11 | 📞 04-6738-7355 | 🕐 11:30am-8:00pm,星期六日至 9:00pm,星期一休息(如遇公眾假期照常營業)| 🌐 www.facebook.com/magokorokamkura

鎌倉

輕井澤

鎌倉最熱鬧街道 **06**
小町通 Map17-3/ B4

🚗 JR 鎌倉駅直達

這裡老店雲集。

可在小町通買到鎌倉いとこ。

小町通是從鎌倉駅前往鶴岡八幡宮的必經之路，兩旁各式商店鱗次櫛比，集合了鎌倉的新舊店舖。無論是舊式的玩具店、手信店、漬物店和懷舊咖啡廳，還是新型的意大利雪糕店、帆布袋店及雜貨店，這裡都一應俱全，所以每逢假日也是人山人海。

推薦商店

全由人手製造，鎌倉限定。

Map17-3/ B3 巧手製作
6a
鎌倉帆布巾

🚗 JR 鎌倉駅步行 6 分鐘

雖然鎌倉帆布巾屬後起新秀，不及京都一澤帆布歷史悠久，但布袋的手工質素相當高，很快便大受歡迎。鎌倉帆布採用100％天然材料，利用製造船帆相同的布料，加以改良，成為適合製造手袋的柔軟布料，耐用性不但沒有減弱，還可以染上不同顏色，款式多了更適合女性使用。

INFO

🏠 神奈川縣鎌倉市小町 2-8-4 | 📞 04-6723-8982 | 🕐 9:30am-6:00pm， 假 日 9:30am-7:00pm | 🌐 www.kamakurahanpukin.com

豆菓子專賣店 Map17-3/ B2
鎌倉まめや
6b

🚗 JR 鎌倉駅步行 7 分鐘

1954年創業的鎌倉まめや售賣的是日本零食豆菓子，外層有不同的味道，裡面則是一顆烘烤得香脆的豆。這店經常都逼滿人，因為店家提供試吃，讓客人找到適合自己的口味，款式超過七十種，每包￥210起，成為了鎌倉人氣的土產手信。豆的種類有很多，包括花生、大豆、蠶豆、納豆和各種堅果等。

INFO

🏠 神奈川縣鎌倉市雪之下 1-5-38 | 📞 04-6723-9010 | 🕐 10:00am-6:00pm | 🌐 www.mame-mame.com

店家努力研製新口味，圖為芝士味。

豆菓子色彩繽紛，紫藍色的是藍莓味。

無添加 Gelato ⑥c **Map**17-3/ **B3**
Gelareria il Brigante

🚗 JR 鎌倉駅步行 5 分鐘

Gelareria il Brigante 的 老 闆 是 意 大 利人，他在鎌倉賣的 Gelato 雪糕，堅持用天然材料，每款都是由他親手新鮮製造，而且口味獨特。Gelato 不加任何牛奶，因為運用一個秘方，能夠使沒有加忌廉的雪糕一樣柔滑，減肥中的女士也可以吃很多。由於材料都是無添加，價格比其他 Gelato 稍貴，但依然每天大排長龍。

老闆説得一口流利日語，但英語卻屬「有限公司」，沒頭緒可請他推介口味。

INFO

🏠 神奈川縣鎌倉市小町 2-9-6 1F | 📞 04-6755-5085 | 🕐 11:30am-5:00pm，星期六及假日 11:30am-6:00pm（售完關門）| 💲 ￥900

Map17-3/ **B4** 宮崎駿粉絲必到
⑥d どんぐり共和國

🚗 JR 鎌倉駅步行 1 分鐘

どんぐり共和國在很多地方都有分店，而且地理位置相當好，全在受歡迎的景點附近。宮崎駿旗下的角色如龍貓、天空之城、風之谷、崖上的波兒等等都有，粉絲一定不會失望。鎌倉店面積也很大，共分兩層，產品相當齊全，小至嬰兒用品，大至園藝裝飾都有，走過小町通時不妨入內看看。

天空之城的守護兵花盤。

INFO

🏠 神奈川縣鎌倉市小町 1-5-6 | 📞 04-6724-7705 | 🕐 10:00am-7:00pm | 🌐 www.benelic.com

懷舊玩具店
おもちゃのちょっぺ

Map17-3/ **B4**

⑥e

🚗 JR 鎌倉駅步行 3 分鐘

這間玩具店在小町通上總是會吸引路人停下來駐足觀看，因為裡面販賣許多懷舊的玩具，雖然店面不大，但藏量相當豐富。這裡還有一個特別之處，就是販賣江之電的產品，可說是在鎌倉中最齊的一間。此外還有很多鐵道的玩具精品，如果你是鐵道迷，或者能在此找到心頭好。

這裡關於江之電的產品有不少，是不錯的手信選擇。

INFO

🏠 神奈川縣鎌倉市小町 1-6-11 | 📞 04-6722-3098 | 🕐 9:30am-5:00pm | 🌐 http://choppe.net/index.html

東京近郊

鎌倉必買手信
豐島屋

Map17-3/ **A4** (6f)

🚕 （本店）JR 鎌倉駅步行 10 分鐘，鶴岡八幡宮前若宮大路上／（鎌倉駅前店）JR 鎌倉駅步行 3 分鐘

豐島屋於明治27年（1894年）創立，大受歡迎的鴿子餅是一種呈鳥形的烤餅，用新鮮的牛油加砂糖製成，用鴿子狀的模子烤出來，是鎌倉不可不買的手信。

八片裝¥972。

鎌倉駅前店

INFO

本店 🏠 神奈川縣鎌倉市小町 2-11-19 | 📞 04-6725-0810 | 🕐 9:00am-7:00pm，星期三休息
鎌倉前店 🏠 神奈川縣鎌倉市小町 1-6-20 | 📞 04-6725-0505 | 🕐 9:00am-7:00pm，星期二休息 | 🌐 www.hato.co.jp

三文魚壽司配上日本洋蔥味道更有層次。

價錢 共分五種，¥120起，種類最多的是¥120。

鎌倉限定名物生しらす(沙甸魚BB)，須向師傅點菜。

高質迴轉壽司
海鮮三崎港

Map17-3/ **B4** (6g)

🚕 JR 鎌倉駅東口步行 1 分鐘

海鮮三崎港的壽司由 ¥120起，款式達廿二款之多，是眾多價錢中最多款式的。此外，鎌倉店也會推出其獨有的季節食材，到日本吃迴轉壽司絕對有保證。

INFO

🏠 神奈川縣鎌倉市小町 1-7-1 | 📞 04-6722-6228 | 🕐 11:00am-10:00pm | 🌐 www.kyotaru.co.jp

800年歷史 **Map**17-3/ **D1**
鶴岡八幡宮 (07)

🚕 乘江之電於鎌倉駅下車，步行 10 分鐘，可先走小町通，再沿路旁的指示前往

鶴岡八幡宮為日本三大八幡宮之一。鎌倉幕府武將源賴義平定奧州返回鎌倉，為祀奉源氏的家神而於1180年建成。現時所看到的主殿，是1828年由江戶幕府十一代將軍德川家齊所修建。有不少日本人會到這裡舉行傳統婚禮，有緣的話可以看到神道教結婚儀式。

INFO

🏠 神奈川縣鎌倉市雪之下 2-1-31 | 📞 04-6722-0315 | 🕐 24 小時 | 💲 免費
| 🌐 www.hachimangu.or.jp

櫻花名所 若宮大路

若宮大路是鎌倉幕府首位將軍源賴朝為祈求妻子順產所建造，亦是古時主要道路，從海邊一直延伸到鶴岡八幡宮。大路兩旁種滿櫻花樹，為賞櫻名所。道路中央部分(段葛)以葛石鋪砌，是將軍參拜時的馬車道路，原本有三道鳥居，第一鳥居現已不見，只剩第二及三鳥居路段。

男兒當入樽 ⑧ Map17-2B
江之電鎌倉高校前駅

🚗 江之電於鎌倉高校駅下車

來這裡的人，十居其九都是為了《男兒當入樽》，因為每次主角要出發參加全國大賽時，都是乘江之電出去，而這時，鎌倉高校前駅便會出現。這個無人車站跟下一站的七里ケ浜駅都是沿著湘南海岸的，從車站能夠看到湘南海岸的景色，有時間可以在里ケ浜駅下車，沿車路散步到鎌倉高校前駅，兩站很近，作為散步路線相當不錯。

站在月台上看海景，這裡也算是一個特色的車站。

這裡是單線行車，上車前請留意列車的行駛方向。

大家都站在斜道上，等著列車經過，一般要兩三次才可拍到經典場面。

⑨ 值得遊半日
江之島

Map17-4/ B3

🚗 於藤沢駅乘小田急江之島線於片瀨江ノ島駅下車

江之島的面積不大，但島上的江島神社因供奉了女神弁財天而聞名全日本，從江戶時代開始已有不少人專程來這裡參拜。要遊覽江之島上的景點，大概也得花上3至4小時，最好早上便出發，到達山頂的展望塔便可以飽覽有「日本邁亞密」之稱的湘南海岸。如果想一併遊覽鎌倉的著名景點，便必須要花兩天一夜的時間了。

INFO
www.s-n-p.jp/enoshima

罕見鳥居 Map17-4/ B4
青銅鳥居 ⑩

🚗 於藤沢駅乘小田急江之島線於片瀨江ノ島駅下車，
步行 15 分鐘

看到鳥居便等於進入神的領域，當然要去江島神社一定會看到鳥居。在江之島入口不遠處，便有個罕見青銅鳥居（一般多為木造），最初興建是為了樹立弁財天信仰的精神象徵。現在我們看到的鳥居是1821年建成，已經有接近二百年的歷史，上面還清晰看到捐贈者的姓名。

INFO

🏠 神奈川縣藤沢市江之島

可看富士山 Map17-4/ B1
新江之島水族館⑪

🚗 於藤沢駅乘小田急江之島線於片瀬江ノ島駅下車，步行 3 分鐘

© ajari@flickr

© yoppy@flickr
© ajari@flickr

水族館主題是「相模灣與太平洋」，模擬了相模灣和太平洋的海洋生態，飼養了多種海洋生物。最特別的是館裡養的 8,000 條沙甸魚一到餵飼時間，全體便會在魚缸內追著魚糧游來游去，場面壯觀漂亮。

表演舞台以富士山和左面的江之島為背景，景觀一流。

INFO

🏠 神奈川縣藤沢市片瀬海岸 2-19-1 | 📞 04-6629-9960 | 🕐 9:00am-5:00pm（最後入場時間 4:00pm）| 💲成人 ￥2,500、高中生 ￥1,700、小學生 ￥1,200、3 歲以上 ￥800 | 🌐 www.enosui.com

五頭龍會實現人的願望。日本人相信把錢洗一洗便會帶來好運。

從青銅鳥居開始要一直往上爬，最好還是乘電梯上去。

Map17-4/ B4
⑫
島上神社
江島神社

🚗 於藤沢駅乘小田急江之島線於片瀬江ノ島駅下車，步行 20 分鐘

江島神社其實是江之島上三間神社的總稱，分別是邊津宮、中津宮和奧津宮，在西元 522 年日本天皇開始成為島中洞窟岩屋的祭神。這三座神社分別祭祀著神道教中的三姊妹神，包括海神、水神和代表幸福、增進技藝的神明。後來受佛教影響而供奉了弁財天女神。參拜時按著順序，會先到邊津宮、中津宮，最後才是奧津宮。

INFO

🏠 神奈川縣藤沢市片瀬海岸 2-3-8 | 📞 04-6622-4020 | 🕐 24 小時 | 🌐 http://enoshimajinja.or.jp

江島神社本社 邊津宮 ⑫a Map17-4/ B4

江島三社中最先到達的會是邊津宮，也是江島神社的玄關口，供奉著女神田寸津比賣命。邊津宮最早於 1206 年建成，不過現在看到的是 1976 年重建後的樣貌。因為這裡是江島三社中的本社，所以很多宗教儀式都會在此舉行。而一旁的六角形建築，則供奉了財神弁財天女神。

從這裡可以俯瞰江之島的景色。

大家參拜時要通過綠色的圈圈，代表驅走了病氣和厄運。

鎌倉

輕井澤

美人與戀愛祈願
中津宮 12b

Map17-4/ B4

朱紅色的中津宮，是第二個參拜的場所，供奉了市寸島比賣命，想要戀愛和美貌，可以在此參拜。中津宮於853年建成，歷史相當悠久，現在看到的是1996年復修後的樣貌。據説市寸島比賣命本身是三位女神中最漂亮的一位，因此順理成章成為戀愛和美麗之神，這裡還有「美人御守」，女士不妨買一個給自己。

Map17-4/ A4 12c 最深處的神社 奧津宮

奧津宮位於岩屋附近，供奉了多紀理比賣命，即三女神中的大家姐，也是相模灣的守護神，因為她就是海神。這裡是昔日的「御旅所」，亦即是參與祭禮的神明轎子休息處。相比另外兩個神社，因為位於深處，所以較為寧靜，人流也較少。

飽覽相模灣
江之島展望燈塔

Map17-4/ A5 13

🚗 於藤沢駅乘小田急江之島線於片瀬江ノ島駅下車，步行 25 分鐘

江之島展望燈塔位於江之島最頂的位置，攀上燈塔可駅在最高位置飽覽相模灣的景色。這裡也是江之島的地標，50年代以前一直都是跳傘訓練的跳台，直到1950年以後才轉為觀光用途。2003年，江之島展望燈塔重建成現在的模樣，每逢天氣好的時候，更可以眺望富士山和箱根等地，這裡也是欣賞夕陽落日的好地方。

電梯收費￥500，可以輕鬆遊江之島。

 INFO

🏠 神奈川縣藤沢市片瀬海岸 2-3 | 📞 04-6623-2444 | 🕐 9:00am-8:00pm（最後入場時間7:30pm）| 🌐 https://enoshima-seacandle.com | 💲 成人 ￥500、小童 ￥250

輕井澤
Karuizawa

軽井沢駅

KARUIZAWA STATION

交通策略

| 東京駅 | 北陸新幹線 • 75分鐘 | 輕井澤駅 |

| 新宿駅 | JR 中央線快速至東京駅→北陸新幹線 • 90分鐘 |

輕井澤簡介

　　輕井澤位於長野縣東部，19世紀末，加拿大傳教士 Alexander Croft Shaw因為覺得該處與故鄉多倫多的氣候相似，便在此落地生根興建教堂和別墅，及後更吸引了其他旅居日本的西方人移居於此，成為一個外觀洋化的社區。因為鄰近東京，輕井澤今天已變成東京人夏天避暑、冬天滑雪的勝地，一到周末假日，寧靜的社區便會熱鬧起來。

輕井澤交通

　　由東京市區交往輕井澤，最快捷方法就是乘北陸新幹線，約1小時可達。

起點	單程車資(自由席)	車程
東京駅→輕井澤駅	￥5,490	75分鐘
上野駅→輕井澤駅	￥5,280	65分鐘

註：記得買JR東京廣域周遊券(￥10,180)乘坐，不但比買來回票更平，而且可連續兩天使用。

區內交通

　　輕井澤有多條巴士線，不過班次極疏落，建議步行、騎自行車或乘的士往各景點。如果選擇自行車，記得付多一點也要選電動車！

輕井澤駅外有多間自行車租車店，租金一天￥500(普通車)及￥1,000(電動車)

MAP 18-2

輕井澤

輕井澤門戶
輕井澤駅

Map18-2/ **B4**
01

　　輕井澤主要分為新舊部分，輕井澤駅位於新輕井澤，舊輕井澤則位於銀座通一帶。輕井澤駅是北陸新幹線與信濃鐵道線之交會車站。車站的面積不算大，但要採購輕井澤甚至信州的土產，例如信州味噌、澤屋的果醬，以及櫻井的和菓子，這裡通通有齊。特別要一試是這裡的峠の釜めし本舖的釜飯便當。釜鍋是採用栃木縣的知名陶器「益子燒」，裡面放滿配菜，銷售超過1.5億個，絕對是輕井澤的名物。

峠の釜めし ¥1,080，價錢雖不便宜，但時常售罄。

INFO
🏠 輕井澤町輕井澤

Map18-2/ **C4**
02

湖光山色
矢崎公園

🚕 JR 輕井澤駅步行 5 分鐘

　　矢崎公園鄰近輕井澤駅，是當地居民消閒的好去處。輕井澤駅佔地四萬六千平方米，有中央大湖及大片綠蔭草地。秋冬時分，更是賞楓的好地方。公園有一條號稱全日本最長的木橋，足有160米，是賞湖的最佳景點。而外型獨特的輕井澤大賀音樂廳，以五角型設計以呈現最完美的聲音傳遞，設計匠心獨運。

大賀音樂廳

INFO
🏠 輕井澤町輕井澤東 |
🌐 town.karuizawa.lg.jp

鎌倉

輕井澤

輕井澤王子購物廣場 ③

Map18-2/ **C5**

🚗 JR 輕井澤駅出站即達

由運動潮牌到國際名牌都在此找到。

　　輕井澤王子購物廣場就在 JR 輕井澤駅旁邊，擁有超過 200 間店，由時裝衣履、家居用品以至土產零食樣樣有齊，是區內熱門的購物點。廣場佔地超過26公頃，分為「CENTER MALL」、「TREE MALL」、「特 產 區 SOUVENIR COURT」、「GARDEN MALL」、「NEW WEST」及「NEW EAST」等10個區，由國際名牌至日系潮牌通通以特價發售。園區內更設有水池及大片草地，與及超大型美食廣場，就算不是「鳩烏」也適合一家大細入場玩樂。

FOOD COURT既寬敞，選擇亦很多。

除了購物，廣場亦設有兒童室內外遊樂場及大草地，最啱小朋友放電。

INFO

🏠 輕井澤町輕井澤 | 📞 0267-42-5211 | 🕐 10:00am-7:00pm | 🌐 karuizawa-psp.jp

地傑人靈
輕井澤新藝術博物館

 Map18-2/ **B4** ④

🚕 JR 輕井澤駅步行 10 分鐘

輕井澤是一個非常有人文氣息的社區，區內有不少畫廊和美術館，雖然規模不大，但卻與當地氛圍非常配合。輕井澤新藝術博物館由日本建築師西森陸雄設計，館藏知名藝術家草間彌生及奈良美智的作品。博物館白色的外觀與輕井澤的恬靜環境互相輝映。博物館內園設有一組模仿落葉松林的圓柱，與大自然融為一體。博物館一樓為免費區，二樓則為收費區。

INFO

🏠 輕井澤町輕井澤 1151-5 | 📞 0267-46-8691 | 🕐 10:00am-5:00pm，星期一休息 | 🌐 http://knam.jp/

Map18-2/ **C4** 傳統工藝
⑤ **輕井澤型繪染美術館**

🚕 JR 輕井澤駅步行 10 分鐘

繪染是一種傳統的印染工藝，出生於靜岡市的芹澤銈介先生，把這門藝術發揚光大，作品不但揚威國際，更獲認定為日本重要無形文化財保持者，亦即是人間國寶。輕井澤型繪染美術館展出芹澤大師40多年來創作過的模具圖片，2樓則有收藏家小林恭子女士在世界各地收集回來的民間工藝品，令人大開眼界。

INFO

🏠 輕井澤町輕井澤 1178-1233 | 📞 0267-42-6064 | 🕐 9:00am-5:00pm | 💲 成人￥200，兒童￥100

鎌倉

輕井澤

水天一色　**Map**18-2/ **A3**
雲場池
⑥

🚗 JR 輕井澤駅步行 30 分鐘

　　雲場池是輕井澤的名勝，距離 JR 輕井澤駅約 1.5 公里，如果騎單車，15 分鐘之內可到達。雲場池是一個直徑約 300 米的人工湖，湖邊被茂密的叢林包圍，一年四季不同時分有不同景致，美不勝收。

INFO

🏠 輕井澤町輕井澤

⑦ 甜品專門店
Map18-2/ **C4**　白樺堂

🚗 JR 輕井澤駅步行 5 分鐘

　　白樺堂是輕井澤甜品名店，分店遍佈新舊輕井澤。白樺堂創業於 1948 年，至今已超過半世紀。必試是她的輕井澤撻 (輕井澤タルト)，分為杏仁及核桃撻，脆口杏仁片、核桃粒，配上香滑餡料，令產品榮獲 MONDE SELECTION(世界品質評鑑大會) 金獎。另一款生銅鑼燒 (プリン生どら燒き) 分別有抹茶、布丁、藍莓及忌廉口味，同樣大受歡迎。

生銅鑼燒

杏仁及核桃撻

INFO

🏠 輕井澤町輕井澤東 16-7 | 📞 0267-42-2305 | 🕐 9:00am-5:00pm，周三休息 | 🌐 http://www.shirakabado.com

香腸總匯
腸詰屋 1 號店

Map18-2/ **B4**
⑧

 JR 輕井澤駅步行 5 分鐘

　雖然香腸算不上什麼特色美食，但勝在人見人愛又方便易食。腸詰屋顧名思義以香腸馳名。小小的店面有不同種類的香腸，不但分不同國家、甚至連取自豬的不同部位都有講究。如果嫌帶回家麻煩，也可索性在這裡開餐。據説店內產品的原材料都是來自信州的農場，新鮮之餘又支持在地經濟，值得捧場。

INFO
🏠 輕井澤町輕井澤東 19-5 | 📞 0267-42-3791 | 🕐 10:00am-6:00pm | 🌐 http://www.gunraku.co.jp/

⑨

禾桿冚珍珠
川上庵

Map18-2/ **B2**
 JR 輕井澤駅步行 15 分鐘

　川上庵在輕井澤都設有多間分店，設於舊輕井澤的總店外觀非常樸素，行過差點認不出。川上庵是蕎麥麵名店，由蕎麥磨研成粉，到製成麵條，全部由師傅手工製作，確保蕎麥麵新鮮彈牙。除了蕎麥麵，天婦羅也是這裡名物，無論海鮮或野菜，薄薄的麵衣包裡都吃出食材的新鮮，非常有水準。

凍蕎麥麵＋炸天婦羅海老

鴨肉湯蕎麥麵

INFO
🏠 輕井澤輕井澤 6-10 | 📞 0267-42-0009 | 🕐 11:00am-10:00pm | 🌐 https://www.kawakamian.com/

東京近郊

輕井澤必到商店街
銀座通

Map18-2/ **B2** ⑩

🚗 JR 輕井澤駅步行 15 分鐘

　　輕井澤主要分為新舊兩部分，而舊輕井澤的核心，就是銀座通。銀座通長約1公里，全街由紅磚鋪成，匯聚輕井澤的知名老店、手信店、娛樂設施及食肆，是往輕井澤必遊的地方。

INFO 🏠 輕井澤町輕井澤 | 🌐 www.karuizawa-ginza.org

必試輕井澤布丁
Paomu

Map18-2/ **B2** ⑪

🚗 JR 輕井澤駅步行 15 分鐘

　　Paomu 就設於銀座通入口，橙色鮮艷的外牆非常易認。必試名物是輕井澤布丁，以日本著名的碘光蛋及北輕井澤高原牛奶為原材料，蛋香奶味濃，令人一試難忘。2號人氣產品芝士蛋糕由芝士、奶酪配上藍莓醬，味道豐厚兼有層次。這裡的炸麵包也是人氣之選，內裡包含濃香咖哩，雖用油炸卻不油膩，贊！

輕井澤咖哩包(輕井澤カレーパン)¥320

輕井澤布丁(輕井澤プリン)¥486

芝士蛋糕(ミルキー生チーズケーキ)¥486

INFO 🏠 輕井澤町輕井澤 806-1 2 樓 | 📞 0267-42-8061 | 🕐 9:00am-5:00pm | 🌐 https://www.paomu-karuizawa.com/

百分百天然 ⑫
澤屋 **Map**18-2/ **B2**

🚗 JR 輕井澤駅步行 15 分鐘

　　創立於1952年的澤屋,是輕井澤很受歡迎的手信店。澤屋最馳名的,乃是百分百天然,而且是以新鮮當造果物製作的果醬。走入舖內,簡直是果醬博覽會,除了大家熟悉的香橙、蘋果及士多啤梨外,罕見的提子、桃子及梅子都可在此找到。澤屋還會在不同季節推出限定版,非常有綽頭。果醬以外,這裡也銷售純天然果汁及果味的食用油,更設有試食,讓客人試啱口味才幫襯。

藍莓果醬(秋季限定版) ￥696

抹茶牛奶果醬,是澤屋人氣 No.1之選。

來自不同產地的柑橘果醬 ￥580

果醬設有試食,試啱口味才幫襯。

鎌倉

輕井澤

INFO
🏠 輕井澤町輕井澤 811-2 | 📞 0267-42-0050 | 🕐 9:00am-6:00pm | 🌐 http://www.sawaya-jam.com/

其實Mikado的咖啡也非常有水準。

拿著Mika雪糕在銀座通自拍是遊輕井澤的指定動作。

Map18-2/ **B2** 　一人有一支雪糕
⑬ **Mikado coffee**

🚗 JR 輕井澤駅步行 15 分鐘

　　Mikado Coffee 也是銀座通的人龍店,無論是夏天或冬天,總見到遊人一人一支雪糕,原來就是產自Mikado coffee的「Mika軟雪糕」。話說Mikado Coffee的咖啡一向享負盛名,但軟雪糕熱賣,原來因為曾在輕井澤旅居的 John Lennon 及大野洋子,經常一面吃著Mika軟雪糕一面逛銀座通,令雪糕名揚全日本,成為輕井澤名物,甚至比 Mikado Coffee本業的咖啡更受歡迎。

INFO
🏠 輕井澤町輕井澤 786-2 | 📞 0267-42-2453 | 🕐 11:00am-4:30pm,星期三休息 | 🌐 http://mikado-coffee.com/

因連儂的名

Map18-2/ **C1**

French Bakery ⑭

🚗 JR 輕井澤駅步行 15 分鐘

輕井澤有多間店舖，都以約翰連儂John Lennon招徠顧客。原來連儂在1980年去世前，每年都會與妻子小野洋子到輕井澤渡假，而 French Bakery 的麵包，據說亦是他們的至愛。其實 French Bakery 本身也是歷史悠久的老店，在1951年已開始營業，無論是法式或英式麵包甜點，都堅持使用數十年前的配方，加上輕井澤的好山好水，難怪令約翰連儂夫婦一試鍾情。

店內的John Lennon肖像。

法式麵包外脆內軟，也是John Lennon最愛。

INFO

🏠 輕井澤町輕井澤 618 | 📞 0267-42-2155| 🕐 8:00am-5:00pm | 🌐 http://www.french-bakery.jp/

Map18-2/ **C1** 80年歐式麵包老店

⑮ ASANOYA 淺野屋

🚗 JR 輕井澤駅步行 15 分鐘

輕井澤除了 French Bakery，淺野屋也是馳名的麵包店。而且淺野屋創業於1933年，比 French Bakery 歷史更悠久，可算是日本西式食品元祖級老店。因為規模較大，淺野屋產品的選擇亦較多，而輕井澤更有許多地區限定的款式。店內招牌產品焦糖奶油麵包，焦糖的外層藏著豐富的忌廉內餡，吃一個隨時不夠喉。

焦糖奶油麵包

INFO

🏠 輕井澤町輕井澤 738 | 📞 0267-42-2149 | 🕐 8:00am-6:00pm | 🌐 http://www.b-asanoya.com

估你唔到 ⑯ Map18-2/ B2
Trick Art Museum

🚕 JR 輕井澤駅步行 15 分鐘

　輕井澤畫廊、美術館林立，充滿藝術氛圍。不過美術館一般氣氛較嚴肅，展品都是眼看手勿動。難得在 Trick Art Museum 中，展品可以任摸任拍，甚至與遊客融為一體。美術館樓高3層，分別有「魔法動物園」、「世界名作繪畫」及「世界的錯視藝術」等十數個專題，由森林玩到水底，充滿疑幻疑真的立體畫及令人產生錯覺的異空間，讓人大開眼界。

INFO

🏠 輕井澤町輕井澤 809 | 📞 0267-41-1122 | 🕐 10:00am-5:00pm | 💲 成人 ￥1,500、高中生 ￥1,000、中小學生 ￥800、幼兒（3歲以上）￥500 | 🌐 http://www.art-karuizawa.com/

純天然蜂蜜 ⑰　**Map**18-2/ **C1**
ハニーショップ輕井澤

鎌倉

輕井澤

🚗 JR 輕井澤駅步行 15 分鐘

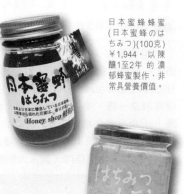

日本蜜蜂蜂蜜(日本蜜蜂のはちみつ)(100克)￥1,944，以陳釀1至2年的濃郁蜂蜜製作，非常具營養價值。

　　日本的蜂蜜非常有名，而ハニーショップ主要販賣日本產的各種蜂蜜。店內的人氣商品檸檬蜂蜜，清爽的蜜糖和檸檬汁融和，酸度和甜度絕配，無論是沖水或當果醬也非常合宜。另外加入玫瑰，櫻花，金盞花等的花系列蜂蜜也很受歡迎，客人可逐一試味後才決定選購。

檸檬蜂蜜(はちみつレモン)(300克)￥972

INFO

🏠 輕井澤町輕井澤 733 | 📞 0120-830-583 | ⏰ 10:00am-5:00pm | 🌐 http://www.honeyshop-k.com

Map18-2/ **B1**　　全天候商店街
⑱　　**輕井澤教堂街**

🚗 JR 輕井澤駅步行 15 分鐘

　　教堂街是往聖保羅天主教堂必經之路，也是銀座通小型的商場，遇上大雨或大雪，遊客也可在此行街購物。教堂街店舖不多，不過也有它們的吸引力，像 Bon Okawa 是朱古力專門店，店內更設有小工場讓遊客見證生產過程。而 Crepery Angelina 已開業接近20年，是區內可麗餅的專家，到訪絕對要一試。

INFO

🏠 輕井澤町輕井澤 601-1 | 📞 0267-41-2501 | ⏰ 10:00am-6:00pm | 🌐 http://www.churchst.jp/

鎌倉

輕井澤

輕井澤地標 ⑲ Map18-2/ B1
輕井澤聖保羅天主教堂

🚕 JR 輕井澤駅步行 15 分鐘

聖保羅天主教堂由英國牧師 Priest Ward 於1935年興建，教堂面積不大，但傾斜度大的三角形屋頂、巨大的尖塔、內部的 X 形結構，成為了當時矚目的建築，更榮獲美國建築學會獎。教堂平日早午7時及周六晚上6時都會舉行彌撒，參觀時必須保持肅靜。

Map18-2/ C1 ⑳ 輕井澤之父
聖公會 · 蕭紀念禮拜堂

🚕 JR 輕井澤駅步行 20 分鐘

19世紀末，加拿大傳教士Alexander Croft Shaw 於輕井澤開展了傳道工作，間接建成了今天輕井澤充滿西洋悠閒氣息的社區。聖公會·蕭紀念禮拜堂原本是Alexander Croft Shaw 的別墅，後來改建為禮拜堂，而蕭教士昔日的別墅也復建在禮拜堂旁邊，展示昔日輕井澤的寶貴照片。

INFO

🏠 輕井澤町輕井澤 179 | 🕘 9:00am-4:00pm
| 📞 0267-42-2429

1) 簽證

香港特區護照及BNO持有人

由2004年4月1日開始，凡持有香港特區護照或英國（海外）公民護照(BNO)前往日本，均可享有免簽證入境、逗留當地90天的待遇。另於2005年3月25日起，凡持澳門特區護照者亦可享有免簽證入境、逗留當地90天的待遇。

其他旅遊證件持有人

若未持有香港/澳門特區護照或BNO之人士，欲前往日本旅遊、探親或公幹，需到日本簽證申請中心辦理簽證手續。辦理簽證申請約需兩個工作天。

日本簽證申請中心
地址：香港北角電氣道148號16樓3室
申請時間：周一至五8:30am-3:00pm
領證時間：周一至五8:30am-4:45pm
預約網址：https://www.vfsglobal.com/Japan/Hongkong/
簽證申請書下載：https://www.mofa.go.jp/mofaj/toko/visa/pdfs/application1_c2.pdf

2) 貨幣

流通貨幣為日圓YEN，¥100兌約HK$5.4（截至2022年11月）。港元可在日本兌換成日圓。羽田機場兌換中心從5:30am開始營業，直至凌晨1:00am，成田機場則一般由7:00am營業至9:00pm。東京的銀行由星期一至星期五9:00am-3:00pm營業，遊客亦可在郵局的辦公時間（9:00am-5:00pm）兌換日圓。雖然在東京兌換日圓甚方便，但編輯部建議讀者最好在香港先兌換，而且匯價較佳兼手續快捷。

提款卡海外提款

由2013年3月1日開始，所有信用卡/提款卡的海外自動櫃員機（ATM）每日提款限額（包括現金透支）及每日轉賬額將應**香港金管局要求被設定為港幣0元！**

旅客若打算在海外自動櫃員機進行提款，**應於出發前向有關發卡銀行進行啟動／激活。**

3) Visit Japan Web

網站：https://vjw-lp.digital.go.jp/zh-hant/

2022年11月14日起，入境日本的旅客必須使用Visit Japan Web預先登記才可以入境。旅客可以在電腦或手機上填寫個人及同行者（嬰幼兒或無法自行辦理入境手續之人士）資料，包括檢疫（針紙）及海關申報資料，便會獲得入境審查、檢疫及海關的QR碼，旅客可憑此入境及離開日本之用。

填寫流程

1. 入境（或回國）之前需要完成以下步驟

【STEP 0 建立帳號登入】
使用電郵地址建立帳號。

【STEP 1 登錄使用者資料】
使用者本人及同行家人資料。

【STEP 2 登錄日程】
入境、回國預定日子。

※ 首次登記 Visit Japan Web 可能會有些複雜，而且應事前準備好針紙及護照相片方便上傳。登記後個人資料會被記錄，以後使用便會方便得多。坊間亦有許多網站或視頻，教你一步一步在網上填寫資料。

※ 如果不想用電腦或手機登記，可以使用以往的紙本表格，不過須下機前填妥，亦要準備好相關文件（如針紙或72小時內新冠病毒陰性證明）。

入境檢疫Q&A

1. 同行小朋友未打針，需要病毒陰性證明書嗎？

18歲以下未打針的兒童，在持有有效新冠疫苗接種證明，或核酸檢測陰性結果證明的成人陪同下，可一同入境。如果同行的是學齡前未打針的兒童（一般為6歲以下）更可以豁免出示核酸檢測陰性結果證明。

2. 如入境時已接種二劑新冠疫苗，可以豁免出示核酸檢測陰性結果證明嗎？

不可以！一定要接種三劑新冠疫苗才可豁免陰性結果證明。

3. 社區檢測中心發出的陰性結果證明可作入境之用嗎？

不可以！目前有10間本地醫療機構的檢測方式獲日本政府承認有效，包括港安、養和及嘉諾撒醫院，價格由 HK$200 至 HK$600 不等。證明書必須以英文或日本簽發。

4. 如何計算72小時內的有效證明？

以航班起飛計72小時之前，例如航班於2022年12月22日13:00起飛，檢測證明的有效時間最早是12月19日12:29。當然如果預算航班延誤，最好在出發前一天才作檢測，不過亦要留心簽發需要的時間。

※ 資料更新至2022年11月30日。以上資訊僅作參考，出發前應往相關網站核實

4）時差

　　時差方面，日本全國各地使用統一時間。時差比香港快1小時（＋1小時），如日本是8:30am，香港時間則為7:30am。請讀者緊記到埗後自行調校手錶、手機及手機的時間，以免稍後出現「瞓過龍」、「送車尾」，甚至「送飛機尾」等烏龍事。

5）氣象預測

　　出門前需留意當地的天氣。最快最直接的方面，就是上網查閱日本氣象廳的四日天氣預報！就連地震預警、海嘯預警都有齊！

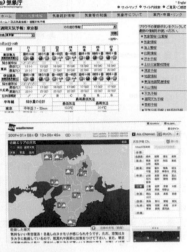

東京天氣預報
www.jma.go.jp/

　　除了官方的氣象預報外，日本亦有一所民營的天文台，其準確程度不遜於日本氣象廳。

　　除了提供天氣預報外，用家更可以直接查閱主要大區的詳細天氣情況，細緻如早午晚時段的氣溫、降雨量、降雨機會率都有提供，最令人激賞的就是網頁更提供現場即時影像LiveCam，天晴還是下大雨一目了然。

日本 Weathernews 網頁
http://weathernews.jp

櫻花花期預測

　　若你想得到當地最近的資料，可以到日本很有名的旅遊雜誌 RuRu-Bu 的網頁查看他們的報導。網頁內除了提供開花／紅葉的預測期、各地賞櫻／紅葉的熱門地方詳盡介紹外，更有讀者每週提供的現場照片，讓旅客可以做足心理準備，預算賞櫻／紅葉的最佳時間。

RuRuBu——櫻花最前線報導
http://www.rurubu.com/season/spring/sakura
RuRuBu——紅葉最前線報導
http://www.rurubu.com/season/autumn/koyo

 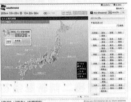

6）電壓及電話

　　日本的電壓是100V，頻率是50Hz。電插座是兩腳扁插頭。由香港帶來的電器，若是 110V-240V 的插頭，當然沒問題，假如是220V便不能直接使用，需準備220V轉100V的變壓器。

日本的電話號碼由3部分組成，由香港致電東京，可撥81（日本國碼）-03（東京區都心區號）-個人電話號碼。例子如下：

香港至東京：81-3-213-1221	"03"為東京都心區碼，但不用打"0"字
東京區內致電東京：213-1221	
日本其他地區至東京：03-213-1221	

7) 4G日本無限數據卡

　　同 Wi-Fi 蛋比較起來，數據卡最大好處是便宜、慳電，可以每人一張卡。Docomo 在日本的4G覆蓋度很高，但Softbank的覆蓋範圍也達到99%，在主要大城市兩者網絡訊號接收度，差別不大。中國聯通的8天4G無限數據卡，參考價只是HK$70，比其他品牌數據卡抵用，缺點是數據用量達4GB後有限速（不低於128kbps）。如果一定想用Docomo，可以考慮3HK 日本4G 7日7GB無限數據卡，使用超過7GB會降速至256kbps，參考價為 HK$80。(資料截至2022年11月)

售賣地點：鴨寮街、各電訊公司

8) 免費Wifi

　　日本流動網絡商SoftBank於2015年開始向遊客提供Wifi免費熱點服務。SoftBank的Wifi熱點主要分布在鐵路車站、高速公路休息處、便利店等地方。用戶必需利用非日本SIM卡，才可使用免費Wifi。每次登記後可連續使用2星期，最多可供5部裝置使用，到期後可重複登記一次。

登記方法：
1) 用手機撥打免費電話
   （英語：*8180
   中文：*8181)
2) 取得 Wifi 密碼
3) 開啟手機 Wifi，
   用戶名為「852」加
   「手機電話號碼」，輸入密碼後即可啟用。
https://www.softbank.jp/en/mobile/special/freewifi/zh-tw/

FREE Wi-Fi PASSPORT

11) 有用電話

警局	110（日語）
	35010110（英語）
火警及救護	119
24小時求助熱線	0120-461-997
天氣預報	177
成田機場	0476-34-8000
羽田機場	03-5757-8111
中國駐日本大使館	03-3403-5633
香港入境事務處	852-1868
日本航空羽田機場辦事處	0570-025-031
港龍航空羽田機場辦事處	03-6746-1000

12) 日本節日

1月1日	新年
1月的第2個星期一	成人節
2月11日	國慶節
2月23日	天皇誕生日
3月20日或21日	春分
4月29日	昭和日
5月3日	憲法紀念日
5月4日	綠之日
5月5日	兒童節
7月20日	大海之日
9月15日	敬老日
9月23日	秋分
10月第2個星期一	健康體育日
11月3日	文化節
11月23日	勞動感謝日

買得太瘋狂行李超重怎麼辦？
新宿郵便局24小時幫到你！

許多朋友來到東京都會「一時不小心」買多了，現在航空公司對於行李重量都特別嚴格，特別你坐廉航，其實你把買多了的東西先寄回家，可能比你加錢買行李更划算，至少不用自己拖太多行李上機吧！

寄戰利品回家，建議大家在新宿西口的郵便局，因為這裡寄包裹的櫃檯是24小時營業！

1. 先拿號碼籌

這間郵便局規模大，所以設了取號碼籌的方法，你拿了籌便可以坐在一邊靜靜地等叫號。

這裡有兩個號碼機，記得看清楚要去「國際郵便物」及「EMS國際小包」這一個。

4. 填寫郵寄表格

填寫郵寄表，寄件人地址請填上你入住的酒店地址和電話，在左下方有一欄會叫你填上「如果收件地址送遞不到，再轉送的地址（Deliver to new address）」，這裡請填上你的另一個可收件的地址，萬一送遞不到，都可以送到另一個地址。

5. 填好後封箱再投寄

填好表格封好物品後，便請再次拿號碼籌到櫃檯辦理投寄手續。

2. 可以在這裡購買紙箱

郵局有提供紙箱，你可以來到這裡才購買，這裡的職員都懂簡單英語。

紙箱由¥100至¥370。

3. 選定郵寄方式

如果你心急想快點收到包裹，選用EMS最好，當然價錢較貴，但分分鐘你未回到家，你的戰利品已送到。想經濟一點，就可以選普通空郵國際郵包的方式。

大家要留意，如果用空郵或EMS，不可寄液體類的東西，如必須郵寄液體，可選用船運（船便），最好先向職員查詢。

地址：新宿區西新宿 1-8-8
時間：09:00am-9:00pm
網頁：www.japanpost.jp

交通：JR 新宿駅西口步行 4 分鐘
電話：03-3340-1086